# あなたたちは「希望」である

ダウン症と生きる

丹羽淑子

人間と歴史社

# あなたたちは「希望」である——ダウン症と生きる　目次

自分で発見し、自分で獲得する場を／「いじめ」もあった小学校時代／いい先生との出会い――中学校普通学級／定時制高校卒業の日／ダンスと芝居との出会い



宮原雅子（みやはら まさこ）さん・宮原陽子（みやはら ようこ）さん

「あれ、この子だれに似ているのかな」／漠然とした不安／先が読めて落ち着く／「誰かが持って行くなら、持って行ってもいい」／保父の道を選んだ兄／一人で電車通学／できることを一つでも／あたり前なことをあたり前に続ける／目立つのが好き／「落ち着きがない」のには理由がある／何か打ち込めるものを／「おそうじをします」／「家庭が基本」



山岸まり（やまぎし まり）さん・山岸央（やまぎし ひさし）さん

「希望」がもてる情報の必要性／「私にとって『仕事』は精神安定剤でした」／弟にライバル意識／「交わる」ことが偏見をなくす／「知的さ」より社会性／自然に「障害の

ある子がいます」と言える／「普通のお兄ちゃんもいたらいいな」／「響き合う」間柄が相手の心を打つ／「子離れ」――いつ「決別」するか／「彼の人生は彼のもの。私の人生は私のもの」

## 「ダウン症だからこそ面白い」　306

与那嶺恵美（よなみね えみ）さん・与那嶺大輔（よなみね だいすけ）さん

食事が基本／「ボク全然お勉強がわかんないし、おもしろくない」／「言葉の暴力はいけません！」／書くことが好き／「ダウン症だからこそ面白い」／発達には細かいステップがある／さみしさに耐えた姉／健康に恵まれた日々

## 「この子も大事な一人の子ども」　323

渡辺宣子（わたなべ のぶこ）さん・渡辺信一（わたなべ しんいち）さん

ものごとには「頃合い」がある／「信ちゃんの笑顔は素晴らしい」／就職の準備教育――二つの実習／「もう、この人だめかな」／あるがままの姿を受け入れる／「この子には、この子の人生がある」／気づかなかった娘のチック症／「バカ」って言わないで／親と教師のコミュニケーション／「和太鼓」で自信をつける

# 第三章　すべてのお母さんたちへ　345
## ――子どもの「心」を育てるために

編集協力　大江祐子

# あなたたちは「希望」である——ダウン症と生きる

はじめに

# 花クリニック母子発達相談の20年

花クリニックにダウン症の発達外来として、児童精神科の一角に場を与えられ、オープンしたのは1977年、奇しくも私の63歳の誕生日だった。その日の感動と身の引き締まるような経験は忘れられない。

その日、ダウン症発達相談のオリエンテーションとして講習会を開いた。この道の先駆者として知られている池田由紀江先生が、早期介入（乳児期のはじめから精神的に適切な刺激を与えること）の必要性を述べてくださった。次いで私も、「乳児期から」という点を強調し、「赤ちゃんの認知発達」と題して、赤ちゃんはかわいいだけでなく、そのかわいい仕草、表情、動きなどが、どんな意味を持つものかをお話しした。

この会で当時を物語る特徴が見られた。それは、この会に母親に伴われて出席した子どもたちの姿である。大半が3、4歳のお子たちで、言葉の出が遅いことが気がかりで、言語指導を希望してみえた方々だった。

当時は早期教育について一般に知られておらず、言葉の出が遅いから知恵遅れではないかと案じて参加されたのだった。乳幼児期における知的障害についての関心が薄い時代の特徴が、一見して知られた。ちなみに、養護学校の義務制に関する政令が公布されて、全国的に実施されたのが1979年であった。それまではどうしていたのだろうとの疑問に心が痛んだのを思い出す。

## トリアローグ（三人対話）

話はさかのぼるが、開院への準備を進めるなか、私は何をもってこの母子援助をしようとするか自問した。私はこれまでダウン症の子どもを一人も研究の対象として扱ったことがなかった。

しかし、乳児はかなり扱っている。障害をもたない子どもたち（乳児）がどのように精神的発達を遂げるか、幸いにも古賀行義教授の下で、学術研究費をいただいて、乳幼児の知能発達検査の全国的標準化に参画させていただいた経験がある。
また「人間乳児の心理発生（母子関係の発生的研究）」のテーマのもと、誕生直後から生後1年、新生児の行動発達を観察して、横断的、縦断的な直接観察を重ねてきた。発達心理学者としての私の知識が、何かお母さんたちへの援助に役立たないだろうか。また、もう一つ私の専門領域に「発音学」がある。ダウン症の子どもには、発音その他の発音上の困難性による「ことばの問題」がある。発音学の知識が、役立つことはないだろうか。

私に何ができるだろう……。母親の相談相手になって、告知後の衝撃に苦しむ母親の心を助けたい。そのために、「母 - セラピスト」という関係でカウンセリングをセッティングするのではなく、「母 - 子 - セラピスト」という三者関係でいこうと考えた。

子どもから目をそらさず、子どもに向き合う姿勢を、お母さんたちにもってもらいたい。そのために、乳児の行動の意味を語ろう。情緒や認知の発達について、身体運動能力の発達について、お母さんと一緒に子どもの発達を観察しながら、成長する様子を喜びあうことができるだろう。わが子のしていることの意味がわかることは、お母さんにとって、新しい喜びと励ましになると考えたのだ。

毎月定期的に来院される赤ちゃんの発達状態を知るために、「MCCベビーテスト」を用いることにした。お母さんが家庭で赤ちゃんに働きかける指導用にも、本テストの特徴を備えた遊具を用いた。

いろいろなベビーテストがあるが、MCCベビーテストの長所は、日本の乳幼児のデータに基づいているということの他に、使用する用具が豊富で、赤ちゃんにとって魅力的だということである。知的好奇心を誘い、認知能力を活性化するのに優れている。

今ひとつの利点は、テストの問題配列にある。やさしいところから小刻みのステップで、より高度の達成に徐々に導かれるように作られている。

これにより、発達のスピードのゆっくりな子どもが、一つ一つ成功感を味わいながら、進んでいくことができる。お母さんにとっても、わが子が一段一段と上っていく様子がよく見て取れる。

私は子どもの示す仕草や反応をその場で説明し、子どもの心の動きの通訳を務めた。お母さんのためには、子どもの達成したことや、子どもの行為そのものに意味があることを、そのときその場で指摘されることは、非常に効果があるということがわかってきた。

お母さん方は子どもの仕草の「見方」を学ばれ、その意味が味わえるようになって、熱心に子どもの状態や反応について報告してくださるようになる。そのうちにご自身の気持を語りはじめ、深く心の問題に入ってゆかれるのだった。

「わが子を知ること」の喜びによって、ダウン症の子どもを産んだ心の傷が癒され、限りなく尊い存在として、わが子に向き合うようになる。これこそ真の癒しではないかと感じ入ることがたびたびであった。

## 試行錯誤の時代

たしかに最初の3、4年間は試行錯誤の時代であった。20年前は、この子たちはいったいどのような大人になるのだろうか、皆目予想がつかないでいた。

1973年に誕生した孫の真理佐が、私の唯一のモデルであったが、彼女もまだ9歳。お母さんたちとは「遠い将来のことを思い惑わず、今日に最善を尽くそう」「この子が大きくなって、生まれてきて良かったと思えるように、近い明日を目指して今日この子たちに一番良いことを見つけていきましょう」と、非常に抽象的ではあるが、こんな言葉で互いに励ましあったものである。

時として、肩を落として子どもを抱いて辞し去るお母さんの後姿に胸が痛み、力の足りなさを悔やんだこともあった。また、かえってお母さんに励まされ、子どもの笑顔に慰められ、力づけられた日もある。長年教師として、一方的に講義してきた習慣は、お母さんの心の苦しみを解きほぐすには力量不足で、反省することが度々であった。

しかし、私を救ってくれたのは、相談を投げかけてこられたお母さんその人たちであったことに気づき、この方たちの言葉になりがたい心中の思いを汲み取って共感し合えるカウンセラーとして、私はたゆみない努力で、自身を磨き続けていかなければならないのだと思い返すようになった。

## 明らかになったダウン症児の特徴

1ヵ月に1回の来院を、3年間継続していただくことで、私は、お母さんとお子たちから多くを学び、多くのモデルを持つことができるようになった。

はじめの4年間の調査から、私たちがまとめることのできたダウン症の子どもの発達の特徴とは、

(1)ダウン症で生まれた子どもも、健常児も基本的には異なるものではない。同じ発達

の方向に向かって、ほぼ同じ「順序」と「段階」を踏んで発達する。
(2)この子たちの遅れは、「発達の速度」であって、健常な子どもより次のハードルを越すまでに時間がかかる。
(3)発達の「個人差」が非常に大きい。

ということであった。これらは、生後30ヵ月までの140人あまりの発達データから分かったことであり、その後の発達相談の貴重な資料となったことは言うまでもない。MCCベビーテストを使用したので、健常な子どもの発達状態と細部にわたって比較することができ、ダウン症の子どもの特徴が浮かび上がってきた。これに基づいて、私たちの発達相談の基本方針と実施プランが、ようやくできあがったのだった。

## 「発達・臨床」という考え方

さて、草創期には告知後の一番苦しい時の2、3年間を過しておられるお母さん方の来院が多く、精神発達の基礎工事にひたすら励んできた。そこでは、お母さん方の相談相手になること、そして、言葉のまだない時代の子どもとのコミュニケーションの取り方を身に付けていただくことに心を砕いてきた。

3歳以後は、最寄りの保育園で統合保育をすすんで行っているところを探して、そこで同じ年頃のお子たちとの集団的生活に慣れ、就学に備えていただくのが一番望ましいプログラムだと考え、一応、原則的にそのような心準備で、3歳までの時期をともに過ごしたが、お母さん方の要望に応えてさらに相談期間を延ばすことにした。


小学校にあがるころ、子どもたちは自己を見いだすようになる。「自分はダメだ」「うまく言えない」「バカにされる」「いじめられる」などの痛ましい傷を負って、クリニックに戻ってこられるケースが増えていった。この時期の対応には、臨床心理学的な援助が必要と考えられた。

1981年、花クリニック院長の矢花芙美子先生は、田中千穂子先生をサイコセラピストとして私どものチームに加えてくださった。私たちは子どもが歩けるようになると、場所を診療室からプレイルームに移して、広い魅力的なおもちゃのある場で、彼らの様子を観察してきた。ここで、発達心理学的な視点と、臨床心理学的な視点、双方から子どもの行動を観察する機会に恵まれたわけである。

臨床心理士は、そこにある症状を出発点として、過去に遡って原因を探り、癒しの作業にたずさわる。その「なぜ」を究明するために、プレイルームで子どもの遊びを観察することで、子どもの心を分析するのである。

一方、発達心理学の立場からは、子どもは身体的にも情緒的にも変化してゆくものであるから、継続的変化を重視しても変化の断面にこだわることはしない。たとえば小さな子どもの癇癪《かんしゃく》に出会った時なども、そっと見守り、はたらきかけの時を待つという方法をとることが多い。

子どもの遊びを臨床的に観察すると同時に、私たちは、遊びに表れた子どもの個性を、もっと積極的に表現させることも考えてきた。それが、子どもにとって自信を持てるチャンスになる場合も多いのである。早く結論を出さず、まだ見ぬその子の姿をのぞみ、生かしていく方向を、周囲の大人たちが一つになって考えていくことがどんなに大切であるか、痛感するケースに数多く出会ってきた。

私たちの今日までの体験から、乳児期からの母子一組への細やかな対応は、健やかな心が育っていくための「予防的な意味」があったことを確認している。そのような認識に立って、「積極的な発達相談」と「治療的な援助」を兼ね備えた体制で歩んできた。

## 相談内容の広がり

開院してから20年の過程で、就学前から入学後の小学校時代の適応の問題や、ある方へは思春期前の対応、高校入学、社会的自立を見越した対応にまで相談内容がふくらんでいった。

夏休みや冬休みごとに「里帰り」と言って元気な様子を見せに訪れてくださる方々もあった。

このような状況のもとで、目前のお子たちの発達状態を通じて、今まで行ってきた早期からの相談援助に対する「評価」を受けるという思いがけない幸運に恵まれてきた。もちろん早期からの働きかけの効果については、折に触れて数量的に分析もし、全体的な傾向を把握し、反省と将来への参考として、公にも報告してきたが、実際に長期にわたる関わりの結果としてその過程をつぶさに見ることができたことは、非常に貴重な体験であった。

## 花クリニックでの仕事を終えて

私は2000年1月末に、花クリニックにおける発達相談の役を退いた。86歳であった。それでも、週二日ゆっくりと無理をしないで続けるようにと、院長からやさしい励ましをいただいたが、健康の限界を悟り、お別れを決意した。

この20年いくたびか、難しいケースに出会って、その解決にあたり、今まで学んだこと、私が経験したことはすべて、花クリニックで出会う諸問題の解決の準備のためであったと、深く感じる日々であった。

私どもの発達相談は、子どものゆっくりと進む発達を毎月お母さんと共に観察しながら、子どもが自分自身の内的な力によって発達を遂げていく「時を共有する」ことであったと感じられてならない。

わが国は「時間をかけること」に対して寛容な文化を持っている。そして、私たちはこの与えられた時間の中で、母子の間に緊密な愛情を育み、かつ価値観を徐々に育てていくことを考えてきた。

子どもへの愛着を深め、正しく子どもを理解する姿勢を身につけたお母さんたちは、やがて、自分たちの受けた教育の中でしみついた、固定的な観念や価値観から開放されていかれる。そしてわが子を、誰とも比較することのできない「一人の意味ある個性」として受け入れるようになっていかれる。

その過程をつぶさに見せてくださった６００人あまりの方々とダウン症のお子たちに、心から感謝を捧げたい。人生の哀歓を共にすることができ、私はほんとうに幸せでした。

# 第一章

# 「ありのまま」を受け入れる

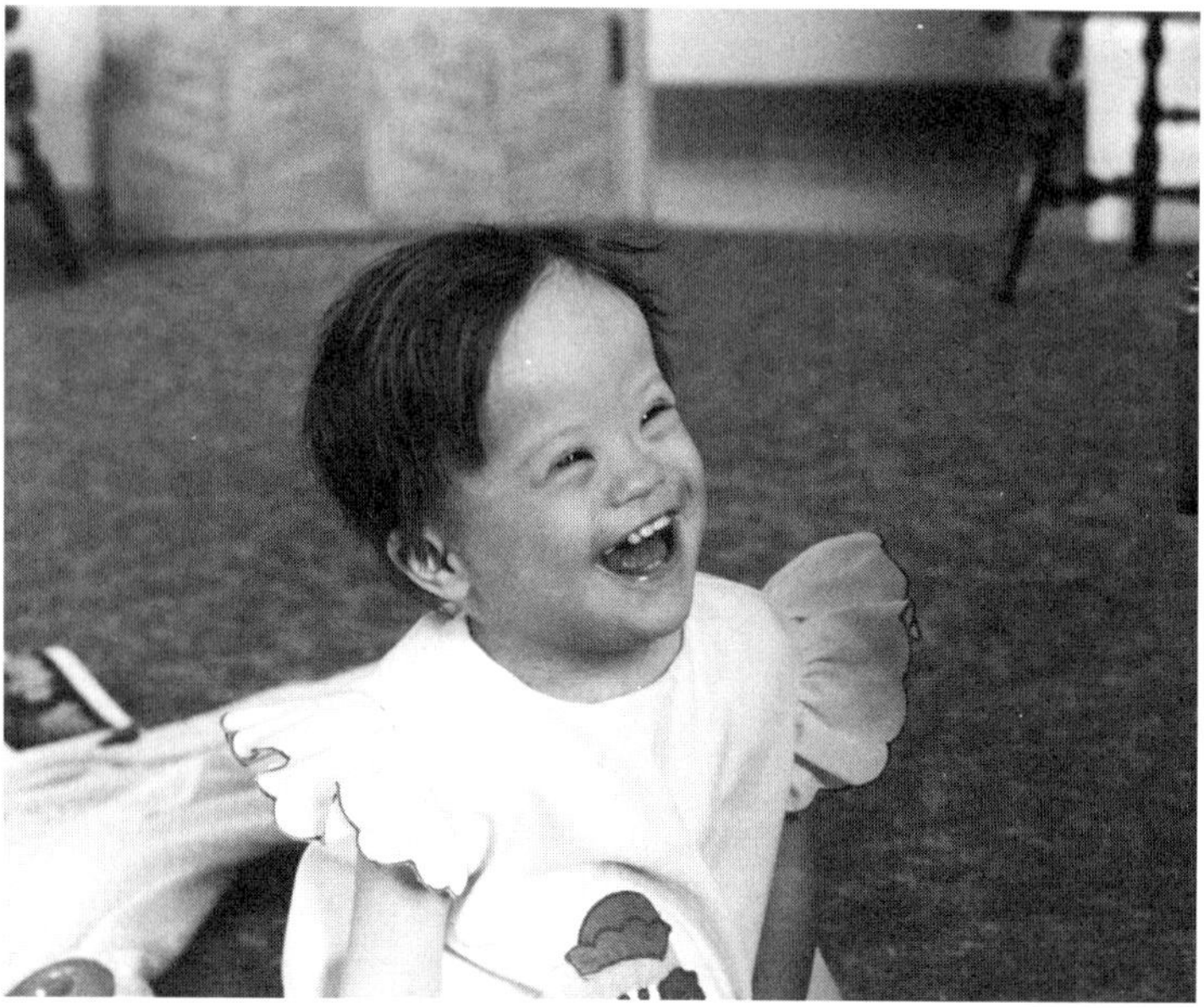

お母さんとの語らい。マリサ（3歳）1976年

## ハワイの宵の記憶

その宵のハワイの海風は、私の紅潮した頬に心地よく感じられた。私はその日、この地で開催された「世界乳幼児精神医学会」（WAIPAD）で、私どもの「ダウン症」の「母子発達相談」について、報告する機会を与えられていた。それを終えての晩餐会の後、ホテルへ日本人仲間と三々五々歩いて帰るところであった。出席者の一人、Tさんから、

「丹羽さんは、どうしてそんなにダウン症の親子に打ち込むの？」と尋ねられたのである。

「私には、ダウン症で生まれた孫がいるんですよ」――と答え、何かその後に続けるつもりでいたが、「ああ、そうだったの……」と、彼女は深くうなずいて、それきり二人の間の会話は途切れた。しかし、その後の沈黙は、決して重苦しいものではなかった。

私は、真理佐（マリサ・私の孫）の誕生の意味を、あらためて思い返していた。1988年のことであった。

60歳を過ぎてから、代々木にある「花クリニック」で、この「ダウン症」の「母子発達相談」の仕事に専念するようになった動機は、このようにきわめて個人的な事情によるものであるが、真理佐の誕生がすべての「ことの始まり」であった。

## ことの始まり

1973年10月13日、私に初孫が生まれた。私の一人息子・敏之と、妻・ジェーンとの間に生まれたその娘は、「真理佐」と名づけられた。真理佐は、アメリカのピッツバーグの郊外、ジェーンの両親の実家のあるマウントレバノンの病院で生まれた。敏之は国連に勤務しており、当時、南米ガイアナ共和国・ジョージタウンに常駐していた。赴任地が発展途上国であることもあって、ジェーンは単身実家に戻り、そこで出産することになったのだった。

誕生の知らせに急遽帰国した夫とともに、二人が医師から告げられたのは、生まれた子どもが「ダウン症」であるという事実であった。

翌日14日の深夜に、私は国際電話で、その「真実」を打ち明けられた。私はその衝撃に耐えながら、手もとの南山堂刊「医学大辞典」で、「ダウン症候群」（蒙古症）について調べた。そして、その概略が分かった。祖母である私が、その時受けた衝撃の記憶は、今も忘れられない。その後、深夜のコールには、かなり長くおびえを感じるようになっていた。

さらに、真理佐がダウン症であるばかりでなく、かなり重篤な合併症があるという事実が分かった。

医療の恩恵を期待できない発展途上国には連れて行けない。そこで、彼らはつらい決断の末、「マクガイア・メモリアルホーム」に入院させることにした。そして、それまでの数ヵ月間、ジェーンは実家で、真理佐とともに過ごした。

その頃ジェーンはすでに友人、知人に真理佐誕生のメッセージ・カードを送っていた。そして、私には「告知」に際して、ドクターから読むようにと勧められたスミス・ウィルソン著の『The Child with Down's Syndrome（ダウン症の子ども）』※注1という世にも美しい本を送ってきた。その本は、１９７３年の発刊であることを私は知った。

※注1　『ダウン症候群』Ｄ・Ｗ・スミス、Ａ・Ａ・ウィルソン共著　長崎ダウン症児研究会訳　学苑社　１９８１年

「アメリカでは、医師の告知が患者にとってどのような衝撃を与えるか、十二分の配慮がなされている」——と、息子は語った。

医師から、二人そろったところで、99パーセント「ダウン症」であると思うこと、簡単ながら要領よくダウン症の説明があり、それは両親のせいではないこと、もし家庭で育てられない事情があれば、しかるべきところを紹介するから、そこで納得いくまで検討してみるように。皆が力になってくれると告げられた。そして、「この本を読んでごらんなさい」と手渡されたという。

私は、むさぼるように読んだ。そこには「ダウン症」とは何か、どうして起こったか、ダウン症の子どもはどんな子どもか——が、実に分かりやすく解説されており、愛らしいダウン症の子どもの写真が、数多く載せられていた。

3ヵ月後に、休暇で息子夫婦が日本に帰ってきた。ジェーンは、友人、知人に出したという誕生の知らせを、私どもに手渡した。

そのメッセージ・カードには、彼女の美しい英語で、真理佐の誕生、夫が南米の任地から駆けつけたこと、二人で医師から二日後に告知を受けたこと、その医師からとても率直に、真理佐がダウン症であると告げられたこと、なぜどうしてこんなことになったのだろうかと二人で涙を流した後で、自分たちにはお互いに支えあい、そして助け合える家族があることに気づき、現実を受け入れることができたこと、そしておそらく、この子は特別な人々に大切にされるために遣わされた「特別な子ども」であったのだと思うと、そこまでの心境に至ったいきさつが書かれていた。

そして、真理佐という日本語の名前をつけた理由を述べ、それは真理に奉仕する、またはは支えるという意味だということ、自分たちとともに挑戦し、新しい生命が誕生したことをともに喜んでくださるように——と結んでいた。カードの表には、折り紙でつくった女の子のしおり、裏には真理佐の足型がプリントされていた。

私ども夫婦はこれを読んで、このような心境に達したことを健気《けなげ》に思いながらも、親も子も不憫でならなかった。

その後、伊豆の温泉に二人を伴った時のこと、朝早く、二人は散歩にといって、海岸に出かけていった。私は二人の後姿を、宿の窓から追っていた。平静なジェーンの表の顔と異なる深い悲しみが、彼女の両肩を落とした後姿に、にじみ出ていた。私はその風景を忘れることができない。折りあるごとに思い出す。

私は、彼女に何もしてやれない自分が悲しく、切なかった。彼らを見送って、再びいつもの生活に戻った。しかし、私は自分の中に、何か新しい意識の芽生えを感じるようになった。今まで気づかずにいたダウン症の子どもに街角で出会うと、つい言葉をかけたくなる。私は自分にできそうなことを、無意識のうちに、絶えず探していたようだ。

マクガイア・ホームに入った真理佐の消息が、ジェーンの母・ヴァージニアから、写真入りで送られてくるようになった。彼女は子ども図書館の主任司書で、多忙な人であるが、折あるごとにホームを訪れ、真理佐の成長の様子を知らせてくる。写真には年月日が記され、短いコメントがついている。もう一人の祖母の人柄が偲ばれるような、素敵なコメントである。そして、それと同じものが、娘のところにも送られていたことであろう。

インターネットのない時代の、手作りの愛のメッセージである。彼女は、受信者の期待を裏切らないように、定期便のように送信してきた。アメリカのピッツバーグから、日本と南米ガイアナへ。そして次には、アラビア半島のイエメンにと、地球に三角形を描きながら、それは彼女の存命中ずっと続いた。ヴァージニアとは、このような人であった。そして、この行為の動機が、真理佐にあったことは疑う余地がない。

しかし、私はまだ具体的に自分の志を実現する方途は、見いだしていなかった。

１９７６年の夏、ともかく真理佐に会うためにマクガイア・ホームを訪ねることにした。母親のジェーンが、ガイアナから合流した。その年の８月のその旅は、私を現在の仕事に導く意味ある探索の旅となった。

## マクガイア・メモリアルホームに真理佐を訪ねる

1976年の夏、私ども夫婦はヴァージニアの車で、ジェーンとマクガイア・ホーム※注2に向かった。ホームは、ピッツバーグ市から1時間あまりの距離にある。アルゲーニー河畔に沿ってしばらく行くと、ニューブライトンという小さな町がある。街並みの尽きたところから上り坂になっていて、登りつめたところで急に視界が開け、マクガイアのレンガ造りの建物が目に入る。

車道の周りには、クラブチェリーの紅の小さな実が、花のように真夏の丘に色を添えていた。前庭に十字架のイエス像がある。それから分かるように、ここはカトリック系のホームである。

入口で来意を告げると、初老のシスターが現れ、私どもは応接室に案内された。私どものほかに人気はなく、しんと静まり返っていた。どこに子どもたちはいるのだろう。

※注2　マクガイア・メモリアルという名称は、1933年カトリックの慈善基金に遺産を寄付した、エリザベス・A・マクガイアの名を記念してつけられた。現在の建物は1953年に建てられ、当初327人の乳幼児がいた。

アメリカでは、1960年代の前半は施設化の最も盛んな時代であった。1970年初めから、障害児福祉計画は家庭療育型へと大幅な転換をみせている。マクガイアも150人に、さらに当時99名に減じた。

初めて会う真理佐への期待で胸が躍り、落ち着けなかった。

そこに真理佐が、シスター・アンジェラに伴われて現れた。彼女の部屋は3階にあるらしい。エレベーターから降りてきた。ダウン症特有の顔立ちを除けば、体つきも、毛髪の色も、悲しいほど母親似であった。心臓の合併症のせいであろうか、少し力を込めて抱くと、こわれそうだ。

真理佐はその時、2歳10ヵ月、レモン色のドレスに、同色のリボンとソックスがよく似合う。積極的な身体訓練によって、歩行はできるようになったとのことだが、まだ滑らかさがない。両肩を左右に振って、外股でペタンペタンと歩く。上等のエナメル靴の裏に、滑り止めの工夫がしてある。弱いくるぶしを保護した編み上げの靴である。大事にされていることが一目で分かった。

シスター・アンジェラからは、すでに何回かの文通で、真理佐の発達についての報告を受けていた。その最初の手紙に、「彼女は、一目で私の心をとらえました」とあった。シスター・アンジェラから見せてもらった、1冊の厚いアルバムとスクラップブックには、入所した時からの成長が、克明に記録されていた。

真理佐は、もう一人のグラニー（祖母）のハンドバッグから、小型のバッグを取り出して、しばらく「バッグ、バッグ」と言う。声のピッチが低い。その中には、スカーフがあった。それを出して「イナイ、イナイ、バー」をして楽しむ。私たちに、特別人見知りをするでもなく、「イナイ、イナイ」の相手をさせて、止まるところを知らない。

午睡の時刻となったので、真理佐はシスターに伴われて、3階の私室に戻っていった。翌日から、ジェーンと二人ここに通って、1週間、参与観察をさせてもらうことになっていた。ジェーンは久しぶりに我が子と過ごせるだろう。真理佐は母親に任せよう。私の参与観察の目的は、ここでの療育の実際を知ることである。それを、逐一カメラに収めておこう。もちろん真理佐も母親も入れて……。

## マクガイア・ホームの療育

ここでは、99名の0歳から7歳までの重い知的遅滞児と重複障害児が療育を受けていた。4階建てのホームは簡素で清潔、しかもぬくもりとまとまりが感じられる。何よりも、子どもたちの表情の穏やかさが、訪問者の胸を打つ。ほっとできるのである。

この子たちに対して、神父と4人のシスターが管理、運営、指導の責任を担っている。専門の保母が日常生活の世話をする。彼女たちは「マミー」と呼ばれていた。1人で6人の子どもの面倒をみる。学齢に達した肢体不自由児のために、特殊教育の専門家3人と助手6人が、週6日通ってくる。

重複障害児でも、伸ばせる限りの能力を開発するために、力を入れて指導が行なわれている。自立、社会的能力、指先でできる作業、コミュニケーションの技能に、教育の目標が置かれている。専門のセラピストと助手は、放置しておくと衰え萎縮する筋肉に、機能訓練を絶やさない。

発達遅滞児に対しては、早期教育の目的で運動療法、プレイセラピー、それに言語治療が積極的に試みられる。自立を助け、自分で遊べるように、治療用具と補助器具が用意されている。

私の目を引いたのは、種々の補助具である。その創意性は、不自由な障害児の一人一人にかける愛の具象化としか言い表せないほど、見事に各児のニードに応えていた。

立ったままで、遊びや手仕事のできない子どものために、特殊な箱机に身長を合わせて操作できる足台の工夫、上体を起こしていられない子のために、三角椅子、添え木、各種の車椅子、ウォーカー、スクーター、シャワー式手洗器などが、住み込みの大工さん夫婦の手によっていた。不自由な子どもを見ていると、次々にアイディアが浮かぶのだそうである。こうして列挙すれば、きりがないくらいであった。

## 私の参与観察

このホームの特徴は、個人単位の療育の徹底にある。一人一人の子どもが、かけがえのない存在として大切に育てられていることがよく分かる。どんなに障害の重い子のためにも、それぞれの療育目標が立てられ、それに向かって教育が日々の生活の中で行なわれている。

私はマクガイア・ホームを参観して、1日1日のプログラムが滞りなく流れているのを見た。しかし、そこには緻密に計画され、準備された教育の筋立てがある。携わる人々に、その主旨がよく徹底しており、しかも一人一人が各自の愛情と創意を傾けて、それを実現していく。いま少し立ち入って、私の見たその内容を具体的に述べてみよう。

まず、個人の障害の程度と発達の可能性と限界が、医学的、心理学的に定期的に明らかにされる。これに基づいて各自の教育の到達目標が具体的に立てられる。

さらに、短期の達成目標と方法が明示され、直接教育にあたる関係者（シスター、マミー、セラピスト、教師）に手渡される。それはノートの形式で、子どものベッドの壁に1週間ごとに貼りつけられる。洗濯物を集めにきたり、掃除をする人々もそれを読み、それに従って子どもに接している。

直接指導者はプログラムを実施して、子どもの反応、効果を記録していく。

各担当部門別の記録は、指導担当のシスターが目を通し、わずかでも成長への兆しが見いだされれば、徹底的にそれを進めるようプログラムが修正される。また、問題も早期に発見され、適切な処置がとられる。

このような細かい記録から、今後の発達が予想され、次の日課が作られていく。1年2回、発達状態、スピーチセラピーなどの評価が明らかにされ、家族に「便り」で伝えられる。

次に、私の心を捉えた場面の中の一コマを、ここに紹介しよう。重複障害児への働きかけの実際である。

## 3歳半の黒人女児の握りまくら

3歳半になる黒人の女児は、全盲で聾唖、歩行も不自由である。彼女専用の椅子に腰かけ、倒れぬように上体を固定されて、両手に「握りまくら」を握っている。手のひらの触覚を刺激する目的で、彼女の小さい手に握れるほどの握りまくらが、繻子地、タオル地、毛布地、ウール地、木綿等の感触の異なる布で、いく種類も用意されている。

日課に従って、それが次々に与えられる。握りまくらを手のひらで握って、少し動かせる指でまさぐるのが、彼女の「お勉強」なのである。視覚も聴覚も閉ざされた世界で、彼女は一定時間、椅子に座ってこの作業を行なうのである。

シスターが部屋に近づいてくると、同室の子どもたちにざわめきが起こる。しかし、この幼女に、シスターはどのように自分の接近を知らせるのであろうか。シスターは、あたかも聞こえる者に対するように、名前を呼びながら近寄って両手を肩に置き、彼女の顔に、正面からフーッと息を吹きかける。すると、幼女の頬がけいれんする。そのほのかな微笑が、彼女の顔に浮かぶのを、私は見逃さなかった。※注3

もう一つの握りまくらと取り替えて、子どもの両手に握らせ、しっかりとその手を握りしめて、シスターは静かに側を離れた。

マクガイア・ホームには、子どもの見える高さの至るところに鏡面が取り付けられている。子どもたちは廊下の床を這い回りながら、両壁の鏡の中に自分を見つけ、またマミーやシスターの動きを熱心に目で追っている。鏡はベッドの側面にもついている。全

※注3　これは「微笑」には見えないが、明らかに「微笑」なのである。微笑の前段階ともいえる。新生児期の自然発生的微笑、けいれん的または反射的微笑といわれる段階を経て、間もなく、3ヵ月頃に見られる微笑――「社会的微笑」に熟していくのである。

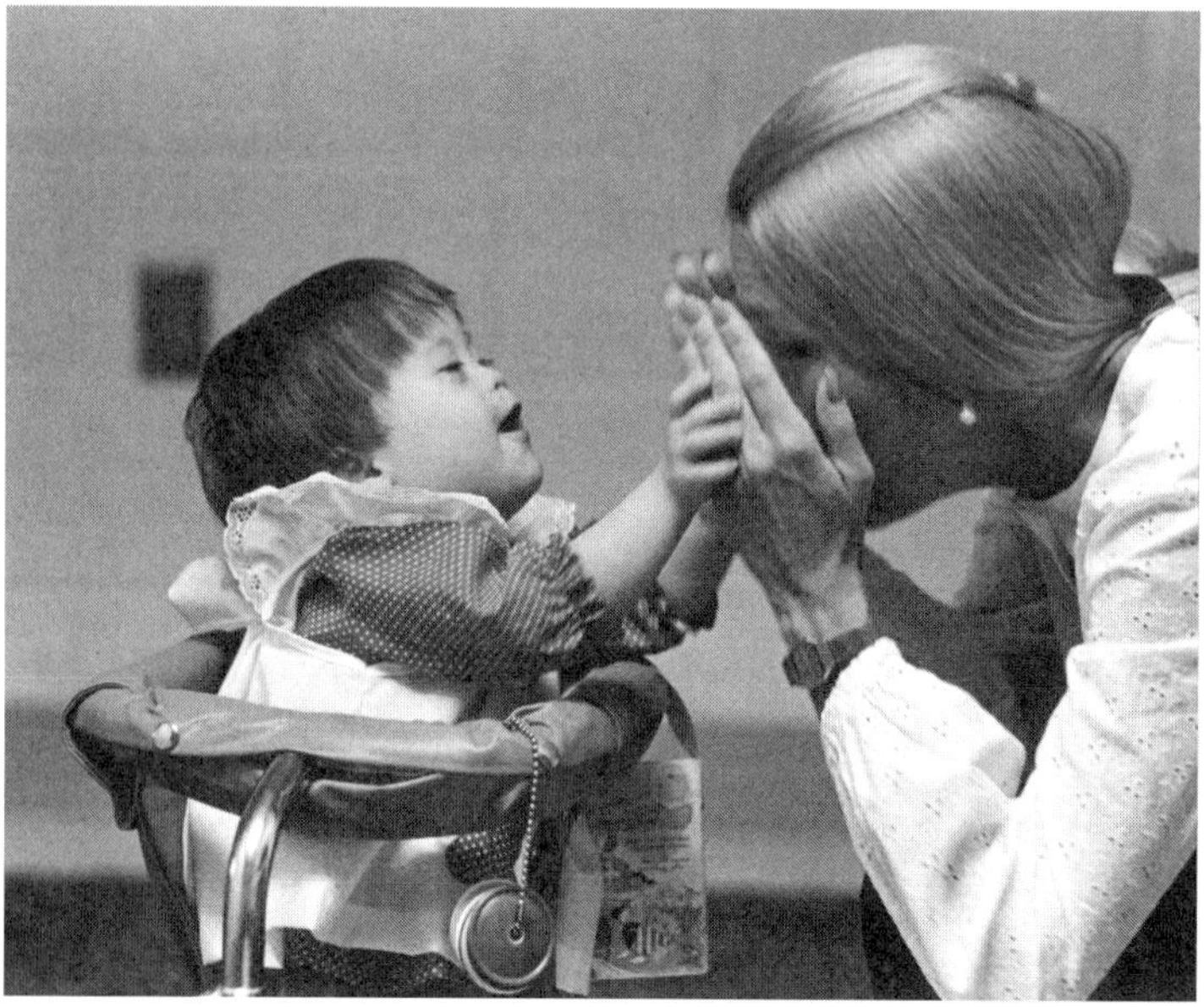

いない、いない、バー！。マリサ（3歳）1976年

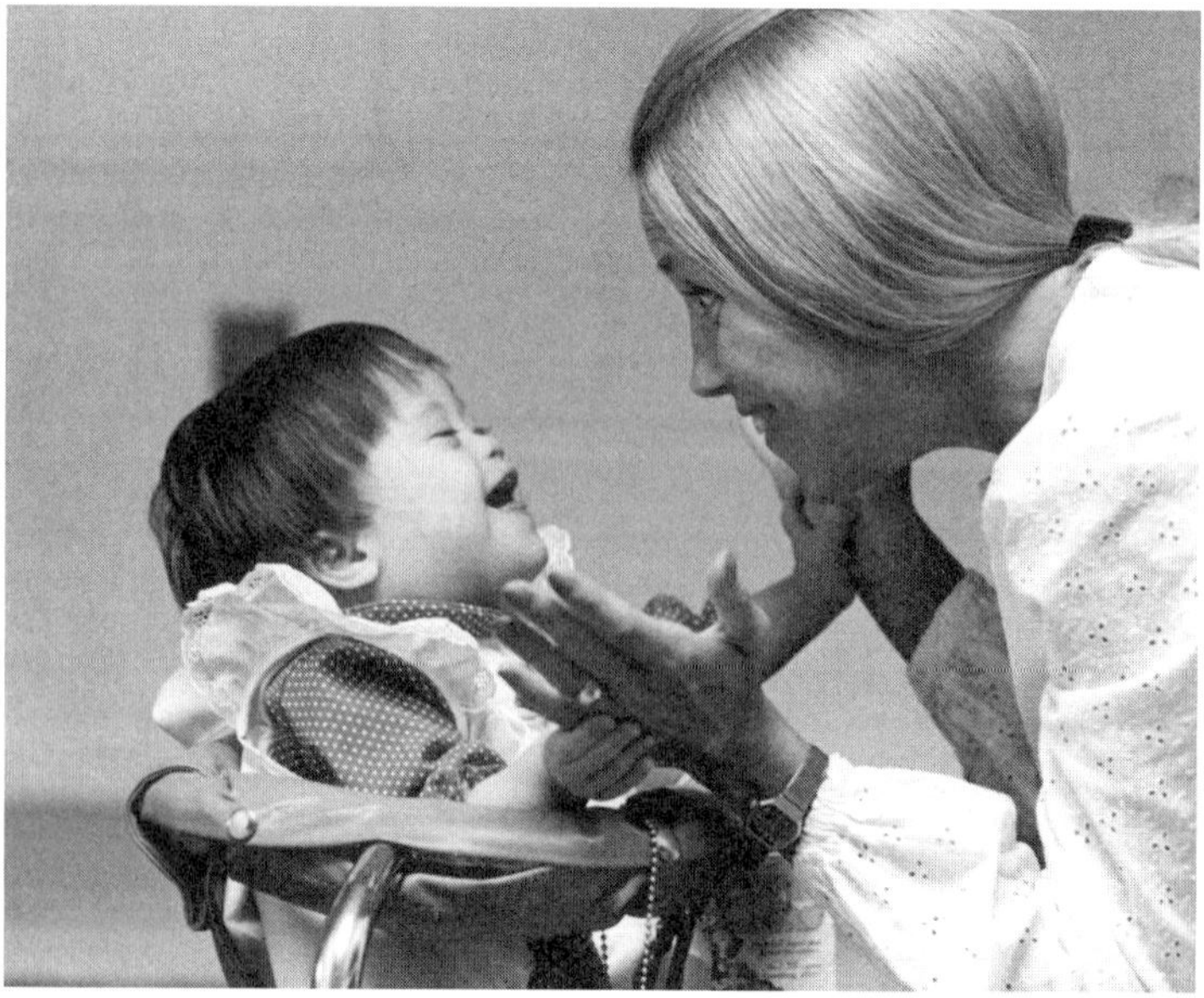

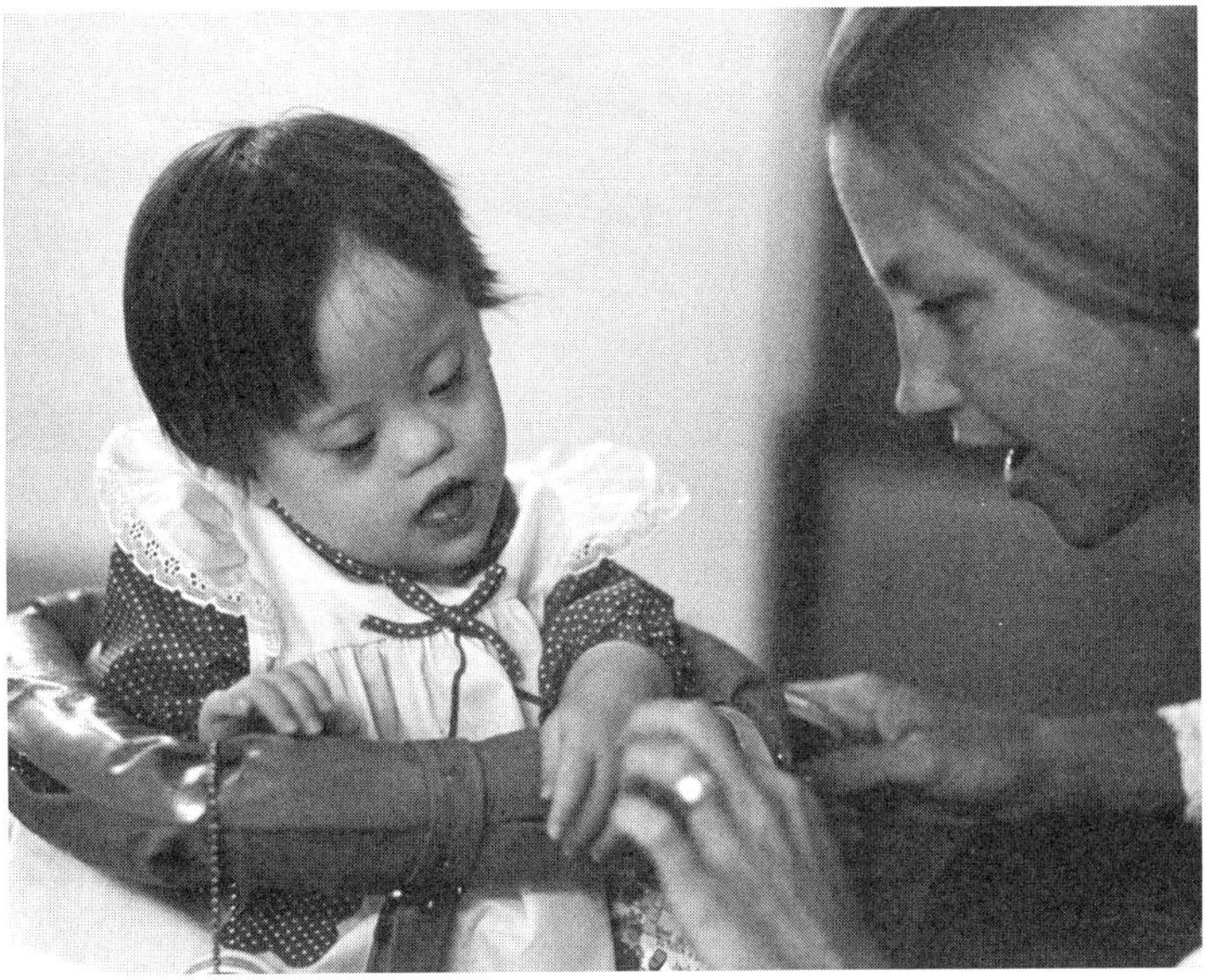

［上］マリサのお手手。ママのお手手。
［下］あっ、ママがいない！この帽子マリサのよ！　1976年

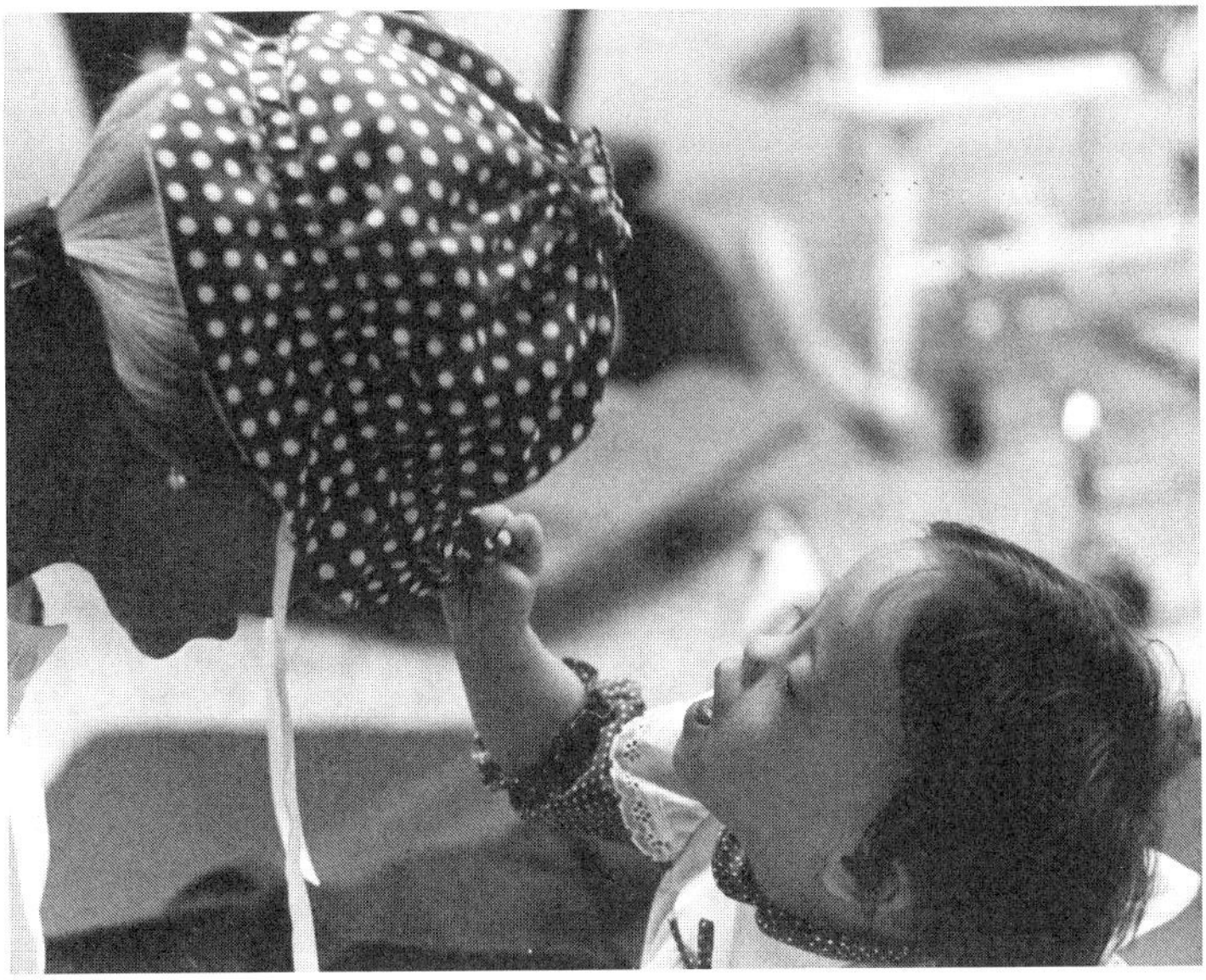

お母さんとお別れ。マリサ（3歳）1976年

盲の子どもには不可能であるが、子どもたちはその鏡面に映る自分を見ることができる。動けない重障児が、他児と同じように、朝は衣服を着替え、ソックスをはき、靴をはかせてもらっている。寝間着のままではなく、昼の姿に変わるのである。その子どもに似合う配色に気を配り、鏡に映る自分の姿を見る。

シスターによれば、視覚的刺激を与え、できるだけ健常児と同じように生活をさせて、それを期待させたいとのことであった。

「自尊心と自立心を幼児の心に」――という教育の目的が、生活の端々に、また設備の中にうかがわれた。

シスター・アンジェラには、ずっと真理佐の母親代わりになってもらえることが分かった。正直なところ、それが分かって私はほっとした。そのうえ、シスターは30代の立派な美しく穏やかな人物である。いつも変わらぬ愛情が真理佐に注がれていて、しかも情に流されず、自然体できわめて適切なケアが与えられていた。ここで真理佐は、申し分のない愛情対象を一貫して与えられることになる。このことの意味は、おそらく彼女の人格の発達にきっと深い意味をもつだろう。

ここで私は初めて、「早期スティミュレーション[※注4]」といわれる、教育的介入の実際を見学することができた。このマクガイアの参与観察は、実に貴重な体験であった。

お父さんとお別れ。マリサ（3歳）1976年

別れを告げにシスターのところへ行くと、主任のシスター・アンが1枚の葉書大のカードを私に手渡し、「これを、あなたが教えている学生さんに披露してください」と言われた。見ると〝*Heaven's Very Special Child*（天国の特別な子ども）〟と題して、障害をもって生まれた赤ちゃんを授かった親に捧げる詩が、プリントされていた。

マクガイアをあとにした時には、暑い真夏の午後の陽ざしが、いくぶん傾きかけていた。車の中で、もう一度その詩を読み返した。その時、汗ばんだ肌に一陣の涼風が吹き通ったような、さわやかな感動を覚えた。

思えば、真理佐の生まれた時のメッセージカードに、ジェーンが「この子は、特別な人々に大切にされるために遣わされた、特別な子どもだと思う」と書いていたことを思い出した。私は、車の中で彼女にそのカードを見せた。

ジェーンも、心ゆくまで真理佐と過ごすことができて、充たされた面持ちであった。

※注4〈前頁〉　発達のごく初期から感覚・運動機能に刺激を与え、感覚・運動機能の活性化、感覚統合を図るもの。教育的働きかけともいう。

# メンタルヘルス・メンタル・リターデイションセンター訪問

真理佐の入所したマクガイア・ホームは、アルゲーニー・カウンティ※注5（郡）の行政区域内にある。私たちは、次にこの郡の「メンタルヘルス・メンタル・リターデイションセンター」（精神衛生、精神遅滞者のためのセンター）を訪ねることにした。

まず来意を告げるとディレクターが出てきて挨拶を交わし、側のベンチで話を始めた。私は自己紹介のあと、マクガイア・ホームで受けた印象を率直に語り、特に許されて1週間の参与観察を行なえたこと、新しい多くの試みを学ぶことができたこと、そしてそこで療育を受け、育てられる孫の幸運を感謝した。

ディレクターによると、アルゲーニー・カウンティに生まれたことが、まずラッキーであった。というのは、アメリカのどこでも、福祉の実践が同じというわけではないのだ。このカウンティはほかと違い、新しいアイディアを進んで実践に取り入れている。「これもこちらでやったのではなくて、親の会の意気込みなのです。親の意志が、行政側を動かしているのです。滞在中にできるだけ見ていってください」――と親切な応対を受けた。

センターの入口を入った受付のある広場に、種々の資料が置いてある。まず目に入ったのが、愛らしいダウン症の子どもの大きなポスターである。その周りに、何種類かの資料が展示してある。パラパラとめくっただけで、のどから手が出そうになるほどのハンドブック類であった。また、研究論文の載っている専門誌もあった。さらに、その年のキーワードが、「家族の中のダウン症児」であることも知った。

パンフレットやハンドブックには、家庭で育てる場合の健康管理、食物、食事のマナー、食器、子どもとの遊び方、パーティーとその心得、前思春期の男の子、女の子の扱い方等々が、トピックスとして扱われていたように記憶する。

私はこれらの内容が、日本でも情報としてすぐ使えると単純に受け取ったが、「なぜアメリカでこの時代に?」ということを、後になって気づいた。「施設より家庭へ」の思想が、滔々として世論を支配し、大型施設はつぶれて施設は小型化し、家族形態をとるように変わっていった時期である。真理佐は、その時代の変化の恩恵をフルに受けて育った。

確かほかの障害児についての情報も出ていたが、ダウン症の場合ばかりが目についた。心を残して、次のグループホームの見学に向かうため、センターをあとにした。

※注5 「カウンティ」(County) とは郡、州 (State) の下の地方行政の最大区画。郡の名をいうときは、Richmond Countyのようにいう。(RANDOM HOUSE)

## 成人のグループホーム——社会的自立を目指す

そこには真理佐のためにマクガイア・ホームを奨めてくれた、ソーシャルワーカー主任ナンシー・グリーンさんが、次の見学先を決めて私どもを待ち受けていた。案内されたところは、成人のグループホームであった。

私どもが訪れたのは1軒の人家で、1階にリビングルームと食堂、そのほか女性のための居室が4室ある。2階には男性の居室があり、そこへは屋外の階段から出入りするようになっていた。食事や集会、団欒の時は、この1階のリビングルームに皆が集まってくる。テレビ、電話、ピアノ、各種のゲームが置いてある。

その日はウィークデイで、皆仕事で外出していた。留守番をしていたのは、グリーンさんのお姉さんであった。彼女もダウン症である。指導者はセンターから通ってくる。住人たちはそれぞれ能力に従って仕事をもっているが、ここの共同生活では責任を分担し合う。指導員は日常生活が滞りなく進んでいるか気を配り、日常経費の点検、計算、献立表作成の助言などのほか、個人や人間関係の問題の相談はもちろん、健康管理は特に避けて通れないし、緊急時の連絡などの徹底に、神経を使うそうだ。

成人して家族や施設の手を離れてから、このようなグループホームは、社会的自立を志す人々のために必要欠くべからざるものであろう。

ディレクターは、もう一つぜひ私に紹介したいところがあると言って、私に若い社会事業家夫婦を引き合わせてくれた。

## 地域社会へのノーマライゼーションプログラム

翌日、私たち夫婦はマクガイア・ホームの比較的近くにあるソーシャルワーカーの家を訪ねた。若い夫婦で赤ちゃんがいる。ご主人は陽気でひょうきんな人好きのする人である。夫人はおとなしい、あまり口数の多くない上品な女性で、その人たちはテストケースとして、障害児のいる家庭と大多数の障害児のいない家族が、地域社会の中で仲良く暮らせるコミュニティーづくりに、理想を燃やしている。

私どもはその町のコミュニティーハウスに伴われ、そこで先日撮った運動会の16ミリ映画を見せてもらった。バーベキューパーティーを、非障害者の家で開いているフィルムもあった。「障害があろうとなかろうと、皆同じ人間ですからね」と、私に話しかける。

「説教より一緒に過ごすことです」――。
「映写会をします」と張り紙しておくと、夕食後、皆集まって来て、フィルムを見てあれこれおしゃべりをする。何となくよそよそしかった以前の態度が和やかになり、次に出会った時には、「ハロー」と手を上げる。
「それでいいのですよネ。イベントの後の集まりで、フィルムを見ながらしゃべる、この時が一番大切なのです。障害に対してだけでなく、なんとなくタブー視していたことなどが話題にのぼり、おおっぴらに話し合えるようになる。そんなきっかけを作るために、あれこれやっているんです。『偏見なんて馬鹿らしいこと』と笑い合えるようになりますよ」と、若い楽天家のソーシャルワーカーは話す。うまくいくのは、案外この人の人柄のせいかもしれない。

しかし、この人のしていることは大切なことだ。障害を持つ子どもとその家族を、地域社会の中にうまく招じ入れるきっかけを作る仕事なのだ。それをプログラム化して、このように実現するところに、アメリカ人らしさを感じた。

センターに帰って、先に注目していたダウン症関係の資料（パンフレット、ハンドブック等）にもう一度目を通し、研究論文集もコピーして、一抱えいただいて帰ることにした。私はそれらを見ているうちに、一つのアイディアが心に湧き起こっていた。私の

教え子たちの顔である。※注6
「彼女たちに相談し、ダウン症とは？　育て方は？　など、翻訳しながら、勉強してもらおう。たぶん彼女たちは私と同じく、ダウン症については何も知らないかもしれない。しかし、子育ての経験があるから、きっと理解は早いだろう」――。
私の想いは次から次へと広がり、心はすでに日本に帰っていた。この探索の旅は、実り多いものになったのである。

## 決心から実行へ

### 空の上でのプランニング

とりあえず、私は帰途の飛行機の中で、この旅の経験をもう一度思い返しながら、今後の計画を立ててみた。

まず第1に、今回入手した資料を勉強し、翻訳する作業に取りかかろう。それには、私の英文科の教え子に意向を聞いて、うまくいけば彼らと勉強会を始めよう。英語のブ

※注6　当時、私は東洋英和女学院短期大学英文科と保育科で教鞭をとっていたが、英文科の卒業生たちのことが思い出されたのである。

ラッシュアップを兼ねて、子育ても落ち着いた卒業生たちは、ダウン症の子どもの育て方や問題点などに、興味をもって参加してもらえるかもしれない。少なくとも広報の目的からすれば、地道な出発ではないだろうか。教え子たちとのリユニオンをかねて、打診してみよう。

第2に、アメリカのダウン症療育事情を報告しよう。今回の旅の収穫を、報告したい人々がある。それは、ダウン症の親の会──「こやぎの会」の会長、諸岡順勝氏、顧問の日暮眞先生、※注7 池田由紀江先生、※注8 飯沼和三先生、※注9 高橋八代江先生、※注10 こやぎの会の委員の方々である。

最初に入手したスミス・ウィルソン著『ダウン症候群の子ども』と題する本に魅せられ、直ちに翻訳・出版を思い立ち、その準備の過程で紹介され、諸手を上げて賛成し、力を貸してくださった方々なのだ。出版は、ほかに決定されていて中止になったが、以後今日まで変わらず重要な方々である。

帰国したら、ペンシルバニア、アルゲーニー・カウンティでの福祉行政の状況と、マクガイアの療育について報告する機会を持とう。私は特に、自由に何種類かの啓蒙的資料が準備され、フリーで展示されていることに心を打たれた。ダウン症と聞いて、すぐ医学辞典に飛びついた自分の反応を思うにつけ、きっと両親はダウン症とはどんな病気か、文献に情報を求めるに違いない。

「我が国独自の手ごろなハンドブックが作られるといいな」と感じたこと、その他、成人のグループホームについても報告しておこう。遅かれ早かれ、このような問題に直面する時がくる。その時の参考のために……。

第3に、今年（1976年）の学園祭に、「マクガイア・ホームにおけるダウン症の女の子真理佐」について、マクガイアの療育を含めた写真展を企画しよう。

第4に、私自身ダウン症について学ばねばならない。文献だけでなく、この人々――子ども、赤ちゃん、お母さんに会いたい。やはり、諸岡氏と日暮先生に相談することとしよう。

帰路12時間の旅は、まどろむ暇もほとんどなく、あっという間に成田に着いた。一つの節目となった今回の旅が、私のこれからの進路を開いてくれるような予感がした。

※注7　日暮眞　東京大学名誉教授・東京家政大学教授
母子保健、特にダウン症に関する研究書多数
※注8　池田由紀江　筑波大学心身障害学系教授
※注9　飯沼和三　小児科医、「愛児クリニック」院長
永年ダウン症児の医療に取り組んでいる
※注10　高橋八代江　養護児のための音楽療育「鳩笛リズム教室」主宰。永年養護学校で障害児教育に携わっている

## 忘れがたい日

１９７6年の11月6日は、私にとって忘れがたい日となった。この日は東洋英和女学院短期大学の恒例の文化祭の日であり、卒業生たちのホームカミングの日でもある。卒業生たちは母校を訪れる。

当時の英文科の同窓会長に会って、翻訳を思いついたいきさつをまず話し、「卒業生の有志の人々が、勉強のつもりで一緒に本読みから始めて、ダウン症のことや子育てのことを理解しながら、翻訳作業をすることをどう思いますか」と尋ね、「まずあなたはどう思う？」——と彼女の反応を待った。

彼女は、私の孫がダウン症であることに話題が及ぶと、目を丸くして、うなずきながら聞き入っていたが、「自分たちでお役に立てるなら、皆に諮ってみましょう」と快諾してくれた。その後、日ならずして10数人の申し出があり、これは実現する運びとなった。

この日、また予定通り、真理佐の誕生に始まる記録写真、彼女を抱いて立つ父親の後姿、今回私が撮影したマクガイア・ホームとその療育風景、母と遊ぶ彼女、その他、シスター・アンジェラから貰った発達記録などが、卒業生の職員の手で美しく展示された。

講演会で私は、孫の真理佐がダウン症で生まれたこと、その誕生が私どもにどのような意味をもったか、「ダウン症候群であろうとなかろうと、すべての子どもは個性をもったかけがえのない存在である」※注11ことを実感として教えられたこと、またこの子がいかに大切に愛と英知を傾けてマクガイア・ホームで育てられているか、そこで見た療育の実際を話した。

会場の大講義室には、「こやぎの会」の会長・諸岡氏やこやぎの会のお母さんたちの姿、本学の教職員、学生、卒業生たちの見馴れた顔が見受けられた。そのほか、一般の文化祭に見えた人たちで、ほとんど満席の状況であった。ダウン症について公衆の面前で話すことは、初めての試みであった。

私は、直接関係ある人もない人も、事実をあるがままに知ることこそが、問題に対して正しい認識をもつ方法であると信じている。無知のための偏見から、自由になってもらいたい。正しく知ることで、この子たちが大きくなっていく道を広く作っておいてやりたいのだ。

実はその朝、夫は孫のことについて、「あえて障害のあることを、人にあらわにすることはないのではないか。そっとしておいてやれ」と意見した。私は、「講演会に出席して、聴衆の反応を見ていてほしい。今回は思うようにさせて」と説得し、彼の同意を

※注11『The Child with Down's Syndrome』Smith and Wilson（前出　注1参照）

取りつけた。そんなことがあり、彼も聴衆の一人として、聞く側に座った。

私は話しながら、聴き手の集中を身に感じた。夫は理解してくれた。以後、夫は進んで私の活動に協力してくれ、終始私の力強い支えであったことは言うまでもない。

こうして、講演会も無事に終わった。その後、諸岡さんと「勉強会」について予定を立てた。

## 「花クリニック」――矢花芙美子先生との出会い

その日の午後、私の研究室に、思いがけない賓客があった。日本大学医学部精神科の女医、矢花芙美子先生である。矢花先生から、来年早々開院予定の「花クリニック」で、カウンセラーとして援助してもらえないかという申し出があったのだ。

「花クリニック」は、明治神宮のある「代々木駅」近くの代々木ゼミナール（通称代ゼミ）の筋向いにある。予備校生の心身の健康管理のための校医的役割を担って、新しくクリニックが設立されるとのことであった。ストレスの強い予備校生の精神衛生管理に特に力を入れて、精神神経科に重点を置き、ほかに内科や眼科、歯科などが置かれるとのことである。私には、主として「生徒の両親の相談面接」に当たって欲しいとの意向が伝えられた。

まったく思いがけない申し出に驚きながらも、その申し出を受ける気持ちは固まっていた。その時、一つの提案がひらめいた。

「私の念願である、ダウン症の母子相談もさせてもらえないだろうか」――。

そう打診すると、若い院長から「ええ、いいですよ」と、たちどころに答えが返ってきたのである。かえって私のほうが、あっけにとられてしまった。私が望んでいたのは、まさにこのことであった。

「真理佐に直接に援助はできないが、私に何かできそうなことをしたい。翻訳を通しての広報活動は、今すぐにでもできる。すでに、一つのアイディアは実現可能になっている。もっと直接的な援助がしたい。私が今まで学んできた専門と経験を、ダウン症という障害をもって生まれた子どものお母さんの子育てに役立てたい」――。

これが、私の念願であった。そのチャンスがまさに今、与えられようとしているのだ。

私は、今起こっている事実に心を奪われるあまり、前に座っている未来のボスの存在を忘れていた。ハッとして、彼女を改めて見直したことである。この即座の決断のできる人は、まだ30歳そこそこであろうか、ちょっとふくよかでつややかな丸顔に、きれいな瞳がキラキラ輝いている。私の娘くらいの、頼もしいボスだ。「信頼」の二文字が私の心に刻まれた。

クリニックは、翌年の2月ごろに開院予定とのことである。いつからでもよい、定年後でもよいとのことであったが、私の心は定まっていた。すぐに準備に取りかかろう。

## 「こやぎの会」パンフレット出版

今、私の手もとには「こやぎの会」前会長・臼田宏氏から送られた『この子とともに強く明るく』のパンフレット（第9版）がある。初版は1978年6月である。部数はすでに2万9000部に達しているとある。さすがに20有余年の間には、個人も会も大きく成長し、自ら身についた自信のあとが見受けられる。このパンフレットにもその跡が見える。一読して、これは私の見たアメリカのパンフレットの類と比較しても、内容、外観ともに遜色のないものである。

20年前は、あるべき方向性を信じて、一刻も早くご両親に届けて心の痛みをやわらげたいと、祈るような想いで作った。しかし、今日の『この子とともに強く明るく』には、20年の経験から得た、確信とゆとりが感じられる。

それにしても、「こやぎの会」の草創期に会を支え、今日の礎を築くために懸命な努力を重ねてきてくださった、会長・諸岡順勝氏をはじめメンバーの方々の貢献を思わずにはいられない。そして、20年あまり前のパンフレット誕生のいきさつが、昨日のことのように思い出され、ここに書き留めておこうと決意した。

年を重ねると、近い過去より遠い過去の記憶がより鮮明に思い出されるものである。それでも、記憶の間違いを危ぶんで「25周年特別増刊号」※注12を参照しながら、当時を回顧した。

私は、1976年の初秋、アメリカの旅から帰国して直ちに、諸岡さんや日暮先生に、ペンシルバニア洲アルゲーニー・カウンティの精神衛生・精神遅滞者福祉センターを訪ねて、ダウン症児・者のための行き届いたサービスの内容や運営について、学んだところを伝えた。

その折、持ち帰ったパンフレットやハンドブックをお見せした。そして、「こやぎの会独自の広報用パンフレットを作る計画はないか」と、諸岡さんに打診してみた。私が言うまでもなく、会長はじめ委員の方々の間ではすでに話し合われていたそうで、その後、話はどんどん進み、直ちに有志が集まり、その方向に向けて活動が開始された。

自然に集まった有志は、「こやぎの会」側の会長と数人の熱心なメンバー、委員のお

※注12　1988年11月25日発行「こやぎ」191号参照。臼田氏提供。

父さんやお母さん、ずっと初めから顧問として頼られていた日暮眞先生、池田由紀江先生、高橋八代江先生、愛育研究所付属の保育園でダウン症の子どもたちの保育に当たっておられた藤原暘子先生、小島道子氏、飯沼和三先生（のちに「愛児クリニック」院長[※注9]）もおられた。

とりあえず会の名前を付けようというので、生意気にも私が「ダウン症発達援助計画（略称DDAP[※注13]）ではいかがでしょう」と申し出て、これもすんなり受け入れられた。

以後、会の名前は「DDAP」で用が足りた。1977年3月、第1回「落合教育会館」、9月「花クリニック」、「東洋英和短大会議室」、「区民会館」というように、その都度、会場を借り受けて会合を重ね、1978年、ついにパンフレット『この子とともに強く明るく』が誕生することとなったのである。

「早稲田ライオンズクラブ」から出版用資金を寄付していただき、1万部出版することができた。こうして、ダウン症児を持つお父さんお母さんのために、新しいパンフレットができあがった。一同が、熱い想いを一つにして作業したDDAPの会合は、今も忘れられない。

書名と扉が、最後の決定すべき問題として残った。『この子とともに強く明るく』は、諸岡さんの発意であった。文句なしに決定した。私はその時思った。

「あの方らしい。私心のない、澄み切った青空のように、明るく、笑顔の絶えないお顔は、人々の心を一つによくまとめた。この子たちのために、会のために良いこととわかれば、岩をも通すほどの強靭さで、しかも粘り強くことに当たられる。会のために間違った意見には、権力にも大勢にも屈せず敢然と闘われる」――。

実はこれは「こやぎの会」全体の姿勢であるように思われた。「強く、明るく」は、これからこの子と生きていくご両親に贈る、心からのエールである。最後の宿題、扉に何を入れるかがまた論議され、子どもの可愛い写真を入れようということになった。

その時、ひとりのお母さんが、「天国の特別な子ども※注14」を入れたらどうかと発言された。彼女は、どんなに心が萎え、沈む時も、我が子を抱いてこの詩を暗誦していると、心が不思議に落ち着き、育てる勇気がわいてくると発言された。誰一人異存を唱える人もなく、一同賛成して直ちに決定した。

いささか余談になるが、その後「こやぎ文庫」から出版される本には、必ず扉にこの

※注13　Down's Syndrome Development Aid Program

※注14　マクガイア・ホームのシスターに手渡された"Heaven's Very Special Child"の詩である。東洋英和女学院卒業生有志による翻訳グループの一人、大江祐子さんが日本語訳を手がけた。「こやぎ」60号（1977年）誌上に掲載され、「こやぎの会」メンバーに知られるようになった。

※注15〈次頁〉　1978年「ダウン症の両親に関するアンケート調査」丹羽淑子、「運動発達に関するアンケート調査」池田由紀江、「普通学級の中でのダウン症児」助言者・池田由紀江、「DDAPのアンケートを中心に」丹羽淑子、結果の考察。（以上、25周年記念特別号記録から）

「天国の特別な子ども」の詩が載せられるようになった。

諸岡さんから、この詩の翻訳者・大江祐子さんへの私信に、

「〝天国の特別な子ども〟の詩は、多くの親たちに生きる希望を与えてくれています。（中略）私は今、あらためてこの詩を読んでみて、キリスト教を知らない両親たちでも、この詩を読んで感激し、生きる希望を見出すことができるようになることに、不思議な気がしています。このことばの奥に深い深い摂理がこめられているように、今また再認識させられました。そして、この詩を訳してくださいました大江さんに、あらためて感謝の気持ちが湧いてまいりました」――とある。

そして大江さんは、「私は大きな宝をいただいた」と、その感動を述べている。

「DDAP」は、このパンフレットの作成だけでなく、アンケート作成とその報告、それに対する考察など、会の方向性の参考となる基礎調査の協力依頼、またその結果を巡って活発な作業が行なわれたことを付記しておく。※注15

マリサ（26歳）とコネチカット州・ダリエンにて（1999年夏）

# 第二章

# あなたたちは「希望」である

## ——13人のお母さんたちの証言

花クリニックの診療室において、13人のお母さまたちにインタビュー形式でお話を伺いました。

1998年2月12日から5月頃まで、一週間にお一人ずつ、約2時間かけてゆっくりと、お子さまの誕生から、乳幼児期、幼稚園や保育園、学齢期での学校選び、その後どのような道を選びながら思春期を過ごされたのか、また、学校を終えてから現在までどのような暮らし方をなさってきたか、母の目を通したお子さまの成長をじっくりと語っていただきました。

家庭のうちと外、家族や祖父母との関係、好きなことや趣味などについてお話を伺ううちに、幼い頃には想像だにしなかった新しい発見もあり、いとしさや嬉しい驚き、また、お母さまたちの心情に胸が熱くなるような気持ちになったこともたびたびありました。

さまざまなご苦労があったことでしょうが、それを乗り越えて、すがすがしい表情をなさっているのを拝見して、幸せなひとときをもつことができました。それぞれのお母さまたちに、心より感謝いたします。

丹羽淑子

# 教えないで引き出す

鳥井恭子（とりい　きょうこ）さん
鳥井葦（とりい　かな）さん

## 私の最後の仕事

丹羽　遠くからいらしていただいて、ありがとうございます。私はこの20年の記録をきちんとしておくことが、「花クリニック」へのご恩返しのような気がします。これできちんと幕を引きたいと思っています。

これまでダウン症の子どもの乳幼児時代や学童時代などについて書かれたものはいろいろあると思いますが、どのように生まれてきたか、どのように育ってきたか、そして一応成人式を迎えた20歳までの長い縦の成長や発達の流れを記録したものはまだ出ていません。

特別な人を選んだのではなく、たまたま私がここで出会った方々と、非常に密接な人間関係の中で、どなたにも心の中でとてもなつかしい気持ちが育ってきたような方々に私の気持を伝えて、その中で10人くらいの方々に賛同していただきました。もう20年も経つので電話も通じない方、住所が変わられた方もありました。

ぜひ、その後のご様子を伺いたいと思います。どうぞ自由にこの20年の歳月を振り返って、お母さんの心に浮かんでくる問題、記憶などを語っていただきたいと思います。

## 葦《かな》によって与えられた人との交わり

**鳥井**　先生からお電話いただいて、この20年間をずっと考えてみて、本当に葦が与えられなかったら丹羽先生とも知り合える機会がなかった。そういう意味では、人としていい交わりを多く与えられて、私は得をしたなと思っています。一番得をしたのは母親である私です。今、いろいろ考えると、その中で私自身がこういう交わりの中で、とても育てられてきたと思います。

**丹羽**　よく「自学」といいますが、人との関わりなしには本当の人間の理解はできないと思います。

**鳥井**　できませんね。やはり人間は社会的な存在で、いろんな人との交わりの中で育てられた部分が大きいと思います。多分この娘がいなかったら、私の交わりの部分はとても狭まっているだろうと思いますし、「今ごろはどんな暮らしをしているかしら」と感じます。

**丹羽**　あなたのご主人のお仕事からして、多くの方と接する機会がおありだと思いますが。

**鳥井**　それはそうですが、でも娘がいわゆる健常者であれば、今よりずっと狭められた交わりの中で安穏に暮らしていたかも知れません。

**丹羽**　私も同じように感じます。みんなそれぞれに運命の歴史を、家族の歴史を背負った方たちです。こんなにいろいろな方々と、きれいごとではなく、初めから何もかも裸になって付き合えるような交わりをさせていただいて、ありがたいと思っています。

鳥井　私ね、よく先生が「うまく立ち直れなくて帰るお母さんたちの後ろ姿を見ていると、自分の力がないのが悲しい」とおっしゃっていましたが、あれは私にとってはありがたい言葉でした。そして、そんなに心を砕いてくださる方があるということは本当に嬉しかったのです。

丹羽　当然だと思いますが、こういう仕事をしていると本当に胸が痛みました。だって、あとは私の力ではどうにもならないことですから、本当に祈るしかないのです。

鳥井　その先生のお気持ちが私たちにとっては励みになり、支えになって、そういうことを通して育ってきました。ですから、ここへ帰ってくると「ただいま」という感じになります。

丹羽　うれしいです。

## 乗馬クラブへ就職する兄

鳥井　上の息子が、この部屋を覚えているのですよ。

丹羽　最後にここへ見えた時に、お兄ちゃんと一緒にいらしたでしょう。

鳥井　はい。彼は2度くらいしか一緒に来ていませんが、覚えています。

丹羽　確かあれはプレイルームでご一緒しましたね。今、お兄ちゃんはどうしていらっしゃいますか。

鳥井　今年、関西大学の国文科を卒業して社会人になります。彼はジャーナリスト志望で出版社、放送局などに願書を出しましたが、その中の一つで、馬に触れたくて応募した乗馬クラブから一番先に内定をいただきました。本人は「そこに決める」と言います。私は、ジャーナリストは日常生活が不規則になったりするし、生きている動物と付き合うことがいいかなと思いました。自分の人生ですから、自分できめるのがいい。「あの時、親がそう言ったから」と責任逃れをしてほしくないと思います。

もう一つは、「ヒポセラピー」といって自閉症の方が馬に乗ることによって心が開かれたり、肢体不自由の方が馬の背中で揺れる時の骨の動きが人間の歩く時の骨の動きと同じで、リハビリになるということを本人が聞いてきました。その会社が特にそういうことに力を入れているのではないのですが、思わぬところから「彼がまた、障害を持った人たちのところへ帰れるんじゃないか」という願い、あるいは思いもあったわけです。そこで賛成しました。全国に何十箇所かあって、まだ任地は決まっていません。とりあえず、今は近くへ馬に乗る練習に行っています。

## 自分で考える習慣

鳥井　娘のことですが、葦《かな》が生まれた時は、家族、主に私の父母、おじいちゃん、おばあちゃんに受け入れられるかどうかが、まず気になりました。それから、成長がある程度のところで止まってしまうのではないか、育てていけばある程度成長するのかという疑問、学校へ行けるのかどうか、上の子の結婚に影響しないか——等などが走馬灯のように頭の中を走りました。

そのうちに薦められて青山教育研究所へ伺うようになりました。そこで一番よかったのは、母親が外へ出るというチャンスになった。そしてお仲間がいたことです。ただ、親にとってはよかったのですが、「子どものことは、あまりよくご存じないんじゃないか」そういう印象はありましたが、とても楽しみに行っていました。

もう一つよかったことは、青山へ行くには地下鉄を降りてからの道が結構あって、人にはぶつかりますが車にはぶつからない地下道を、時間をたっぷりかけて彼女を歩かせることができました。ケガをする心配がないので一人で歩かせられた。今でもよく歩きます。そこで松本すみえちゃんのお母さんに薦められて、丹羽先生のところへ伺うようになったのです。

丹羽先生と出会い、ここへ伺うようになって一番よかったと思うのは、自分で考える習慣をつけていただいたことです。先生は私にしゃべらせて、ところどころ合いの手を入れてくださる。例えば、「私のひざに乗せてブランコに乗り、私がこぐと彼女が喜びました」と話した時に、「大きい筋肉が発達する時ね」と相槌を打ってくださる。そうすると、私は「今は大きい筋肉が育つ時なんだ」、では「どういうことを今彼女にしてやったらよいか」と自分で考える。それはとても大切だったと思います。

発達の時期をうまく捉らえていくことが大事だということに気づかせてくださったことで、私自身に自信をつけてくださった。そのことが、今の全ての出発です。とてもありがたかった。だからここへ来て、次はどんなことを言ってくださるか、どんなアドバイスをしてくださるかがとても楽しみでした。

そして、先生が「皆さんの後ろ姿を見ながら、自分の無力さを感じるのよ」とおっしゃたことで、こんなに一所懸命私たちの成長を見てくださる方があるということは、大きな支えでした。今でも本当に感謝しています。

その次に、「ひよこ教室」※へ通いだしました。そこでは親と子が離れて過ごす時間があること、お母さん同志の仲間としての交流があったこと、そして私自身が家を離れて外へ出たことがよかったと思っています。

## 学校の選択と先生との出会い

鳥井　就学の時、葦は3月23日生まれで1年延ばしたほうがいいのかどうか、そうでなくても遅れているので、1年延ばすと少しは楽できるので

※1974年4月障害児の親が保育士の資格をとり、保育開始。障害児と健常児の比率が3対1の統合通所施設。対象児は2〜4歳

はないかと思っていました。ところがキリスト教主義の幼稚園で障害児も受け入れている園の園長先生が、葦《かな》について「どれくらい分かっているかは言えませんが、みんなと一緒に学校へ行く準備をしています」とおっしゃいました。だから彼女自身が1人残されたらそのほうが傷つくのではないか。「同じクラスでみんな学校、学校と言っているから一緒にやったほうがいい」とおっしゃってくださいました。

その学校をどう選ぶか、普通学級がいいか、障害児学級へ入れるのか、または養護学校へ入れるのか、迷いました。その当時は高知にいて、迷った末に地元で育っている子どもたちと一緒に就学させたいと思いましたが、そこはまだ障害児学級がなくて……。でも、訳の分からない授業にただ座っているのも拷問に等しいと思い、結局一校区離れた障害児学級に入れました。

結果的にはとてもよくて、いい先生にお会いしました。1年遅らせていたら、お会いできなかった先生でした。それも本当に不思議な導きでした。葦は最初からいい先生にお会いして、彼女が「学校大好き、先生大好き」でいられたのは、とても恵まれたことと思います。2年生の時に担任してくださった先生は、「いいものを持っている」と言って彼女の色彩感覚をとても伸ばしてくださって。子供県展に、その年に何度も入選しました。彼女自身はあまり分かってなかったのですが、少しは自信ができたかなと思います。

親子で嬉しかったこともあります。その頃、将来の職場を確保しなければならないというので、作業所作りを目指してあちこち見学してまわりました。でも今思うと、どこを、何を見なければならないかがよく分からなくて、ただやたらにたくさん見ました。とりあえず今から何かをし始めなければならない。そのための仲間作りをしながら、あちこち見学に回りました。

## 教えないで引き出す
### ――「さをり」との出会い

鳥井　そして、小学校3年生の時に「さをり」と出会いました。その時、展示会があるから見に行かないかと誘われましたが、私はああいうものは有閑マダムの高価なお遊びと思っていました。行って見ると、確かに美しい。でもすごい値段がついているし、やはり私には縁が無いものと思いました。

帰りかけた時に、黒いレースのような洋服を着た方が、「織ってみませんか」と言われました。葦は人見知りの強い子どもですから、「イヤ」と言いました。するとその方が、座って赤い糸で織りだしました。「カンカンと叩いて織ると、真っ赤な色が出るでしょう。ゆるくすき間をあけて織ると、赤い縞になったでしょう」と言われました。するとその横にいた方が、「でも先生、そんなすき透きに織ったら、洗った時クシャクシャになりますけど」と言いました。そうしたら、ご自分のスカートを太陽にかざして、「それはそれで、レースのようで面白いじゃありませんか」と言われました。

私は「これだ、こんなに自由なものなら、私の娘にもできる」と思い、気持ちがときめきました。当時の私はミシンをかけられないので手伝ってやれないと思いました。でも、どうしてもその時のことが忘れられず、しばらく経ってからまたその先生のところへ伺ったのです。

それまでは世間の知的障害者イコール単純作業という決めつけに、とても抵抗がありました。もちろん単純作業もそれをする人がなければいけませんが、「彼らはそれしかできないから単純作業しかない」という決めつけに、非常に抵抗を感じていました。何かもっとこの子たちが神様からいただいたものを生かす方法があるはずだと思っていた時の出会いでしたので、いい意味の強い衝撃を受けたのです。それで先生を訪ねました。

「さをり」の考え方の中にすごく大事なものがあると思ったのは、「クオリティ・オブ・ライフ」というか「生活の質」を高めるということで、その頃のこの人たちの生活は、質の面では考えられていなかった。ただ生きている、ただ保護されて生きて守られていることだけしかなかったように感じます。そうではなく、「この子たちも、何かご用があって生命が与えられている。だから、この子たちが神様からいただいた賜物を生かした生き方があるはずだ」と思っていました。ですから、その時に「これだ！」と思ったのです。

「さをり」を始められた城みさをさんという方は、現在85歳ですが、「この人たちが生まれながらに持っているダイヤモンドを、私たちが掘り出すのです。だから、教えないで引き出しなさい」と教えてくださった。城さんは57歳の主婦であった時に「さをり」を始められたのですが、見事に教育の本質をついていらっしゃると感じました。

「教えないで引き出す」――それは日本の教育が理想としながらも、現実はそこからどんどん離れていることです。「教えないで引き出す」という考え方に、私はとてもひかれました。

　親子も上下関係でなく並んでライバルとして、同じところへ向かっていくという考え方をしたくて、今も二人で展示会をする時は「親子展」ではなく、「二人展」や「ふたり展」としてやっています。初め私は自分のほうが知的レベルが高いから「さをり」も私のほうが上と思っていたのですが、実際には違って、彼女は20何色を使いながら、しかもひとつのベースにまとめて織ります。大人は初めから20何色もとても使えません。そして売れるのはどっちが売れるかというと、彼女の作品のほうが売れます。そのあたりで上下関係が逆転して、その結果「二人展」が可能となりました。

　教育の本質をついていて、とても大事なことを教えられてきたと思います。この人たちは、いろいろなところで指示されることが多かった。自分で自己表現する場が、それまでなかった。自由に表現して、自分の思うところを、基本的な欲求である「伝えたい」という欲求と「認められたい」欲求とが繋がった。そのことが「さをり」でかなえられたということですね。

「さをり」を手芸と思っている人がいると思いますが、私は彼女たちの生命そのものだと思います。自分を見つける、自分を表現する、自分らしさを見つけるという意味で、本当にいいものに出会わせていただいたと思います。生命の発露のようなものだと思います。

## 「さをり」の色が教えた子どもの成長

鳥井　葦《かな》は言葉があまり出ませんが、言葉より「さをり」の織りが雄弁に、私に今思春期であることや好きな人ができたこと、大人の仲間入りをしたことを、その時その時に教えてくれます。ですから、私は必要以上に葦を赤ちゃん扱いにしないですんだと思います。そうでなければ5歳の知恵という「5歳」がいつも頭にあり、おそらくとても5歳扱いしてしまったでしょう。

その生活年齢にふさわしく揺れ動いたり、中学生になってモノトーンが好きになる時期には、それまでピンクとか赤ばかり使っていたのに、「母さん、黒がきれい」と言い出して、私は「思春期に入ったな」と思いました。そして好きな人ができるとパッと色が明るくなる。思春期の心の揺れ動きに涙もろくなる時期には、そういう色が出てくる。就職して大人と交わるようになると、ぐっとシックになるし、それがものの見事に彼女の揺れ動いている青春の時期を私に教えてくれました。

ですから、私たちは本当にいいものに出会ったと思っています。こうしたことを通して、葦が大人になりつつあるのが私にも分かったし、私もそういう扱いをしていけたと思います。それがなかったらもっと赤ちゃん扱いしていたでしょう。特に言葉が出ませんから、ついついこちらが指示するような立場が多くなります。葦が私より上のものを持っているということがなければ、私は彼女の上に立って保護する、彼女を守る、という気持ちを捨て切れなかったと思います。

葦《かな》自身も褒められたり認められたりすることで、自信が与えられ積極性がでる。彼女にとっては、学校の先生より上、お母さんより上、お父さんより上、お兄ちゃんより上と、「『さをり』は絶対自分のほうが上」と思っています。彼女にとって「さをり」は、唯一自信のもてる世界です。そういうものが与えられたのはありがたいことです。そして「二人展」をする時は、葦のほうが注目されます。そしてファッションショーに出たりして自信がついて、これまでは私が側にいると私の陰にいつもいたのが、去年あたりから一人で舞台に上がるようになりました。まだ踊ったり跳ねたりはできませんが、とりあえず私の手を離れていく大きな成長を見ることができました。

## 叱らなければならないこと、叱ってはならないこと

**鳥井**　それから高校1年の時、2歳下の友だちとほかの友だちを訪ねるために道を歩いていて、夏のことで疲れたのかレストランにお金も持たずに入って行ったことがあります。親のいないところで初めて注文し、食べたらおいしい。一人500円くらい、食べ過ぎて吐くほど食べたそうです。交替でトイレへ行って吐いているところを店の人が気づき、友だちのほうはしゃべれるので電話番号を言って、家のほうに連絡があり、お母さんがお金を持って謝りに行ってくださいました。普通高校1年生くらいですと、友人同士食べに入るのは当たり前のことです。ですから食べに行ったことについては叱ってはならないと思いました。
ただお金がないのに入ったこと、自分が年上なのに年下の友だちに注意もせず、加減もせずに食べてしまったことを叱らなければならないと思い、

「お腹と相談しながら食べる」「年上のほうが気を配る責任がある」と叱りました。あとで聞くと、焼き飯、カレー、パフェ、コーヒーを食べたそうです。でもね、彼女どんなにかうれしかっただろうと思います。それからあとは、親のいないところで誰かとお茶を飲みに行くことをさせてやりたいと思いました。

葦には経験がないのでハメをはずしたというか、たががはずれたというか、そういう結果になりました。こういう時に、叱らなければならないことと叱ってはならないことの区別をきちんとしてやらないといけない。やみくもに叱ってはかわいそうだと思います。

また高校2年生の時ですが、葦は電話が好きであちこちかけますが、大好きな先生に「遊びに行く」と電話をしました。先生は不用意に「またおいで」というつもりで「おいで」と言われた。先生としては「いつかそのうちに」という気持ちだったのでしょうが、それを彼女は「OK」ととってしまったのです。彼女は私に見つからないうちに大きな荷物を2個作って、（どうしてそれが分かったかというと、近所のご主人が帰りに彼女が大きな荷物を持っていたところを見られたからですが）こっそり抜け出しました。その時、自分で先生の住所と名前と電話番号をメモして持って行きました。

ひと駅先の「ききょうが丘」にタクシーがいて、それに乗れば連れて行ってくれるが、電車に乗って行ったらどっち行きの電車に乗ればいいか分からない。葦はタクシーに乗ればいいことが分かったのです。その生活の知恵はすごいと思いました。

タクシーに乗ってメモを見せたら運転手は何も思わずに走りだして、青山峠を越える辺りで彼女が一人なのでいろいろ話しかけてくださった。ところが葦はあまりしゃべれないので、その受け答えがおかしいと思い、途中で降りてそのメモを彼女に見せて、先生のところに電話をさせた。すると先生が、「そんなことは言っていないので、家

上
お兄ちゃんとおすわりして（花クリニックに通いはじめたころ）
1981.8.20

下
市障研連合運動会にて
1985.10.24

イギリス　バイブリー村にて　帽子と服は「さをり」の作品　2000.6

へ連れて帰ってほしい」と言うので、運転手さんは逆戻りして来てくれました。

その時もお金を持たずに乗っており、先生とタクシー会社の両方から電話をもらったので、私はタクシー会社にお金を払いに行きました。また、「子どもは一人で帰れるから、帰してください」と言いました。私が帰った時には、荷物はきれいに跡形もなく片付けられていました。近所のご主人が話してくださらなかったら、私は手ぶらで行ったと思ったほどでした。そして葦《かな》が泊まるつもりで支度をして行ったと分からなかったでしょう。

私はその時、彼女には生活の知恵がちゃんとあるとびっくりはしましたが、私に断って行かなかったことを叱りました。そして先生にきちんと「今日行ってもいいですか」と念をおさなかったことも叱りました。本当を言うと、葦を叱るのは可哀想とも思いましたし、先生のほうも軽い気持ちでそうおっしゃったのですが、親の勝手から言えば、途中で電話があった時に、先生がそこまで行って「悪かったね。また今度にしよう」とおっしゃってくだされば、彼女も納得しただろうと思いました。

私はその時、「大人は忙しいから、前もって約束をしてからにしよう。それから、お金をお母さんからもらって、お母さんに行って来ていいかと聞いてからにしようね」と言っておきました。タクシーに乗ったことは、必要な知恵として叱りませんでした。

## お金の使わせ方――試行錯誤の末に

**鳥井**　その後、高校3年の時くらいから「お金を使う」という欲求が高まってきました。「さをり」の本部に行くのにいつも前もって3千円くらい渡して、電車の切符は自分で買わせ、昼ご飯を食べたら自分で払わせて、私はそれをお金を使う練習としてさせました。ところが、「母さんの財布から自分の財布に移すことは当たり前、自分の財布に入れたお金は一日で使い切っていい」と理解してしまったようです。ですから、私の財布から自分の財布に移すことにほとんど抵抗がなく、その上一日で使うことにも抵抗がなかったようです。

ある日、私は大きいお金がないのに気づきました。まさかとも思いましたが、葦の財布を見ると小銭しかなく、私が落としたのかとも思いました。そのうち学校から電話がかかってきて、「定期入れに、千円のテレフォンカードが何枚も入っていることを知っていますか」と聞かれました。私は財布は見ましたが、定期入れは見ていなかったのです。電話をかけるのが好きなだけでなく、お金を友だちにあげていることも分かりました。一緒に無銭飲食をした友だちです。そのお母さんは地元のきちんとした方ですが、その方から「娘がお嬢さんからお金をもらったが、お金をもらういわれはありません」と、電話が入りました。そのうえ、うどん屋へ入ってサービス定食を食べて、葦がおごったそうです。

私としては、それを見つけた時にはお金を取り上げて、その場で叱ってほしいとは思ったのです。葦にとっては「鉛筆が2本あるから1本あげる」とか「折り紙がいっぱいあるから少しあげる」と同じようなことで、お金が特別なものだという気持ちはないのです。だから少し長い目で見てほしいと思いましたが、あちらのお母さんはカンカンに怒っておられる。その気持ちも分かるので、私はとても悩みました。どうすればそれが止まるか、またどのように説明して分からせるかも悩みました。「お母さんの財布の中身はお母さんのもの、ほしい時はちゃんと断らなければいけない」と、こんこんと諭しましたが、いつになったらそういうことが分かるかなという思いはありました。

その頃、就職しました。お給料は手渡しだと聞き、もらってその日のうちに全部使っても困ると思ったので、振り込みにしていただくようにお願いしました。葦は明細書だけ入った袋をいただくようにしました。そのほかに葦《かな》名義のものもありますが、今までに私の家と取引のない口座を設けて、番号も別にして、月に2千円入れて、1回に千円ずつ出すことをカードを持たせ、手順を教えました。すると私の財布から抜くことはピタッと止まったのです。こんなにあっさり解決するとは思いませんでした。

そして銀行に行くことを楽しみにして、月の初めと半ばの2度銀行へ行きます。ある時、使い過ぎて残高がなくなりました。私に言わないで1人で行って自分でやったのですが、それは2度引き出したあとだったので残金がなく、出なかったのです。葦はそれを自分の操作が間違っていたためと思ったらしく、その後お金を出す時は必ず「母さん一緒に行って」と言うようになりました。「一人で行きなさい」と言っても、ついて来てほしいのです。

最近はお金の使い方も上手になったようで、千円をその日のうちに使わないで、持っているようになりました。バスの回数券を買う時は私がお金を渡していましたが、「母さん千円あったからあれで買った」と言うようになりました。「でも、あとジュースが飲めなかった」と言って、そういう使い方も時々でもできるようになりました。今は千円を出すと、５００円のテレフォンカードを買って、あとは小銭を合わせてジュースを時々飲みます。

それでだいたい月半分の間持たせていますが、今月は使い過ぎて全然お金がなく、先日も兄ちゃんに「おみやげ買って来てくれ」と言われて、「買ってあげる」と言ったものの、あと50円しか残ってないので、おみやげは買えなくなりました。そんなことがありながらも、でも不思議に解決されてよかったと思います。

## 家事の手伝いと家族への心くばり

鳥井　就職してから言葉が増え、心配りも増えました。ケーキ屋に勤めていますが、まわりにいるパートのおばちゃんの話されるような言葉が増えました。ケーキ屋さんの焼き菓子の最終の個別包装をしています。そういう意味では、言葉も心配りも増えました。やはり、耳に入ってくるおばちゃんたちの言葉が増えたなと思います。

今は家庭の中でも葦の仕事がたくさん決まっています。帰って来ると先ず弁当箱を洗って洗濯物を取り込み、テレビを見ながらたたみます。朝はみんなの卵を焼き、ご飯の時によそうのは彼女の仕事で、その後は洗い物をします。先日、私の友だちが来て、「休みなくよく動くのね。自分の娘なんかこんなには動かない」と言っていました。そちらは健常なお嬢さんなんですけど……。結構家の中のことをよくやってくれます。

おばあちゃんが寝たきりになって4年半になります。一昨年の夏は水も飲めなくなるほどで、脱水症状になり入院もして、その夏越せるかどうかの時に水を少しコクッと飲む音がすると、「おばあちゃん、えらい。よくがんばった。」と言って葦がほめるので、彼女の励ましの言葉で元気になり、今ではテレビを見ながら歌をうたうようになりました。彼女が何よりのいい薬になっています。

## これからの課題
### ——強く願えば叶うと信じて

鳥井　最近の問題として「誰々と結婚したい」と、よく出てくるようになりました。職場で「おめでとう」とか「よかったね」と冗談で軽く言われると、その気になって帰って来るので、言ってほしくないと思うのですが……。相手の人は3、4人いて、お兄ちゃんに「気が多いな」と言われています。でもよく分かっていない部分もあって、先程の2歳年下の友だちにも「結婚しよう」と言ったら、「私は誰々と結婚するからいや」と言われてきたとか。

丹羽　「結婚」という言葉は知っていても、意味は分かっていないのですね。

**鳥井**　やはり、言葉に対する憧れのようなものではないかと思います。そういう年齢になったかなと思います。今のところ、「結婚するということは、主婦になることだから、お母さんはお父さんと結婚して、家の中のことをいろいろしている。あなたはまだ、洗濯や掃除が十分にできないから、結婚はできない」と言ってありますが、本当はどのようにしてそれを導いてやればいいか分からないのです。頭からダメとは言いたくないのです。

　この子たちにもチャンスがあれば与えられてほしい。でも、相手のあることですし、先のあることですから、簡単に「しなさい」とも言えないし、そのへんをどのように指導してやればいいのか、それが一つの課題です。できれば、結婚も経験させてやりたいとは思いますが……。

　もう一つの課題は、親が元気でいる間に、周りに健常な人がいるところで自立してほしいということです。グループホームをもっと自由に作れるといいと思います。今のところは、施設や作業所がバックにないとグループホームは認可されないのです。

**丹羽**　どうも日本のグループホームについて、よく知らないのですが……。

**鳥井**　そういうバックがないと、親同士仲がいいと子ども同士仲がいいので「作ろう」と言っても、何人かで一軒家を持つことは認められないのです。ですからケースワーカーなどを派遣する対象から外されます。親だけが支援するのでなく、いろいろ人が交替していろいろな面のケアをしてやってほしいと思います。

　でも現在は施設を出ることが目的ですから、施設の指導員が適当に何人かを組み合わせるのです。今の時点では、子どもたちが自分で一緒に暮らす相手を選ぶということは許されていません。でも、そうでなく一緒に暮らす相手を選ぶ権利はあると思います。気の合う人、足りないところを補い合える人、いろんな障害を持った人たちが補い合うということ、体に障害を持った人、知的に障害を持った人たちが補い合って生活できるというふうにグループホームが変わっていけばいいいと思います。

あてがわれて何人かを一緒にされるというのは、ちょっと違うと思います。もちろん家族の場合は選べませんが、気持ちの繋がりがある。でも、そうでない人たちが一緒に暮らすには「気が合う」ことは大事だと思います。

もう一つは、名張市のとなりの上野市（東京の上野はそこの上野の人たちが暮らすようになって上野となったとか）に郊外型の大きなスーパーができて、駅前の商店が寂びれてきて税金対策でしょうか、ボランティア活動をしている方が小さいスペースですが、長期に無料で貸してくれることになりました。私自身としては願ったり叶ったりのことで敷金も何もないので、「さをり」の工房を開きたいと思い、「ハーモニーとその仲間たち」という青年学級を作りたい人たちと、その場所を借りることになりました。

そこに行けばいつも誰か話し相手がいて、家と職場、家と学校という線の暮らしではなく、面の広がりがある交わりが広がる場がほしい。そのためにはたまり場であったり、作業所だけでなく一緒にカラオケに行ったり、一緒に飲みに行ったり、買い物に行ったり、そういう場が広がるための「たまり場」のようなものがほしいと思っていました。4月からの予定ですが準備もしなければならない、考えることもしなければならない、いろいろありますが、そこがそういう拠点になるといいと思っています。

例えば、そこに「さをり」の機《はた》を置いて、お金を払って習いにくる人もいる、そしてたまり場でたまっている人たちが見て触りたいと思えば、自由に触って織れる。では、習っている人と不公平にならないためにはどうしたらいいか。いろいろ問題があって、考えなければいけないことは数々ありますが……。ここがたまり場であり、製作の場であり、自分たちの日常生活の訓練の場であってほしい。また、収入もほしい、自立にもつなげたい、――そういう場にしたいと思っています。せっかくの機会を上手に生かしたいと思います。
そこでは今のところ、電気の湯沸かしのほかは火を使うことはできませんが、将来毎日の細かい収入を得るためには、パンを焼いたりしたいので、いま私はパン焼きの講師の資格を取るためにテストを受けることにしています。そのために特練中なのです。
丹羽　どんどん広がりますね。だんだんに先が見えてきました。
鳥井　次から次へと願いは広がりますが、強い願いを持っていれば必ずかなえられるという気持ちがして、もう少しがんばろうと思っています。

## きょうだいに願うこと

丹羽　あなたの健康は大丈夫なんですか。顔色はとてもいいですね。
鳥井　はい、ありがとうございます。最近慣れてきたのか、体と折り合いがついたのか、いいです。
丹羽　「折り合いがつく」というのはいい言葉ですね。ダウン症と折り合いをつけるのですね。イギリスの学者で同じ言葉を使った人がいました。とても含蓄がある言葉ですね。
鳥井　認めて、受け入れて、しかもその中から何かを引き出せるように、行ったり来たりしながら高めていくということでしょう。
丹羽　その通りです。
鳥井　この人たちと付き合って一番思うことは、らせん階段を行ったり戻ったりしながら少しずつ上の方へと上がって行くようだと思います。
彼女がこれからどんなふうに老後を迎えていくかということがあります。親が年をとってきて、どのへんまで付き合えるかも分からないし、きょうだいとの関係も、どうしても息子に責任をもたせるとは考えたくないのですが、でも家族を忘れてほしくはないし、そこまで折り合いをつけるのは難しいですが……。そのことで、上の子の生活がどうにかなるというのではなく、それも含めて自分の暮らしを築いていってほしいと考えています。兄が葦《かな》のために自分の生活を棒に振ったとは思ってほしくない。でも、結婚する相手を選ぶ時も、葦を一人の人間として見てくれる人であれば、きっと息子にとってもいい奥さんであろうと思います。彼女を排除するような人だったら、きっと自分の妻としてもよくないでしょう。そうあってほしいと思います。自分の暮らしは自分の暮らしとしてきちんと考えながら、葦をその視野の中にいつも入れていてほしいと思います。そういう願いを持っています。

**丹羽**　よくまとめてくださいました。

**鳥井**　おかげさまで、私自身も何かの形でこの子の20年をまとめてみたかったところでした。とてもいい機会でした。ありがとうございます。

## 新しい展開と成長を求めながら

**丹羽**　あなたのお話を伺っていると、あなたご自身の生き方がよく分かります。あなたご自身、一つ一つまとめながら今日まで生きてこられたから、今回特にまとめることにご苦労なさったような気がしないのです。

**鳥井**　そういう意味では「クオリティ・オブ・ライフ」は、丹羽先生、そして「さをり」に出会ってからも、いつも根底にあることでしたから……。ただ息をして生理的に生きているのでなく、「人間として自分らしく生きる」ということが、いつも課題としてありました。これは恵まれていると思います。そのことをいつも考えながら生きてきました。

この間ホスピスの院長の話を聞く機会がありまして、ホスピスというと死んでいく人のケアと思いがちですが、生きることを充実させることでまた元気になって社会復帰することもあるということを含めて「ホスピス」だと聞きました。それはとても大事なことだと思いました。もちろん病気の治療が一番大切、そして「インフォームド・コンセント」も大事、その次にコミュニケーションの場を提供する人間関係も大切。その中で生活する、その質を高め生きる意欲を育てる。それは「さをり」と同じ考え方だと思いました。

　教え込むことが教育と思われやすいのですが、そうではなく「引き出す」ことが教育の原点です。人から認められたい欲求で生きる意欲がわく。いい生き方というのは、自分を見つめる、自分を表現する、自分の意志を相手に伝えて認めてもらうことが満たされれば、恵まれた暮らしになると思います。それは共通に「人間らしく生きるということだ」と先生から一番初めに教えていただきました。自分で考えることも教えていただき、「さをり」に出会い、同じ大事な原理のようなものがあって、それは幸せな生き方につながりました。

　私はミシンも使えなかったから、娘がいなかったら「さをり」に飛びつくこともなかったでしょうし、高価なお遊びと思い込んで縁もなくいたことでしょう。そうだとしたら、今の私の人生も彼女の人生も変わっていただろうと思います。物を作り出すのはしんどいけど、うれしいことです。一緒にそれらができるのも恵まれています。葦《かな》の作品（81頁写真参照）を今度先生にみていただきましょう。

**丹羽**　言葉ではなく、言葉を越えて直観的に感じ、表現している。驚くべきことです。

**鳥井**　なまじ目が見えるために本質が見えないことがありますが、私たちは自分で知的レベルが高いと思っているために、見えてないところがある。彼女たちはそれが見えているのです。すごくいいものを神様からいただいて、こうして表現する場を与えられているのです。

「さをり」に縦糸交換というやり方があって、自分でとった縦糸をほかの人に回します。ほかの人の縦糸を自分がもらって織るのです。なぜそんなことをするかというと、自分がふだん使わない色や糸を使うチャンスになるからです。自分では使う色や糸もだいたい決まってしまいます。こうして、思いがけない色や糸がでてくることはいい勉強になります。自分をまったく違う視点から見直す機会ができるという意味で……。

3年前に、私が生活支援センターの先生とお話ししていた中で、「モア・クラブ」というボランティアの会ができました。クラブ全体で団体として動くのではなく、一人一人の生活パターンをつかんでもらって、1対1とか2対1という少ない仲間で買い物やカラオケや食事などに誘ってほしいと、そういう動き方を希望していますが、まだそこまでいっていません。「何か作りましょう」とか、「あそこへ行きましょう」というふうに団体で動いています。でも、今度本人たちの希望でおしゃべり会ができて、「ふれあいセンター」（福祉センター）の一室を借りて、月2回金曜日に彼や彼女たちが自由に集まって話す時間ができました。また、カラオケクラブも生まれました。

娘の場合、就職したところが企業で作業所ではないので、同じような友だちがいません。勤め先では年上の人ばかりですし……。主人は「仕事を休んでカラオケなんかに行くのか」と言いますが、同じ年頃の人たちの集まってくる場が必要と思いますし、大切なのでできるだけこういう会に出席させています。仲間づくりの場、自分の考えで生き方を選んだり、人と交わったりできる場づくりも、これから大切なことと思います。

そして何よりも自分の感性を生かし、自分自身を表現する「さをり」に出会わせていただけたことは、大きな恵みであったと思います。まだまだたくさんの課題を抱えていますが、「さをり」を通して自信をつけ、自分らしさを表現していく中で20歳を迎えた彼女自身も私も、新しい展開と成長を求めながら生きていけたらと思っています。

## 就学の時に考えたこと

鳥井　最後に、就学の時に考えたことをもう少し詳しくお話したいと思います。

最初は「普通学級」――ここが一番良いと思い、入れたいと思いました。その理由の一つは、地域の子たちと同じ学校で学ぶことは、地域の子として皆の中で共に育つことができると考えたからです。地域の中で育つことはとても大切と思いました。二つめの理由は、親の見栄です。「『普通学級でやっています』と人に問われた時に言えるといいな」というのがありました。

しかし、彼女にとってどうかと考えた時、年とともに難しく理解できない授業を、その間中きちんと座って、為すこともなくいるのは拷問に等しいと、それも1日や2日でなく6年も――と考えた時、これは止めようと思いました。

次に考えたのは、「養護学校」でした。葦《かな》の発達に合わせて、必要な時に必要な教育や訓練をしていただけること。同じようなハンディを持つ子たちがたくさんいることでここを考えました。

しかし、葦はよく気のつく優しい、そしてよく手伝える子でした。養護学校へ行けば、先生のよいアシスタントになるだろうと思いました。しかし、彼女自身の成長にとって、必要なことが後回しになるのではないかとも思いました。ですから、ここは葦にとっては、もっと後になってからのほうがよいと考えました。

もう一つは、「普通の学校の中の障害児学級」です。ここだといわゆる健常な子との交わりも与えられるし、難しいところは個別の学級の中で指導してもらえるし、彼女にとっては一番よいのではないかと思いました。地域の学校にはまだ学級がなかったので、電車に乗って1校区離れたところに行きました。彼女にとってはとてもよい先生とお会いし、よい友人と会い、本当に恵まれた6年間であったと思います。

どのケースを選ぶにしても、どんな先生とお会いするか、どんな人と出会うかが大きなポイントになりますから、葦の場合はよかったとしても、ほかの方はどうか分かりません。ただ一つ言えることは、どんな先生になっても、親は必ずその先生の中に一つでもよい所を探して、そこに本気で惚れこむことが大切と思います。本気でその先生を好きになれば、信頼関係は先生・親・子との間に成立します。その信頼関係の中で先生は親と子によって育ち、子も先生と親によって育つというよい関係が生まれるのだと思います。ただ「悪い先生に当たった」と言っているだけでは、子どもはよく成長をすることができませんから、親にはそういう責任もあると思います。

長男が4年生の時、それまで作文を書くというと、「どこかへ連れて行って」でした。どこかに連れて行ってもらわないと、書くテーマが見つからないということです。ところが、ある日彼が校内での「なわとび検定」のことを作文に書いたのです。すると先生が、「君はなわとびの検定という何でもないことがらの中から、こんなに書くことをたくさん見つけたのですね」と書いてくださったのです。それ以来作文が大好きになり、作文のたびの「どこかへ連れて行って」がまったくなくなりました。

こういう先生にお会いできれば最高ですが、そうでない先生とお会いした時にも、こういう先生になってくださるようにという祈りは、必要と思います。

丹羽　貴重なお話しを聞かせていただいて、ほんとうにありがとうございました。

鳥井葦さんへ

「さをり織り」では、お母さまを追い越すくらい繊細な感情を織り込み、展覧会（お母さまとの二人展）にも出品、出演されるとか。あなたは自立志向でいつでも事情が許せば、立派に自立できる心準備ができておいでとか。お母さまをして「得をしたのは私です」と言わしめるあなた。

# 小さなきざしと可能性を見つめながら

石川法子（いしかわ　のりこ）さん
石川英太（いしかわ　えいた）さん

## 「花クリニック」との出会い

**丹羽**　英太君が初めてここへ来たとき、「ご飯も、自分でなかなか食べようとしない」と言って、涙をためられていたあの頃の姿が目に浮かびます。英太君が生まれた時からのお話をうかがいましょう。

**石川**　英太が生まれたのは、昭和53年1月21日でした。初めて丹羽先生にご相談したのは、1歳半頃でした。正確に言えば、生活年齢が15・5ヵ月のときです。

**丹羽**　初診は54年5月14日でしたね。

**石川**　あの頃、日本大学病院の内科へ通っておりまして、「ダウン症」というよりも「染色体異常」という診断名でした。病院の待合室でこの子を抱っこして座っていたとき、知らない方が「花クリニック」のことを教えてくださいました。どなたが見ても、ダウン症ということは分ったのでしょう。その方のお顔も思い出せませんし、お名前も知りませんが、今その方とお会いできれば、お礼を言いたいと思います。

丹羽　その方もダウン症のお子さんを持った方だったのかしら。

石川　それがまったく記憶にないのです。その頃の自分の生活についても、まったく記憶がない。きっと英太のことで頭がいっぱいだったのだと思います。どこの病院のどの先生にお話ししたらいいのか、精神科なのか神経科なのかも分からなくて、内科にうかがっていました。ですから、「花クリニック」のことを教えてくださる方がどなたであろうと、その言葉だけでもワラをもつかむ思いでした。

「花クリニック」は家の近くで、代々木の駅近くはよく知っていましたので、嬉しかったです。先生に出会っていろいろ教えていただいたり、自分の気持ちを聞いていただいたりして、もう20年になります。

## 誕生と告知

丹羽　確か、英太君にはお姉ちゃんがいらっしゃいましたね。

石川　はい。6歳離れた姉がいます。

丹羽　英太君が生まれて姉弟《きょうだい》関係が難しくなることはなかったですか。

石川　ある程度自分でできる年齢になっていましたから、病院へ連れて行くことも少なかったですし、説明しなくても何となく分かってくれる年齢でしたから、その点では英太にかかりっきりでも何とかなりました。

丹羽　坊ちゃんが生まれられて、ご主人もあなたもさぞかし喜ばれたでしょうに。

石川　主人は期待していたでしょうけれど……。「ちょっと調べてみなくてはならないので」ということで、一緒に退院できなかった時点で不安はありました。でも、あとで気がついたのではなくて、生まれた時に何かあると分かりました。

丹羽　日大病院でお産なさったの？

石川　いいえ、知り合いの個人医院でした。日大の小児科の先生が月一回来て診療なさっていましたが、その先生が来られるまで英太を「預かりたい」とおっしゃって、私が先に退院しました。その先生に診ていただいて、「大きな病院で検査したほうがいい」と言われて日大へ行きました。

丹羽　私のカルテでは「ダウン症」という告知ではなく、「染色体異常」ということでした。

石川　小児科の先生は、一度も「ダウン症」という言葉を使われませんでした。ただし、21番目の染色体異常ということはおっしゃいました。

丹羽　母乳で育てられましたか。

石川　はじめは母乳でしたが、両方です。

丹羽　ここに来るまで、15ヵ月くらいまでの間はどうでしたか。おっぱいはよく飲みましたか。

石川　いいえ。吸う力が弱くて、途中でくたびれて寝てしまって……。

丹羽　そのころの英太君に対して、お母さんはどんな気持ちでしたか。

石川　知恵遅れというか、そのことに関する知識がまったくなかったので、「治るのかな」とか「もう少し元気になれば大丈夫なのかな」と思っていました。とにかく見た感じではどこも悪くないので──それが一番大変な病気なんでしょうけれども──分かりませんでした。

丹羽　生まれた時の体重はどのくらいでしたか。

石川　２９４０グラムでした。

丹羽　十分ありましたね。

石川　そうです。ちゃんと10ヵ月でしたし……。でも、やはり柔らかかったですね。クタッという感じでした。

丹羽　お姉ちゃんの時とは違うという感じですか。

石川　ええ。入院中もまったく泣かず、声を出すということが少なかったように思います。抱くとフニャッという感じで、持ち上げたら二つ折になりそうなくらいに弱かったです。でも時間をかければ治るのかな、という思いでした。時間が経つにつれて、周りから情報が入ってきて、大変な病気だと知りましたけれど、やはり当初は何とかなるのではないかと思っていました。

丹羽　「ダウン症」という病名は、いつ聞かれましたか？

石川　本で知りました。小児科の先生は、「短命なので、かわいがって大切に育てなさい」とおっしゃいましたが、ダウン症ということはすぐにではなく、通っている間に分かってきました。

上の姉の育ち方を思い出しながら、追っかけながら育てていました。自分ながらバカではないかと思うほど頑張っていました。はっきり「知恵遅れです」と言われてからのほうが、「そうか、遅れても大丈夫なんだ」とファイトを燃やすことができたと思います。あんなにフニャフニャしていたのに、ハイハイもしたし、丹羽先生に診ていただく頃には立つこともできたし……。希望も見えてきて、楽しみも出てきました。

丹羽　子どもが導いてくれるんですね。

石川　毎日が「今日はこれができるかしら」という楽しみがありました。

丹羽　ちょっとした変化が本当に嬉しいですね。一緒に喜んだのを覚えていますよ。

石川　その喜びは健常者の子どもさんのお母さんには分からないことでしょうと思います。コップで水が飲めたとか、後ろから見てちゃんと足を重ねて正座ができているとか、そういう一つひとつが喜びとして楽しめました。

## 英太が家庭の「中心」に

丹羽　おば様がよくお世話なさったことがありましたね。

石川　私の姉ですが、よく面倒をみてくれました。うちは主人の母も一緒でしたから、おばあちゃんがよく面倒をみてくれて助かりました。

丹羽　家族みんなが助け合って育ててくださったという感じでしたね。石川さんはお仕事をしておいででしたね。

石川　はい。仕事をしながらでした。その点では年が離れた姉弟でしたから、両方に世話をやかなくちゃという思いがなくて……。1歳、2歳しか離れていない姉弟だと英太にだけかかっていることはなかなか大変だと思いますが、年が離れていましたから、遊んでもらえてよかったと思います。

丹羽　このクリニックに見える方々が、それぞれのご家族の中にお子さんをどのように位置づけられているかということがいつも気になります。

あなたのお家では英太君を中心にして、日々の生活がどんな風に展開しているのかが想像できます。安定していて、毎日の歯車がちゃんとかみ合って回っている。その中で、辛いことも楽しいこともいろいろなことがあったでしょうけれども、英太君の小さな変化を、みんなで喜び合うことができる。笑い声の絶えない、とても仲のよい家族の情景が目に浮かびます。

石川　大人だけの生活だと一緒に食事をしていてもあまり関わり合うことも少ないと思いますが、英太が中心にいることで可愛い話になったり、面白い話になったりします。本当に大変な思いの20年ではありましたが、ここに英太がいて、4人で食事をするから会話も楽しくなります。

今は姉は大人になっていますし、英太も普通の20歳の青年として食事をしていたら、そんな会話にはならないわけですから……。我が家は今でも食卓が結構楽しいんです。あの子なしの生活の場面は想像できません。あの大きな体がそばでウロウロしているという生活がなくなったらどうなるかなと思うくらい、家庭の「中心」ですね。

## 長かったハイハイの時期

丹羽　英太君は背中に補聴器をおんぶして、可愛いかったのを思い出します。あれはあなたが考えられたの？。

石川　確か、聾学校の先生に教えていただいたと思います。機械を外していたずらするのです。いつだったか耳型を外して捨ててしまい、探してみたら自動車にはねられたのを見つけたことがあります。そういうことで、背中に背負わせれば外すこともないと教えられて……。あれは私が見ても可愛いと思いました。ハイハイが長くてなかなか歩き出しませんでした。ハイハイをしていると、機械が前にぶらさがって邪魔でしたし……。ハイハイは長かったです。「立つようになるのかしら」と思ったくらい……。

丹羽　私の記憶ですと、英太君は自動車が好きで、いつも座り込んでミニカーで遊んでいました。ある時、それを少し高いところに置いて一度立たせて見せましたら、上にあることが分かって、それを取ろうとして立つようになりましたね。「何かしよう」と気持ちをひきつけるものがなければ、座ったままでいつまでも楽しく遊べますもの……。あの時のことは、私にとっても忘れられません。

それが契機となって、その後わりと早く歩けるようになりましたね。うまく立つための準備が彼の中で整ってきていたのでしょう。

石川　ハイハイを長くして、腰の力が充分に蓄えられていたのでしょうか。そして立つタイミングを先生が上手に作って下さって、あれからあっという間に歩きました。

丹羽　日暮先生（前出55頁・第一章注7参照）は、「ハイハイをしっかりさせなさい」とおっしゃっています。ハイハイによって手を交互に動かす――それは脳への刺激になって、それが言語の発達にも間接的ではありますが、とてもいいことです。それから、這うことによって腰の力がつきます。最近のお写真を見ますと、英太君は姿勢がとてもいいことが分かります。

## 聾学校入学の決断

丹羽　知的障害のある英太君の入学を、聾学校は許可してくれましたか。

石川　聾学校への入学については、学校側ではなくて私のほうが悩みました。耳が聞こえないのが分かったのが1歳半の時です。ダウン症よりも、聞こえないことのほうがショックでした。聾学校に入れたほうがいいのか、普通の幼稚園で大勢の友だちの中で揉まれながら知的な面が伸びていくのがいいか――という迷いがありました。

聾学校の教育相談に応じてくださった先生は、「聾教育を」と言ってくださったし、1歳の時から通っていた心身障害者センターの先生方は、「知的障害のある子どもに、聾学校は厳しくてかわいそう」とおっしゃり、いろんな方面からの話があって迷いました。でも、私は「言葉を持たせたい」と思って、聾学校を選びました。

丹羽　あの頃、あなたがずいぶん迷われたのを覚えています。「英太君のこの可愛いほほ笑みが消えるようなら、やめなさい」――と、身障センターの方に言われたといっていましたね。

私も迷って、どちらをとられたらいいかと考えました。二重の障害を持つようになることは極力避けなければなりません。難聴が重度であったら大変と思いました。それで、聾に関してどう教育し、どうコミュニケーションをはかればよいかを知っている専門家の指導に早くゆだねることが必要だと考えました。

さらにお宅のほうも円満で、皆さん一所懸命だったし、またそのほかにも英太君に笑いが消えないような環境は用意できるだろうとも考えました。また、もしもこちら（花クリニック）に続けて通ってくださるなら、情緒的ストレスがあればいち早く見抜くことができ、対応できると思っていました。

石川　あの選択が一番大変でした。聾学校に決めてからは、通って行く中でいろいろ覚えてくるので、あとは迷いませんでした。

丹羽　英太君は辛そうでしたか。

石川　英太自身はそんなことはありませんでした。周囲の方々は聾学校の教育の厳しさを知っていたので、英太のことを心配してくださって、聾学校に入ってから英太が変わるんじゃないかと思われて、身障センターの先生方が熱心に見に来てくださいました。まだ小さいので、行くのがいやだとか、行きたくない、とは言いませんでしたし、辛そうだという意思表示はありませんでした。あの頃は親が一所懸命連れて行きましたから、親のほうが切なかったです。子どものほうは、まあまあ楽しそうでした。

自分がほかの子どもよりもちょっとできなくなってきたとか、そういうことを感じ始めたのは幼児部を卒業する頃だったと思います。ほかのお子さんと比べて、「うちの子はまだできない」というのは、幼児部の2年生くらいでした。

英太は身障センターに1歳の時から通って、グループ生活を経験していましたから、幼児部に入った時には、初めて入ってきた子どもさんたちのほうが泣いたりして、てこずられたようです。そういう意味では、英太は団体生活に慣れていたので、生活の面ではしっかりしていました。ですから、名前を呼ばれれば手を上げることなどには慣れていました。

でも、勉強に入っていくと遅れはどんどん出てきて、私のほうがちょっと切ない思いをしました。「文字の読み」など、みんながてきるようになっても英太はそれができない。記憶力もそうでした。黒板の罫のなかに言葉が書いてあって、それを消して何が書いてあったかを当てる。ほかの子どもさんたちはできましたが、英太にはできませんでした。ルールそのものも分からないわけです。そういうタイプの勉強になるとむずかしいようでした。親子で勉強をずいぶんしました。家で教えながらやればできていきましたが、学校では無理でした。そういう違いが、小学校入学前にすでに見えていました。

ですが、笑顔がなくなるとか、行きたくないといって、座り込んでごねるということはありませんでした。それはありがたいことでした。先生方や皆さんがいろいろと情報を使って教えてくださり、私は聾学校へ行ってよかったと思っています。英太は文字を書くのが好きです。

丹羽　きちっとした字で年賀状をいただきました。「高等部を卒業しました。ありがとうございました。お仕事に行っています。がんばります。」と書いてありました。

石川　そのくらいの言葉でしたら理解できますし、自分が理解できる範囲でしたら書けるわけです。でも、抽象的で長い言葉になると、そこに入ってくる単語一つずつの意味が分からなくなって、理解が難しくなります。それを書いて教えたり、今は少し手話も使っていますが、そうやってとにかく言葉を教えていかないと……。

単語をたくさん教えてあげると、その単語と単語のつながりである程度理解してもらえます。学校へ行っていた間は、先生が教えてくださっていましたので、教育面、指導面は先生にお任せでした。学校を卒業してからの子どもの生活は、これからもずっと大変だと思います。

## 作業所と地域の暮らし

丹羽　卒業されてからのことを、もう少し具体的にお話しください。

石川　卒業する前から「卒業したらどこへ行こうか」――やはり在宅にはさせられませんから、入れる施設を探しました。英太は聾重複（耳とほかの障害をもっている）ですが、そういう子どもだけをみてくださる作業所が国立《くにたち》にあって、学校にいる間から時々行っていました。学校はいろいろな応援があっての一人通学でした。同じ国立で、英太の学校は北口にあり、作業所は南口にあって、英太が通って行くのには何も問題はなかったのです。

でも、英太は中学から高等部にかけてすごく悪い子だったんです。ともかく、勝手にいろんなところへ行ってしまうのです。甲府のほうへ行ったり、地下鉄で日本橋のほうへ行ったり、勝手気ままに行動する時代がありました。キップは買わなくても「フリーパス」なのです。駅員さんはこういう子どもたちはだいたい通してしまうのです。

作業所に就職すれば、「自分が大人になった」という気分になって、ますます気ままに行動するでしょう。学校では先生にお世話になって、あちこち探していただいたりしましたが、作業所はそうはいかないと考えて、地域の作業所がいいかなと思いました。地域の作業所へは実習のため2、3回行かせました。そうしたら帰ってきた英太の様子が非常によかったので、合っていると思いそちらに決めました。

聾学校時代は少し遠いところまで通っていましたので、家を中心にした付き合いはなかったのです。今度は、地域の中で生活してみたいという思いもありました。今では地元にしっかり根をすえています。

卒業式の帰りに、それまで使っていた定期券を破って、「乗っていた電車は、今日で終わり。明日からは学校はありません。もう電車には乗りません」――と言いました。それからは、もう電車に乗ってあちこち行くのは止まりました。卒業して1、2回、成田飛行場へ行ったりしましたが、それも徐々に減っていますし、ここ1、2年、遠出はなくなりました。

今は、地域でうまくやっています。作業所の友だちも、近所で会うとあいさつを交わしたり、母親の私にも声をかけてくれます。

**丹羽**　どんなお仕事ですか？

**石川**　井の頭公園のお掃除が月・水・金曜日で、火・木曜日はヒモがついた茶封筒作りです。13工程のうち、4、5工程くらいできるようになりました。昼食はいつも弁当とお茶をいただいて食べていますが、月2回くらいは味噌汁作りがあったり、お誕生日には会食があったり、千葉のアクアランドへ遠足したり、それらを取り入れながらのカリキュラムです。英太は理解力が乏しくて、そして自分が思い込んだことにはこだわりの強いこともあるのですが、先生はとてもいい方ばかりで、「とにかく連れてくれれば、こちらで納得させるので来なさい」とおっしゃいます。行けば先生に説明していただいて分かるらしく、とてもよい作業所で、その点はありがたいと思っています。

丹羽　先々で、ずっと道が開けているようですね。

石川　そうなのです。意外とスムーズにきたように思います。一つひとつに大変さはありましたが、それは成長の過程だと思えました。言うことを聞かないこともあります。頑固というか、言われていても今したくない。普通のお子さんだと「うるさいな」と言うんでしょうけど……。英太はそうは言いませんが、あとでちゃんと私が言ったことをしていたり、さっき言ったことを受け入れているんだなと思うことが多くあります。自分の思う通りにさせて欲しいという気持ちなのでしょうか。でも、やはり障害はあるし、難聴なので全部分かってはいないと思うので、完全にできるとは思いませんが……。

いま一番悩んでいることは「お風呂」です。何年か前はお風呂がすごく好きで、「また入っている」という時代がありました。ところが今は全然入りたがりません。父親とは入って洗うところは教えてもらっていますが、自分一人で入りたいので、父親が出る頃に入っていくこともあります。うるさく言われ、その時は入らないで数時間後に入っていることもあります。全体的には入りたくない。

「頭を洗ってあげようか」とか、「背中を洗ってあげようか」と言っても、とにかく入らない。いやだけれども、自分が完全にできない部分がいっぱいあって、例えばシャンプーを使って頭を洗うことは知っていても、どのくらい洗えばきれいになるかが分からない。ドライヤーを使っているけれども、触ってみると完全に洗えていない……。すべてそうなのです。

## 花開いた能力
### ——アトリエ・エレマン・プレザンでの絵との出会い

丹羽　この間、川崎市民ミュージアムでの「無垢なる魂」の展示作品を見せていただきました。本当に感動しました。「知をはるかに越えた感性で組み立てられている」と言われるように、どの作品もとても自由で、さわやかな感覚のほとばしりを感じました。中でも英太君の作品は力強く圧巻でした。アトリエ・エレマン・プレザン※の佐藤肇先生とはどのようにして出会われたのですか。

石川　身障センターで一緒だったあるお母さんからの紹介でした。その方のお子さんが習っていて、「英太君も一緒に行かない？」と声をかけてくださいました。教室は代々木でしたから、当時の住まいから近かったので始めることにしました。そのお子さんは引っ越して西宮へ行かれましたが、英太はその後も通いました。先生が引っ越されたこともあって、数年間の空白がありましたが、またお会いして教えていただくことになりました。

丹羽　五感のどこかに障害があるとき、ほかの感覚が総動員してそれを補う——ということを聞きます。それにしても英太君は絵を描くことが特別に好きだったのでしょうか。

石川　そうですね。家で作品を描くということはありませんでしたが、描くことは好きな子なの

※佐藤肇・敬子夫妻が開いた日本で初めてのダウン症他のアーティストたちのための画塾。三重県志摩郡大王町と東京代々木にアトリエを持つ。子ども達の感性を引き出し、表現することに尽力。石川英太君は代々木のアトリエで初めてその感性の鋭さを見出された。

で、ちょこちょこと新聞の広告の裏やメモ用紙なんかによく描いていました。

丹羽　英太君の、「山の手線」や「樹」などすばらしい。どんな風に描くのだろうと思います。イメージがあって、それを描くのでしょうか。

石川　そうでしょうね。あれで一時間半くらいで描くのです。本当に集中力を傾けて、描き終わった時は顔がポーッと赤らんでいるくらいに打ち込んでいます。何日もかけて描くのではなく、先生のところへ行って、紙を出していただいて、筆が動いた時から描き上がってしまいます。

初めは「今日は何を描こうかな」と言っていましたが、先生は「そうやって教えるものじゃない」と言って、本当ならば何日か前にどこかへ連れて行って、教室に来た時に「自分の見て来たいちばん好きなイメージを描けばいい」とおっしゃった。それで、初めの頃は英太に「何を描くの？」と言っていましたが、最近は見てきたものより、日常感じたことを描いているようです。風景などは描けないでしょうけど、電池集めが好きで何千個と集めていた頃には電池を描いていました。それが描き上がると、すばらしく電池らしく見えるのです。自分で「でんち」と字を入れたりして……。

ですから英太の場合は、日常身の周りにあるものを描いています。ポプラ社の『おしゃべりな絵日記』（「アトリエ・エレマン・プレザンの子どもたち」）に描いている花は、前の日父親の誕生日にすばらしい花をいただいて、「明日はこの花を描こうね」と言って連れてきたにもかかわらず、本にのっている「花いっぱい」というあの花を描いたわけです。

実はその日の朝、シャコバサボテンを台から落としてしまいました。いただいた花を描くはずでしたのに、描いたのを見ると、思わず「これ何！」と言いそうでした。それはこぼして散らかった花だったのです。私はきれいなものを描かせようとしたけど、このとき、「あー、そういうものなのか」と思い至りました。

やはり、自分の周りから見たり、感じ取ったりしたものを筆に運んでいく。その頃から、英太には課題を出すのをよそうと思いました。その後は、自分の思いのままを描くようになりました。親は一所懸命よりいいものを描かせたいから、これを描こうとか、あれがいいとか言いますが、それはしないほうがいいと分かってきました。

ほかのお子さんの作品には文章も入っているけれど、英太は言葉が書けないので、絵だけ見ていると全然分からないと思いますが、親である私は、英太がどんな思いで、どんな時に描いたかが分かりますので、楽しみです。

**丹羽**　それを書き留めておいてくださるといいですね。「英太」というのは彼が書いたのかしら。すてきですね。

**石川**　そうです。自分で書きました。

**丹羽**　描き始めてから上達したという印象はありますか。

**石川**　最初のころの絵をみると、簡単に10分、20分ですませていることが多かったのですが、自分の心の中のことを描こうとしている時は、時間がかかっています。ですから、それがいい絵になっているのかなと思います。

## 心の中を絵に表す

**丹羽**　なるほどね。もっとその変化をうかがいたいですね。

**石川**　年齢にもよると思いますが、まず「いつ」絵の教室があるということを、前もって認識するということ、彼の場合はカレンダーに書いておいて、そこからイメージをつかむ方向へ入っていくという具合です。それが上達につながることかなと思います。

小さい時は、親も描けばいいと思っていたのです。その日を楽しみにするようになってからは、頭の中には何かのイメージがあるんじゃないかと思うようになりました。描く段階になると、しっ

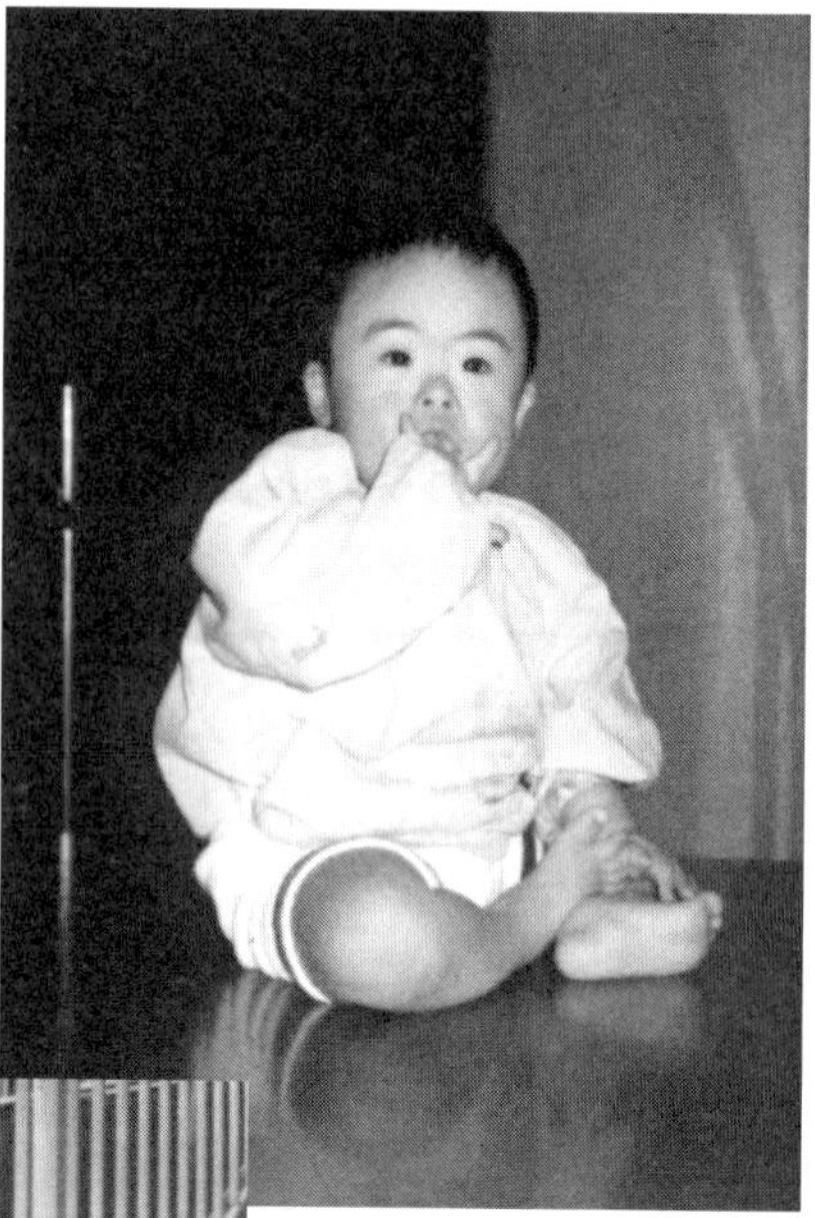

上
おすわりして指しゃぶり
1980.8.8

下
ミッキーのショルダー・バッグ
をかけて階段のところで
1983　5歳

次頁
展覧会場　作品の前で
1997.9.13　19歳

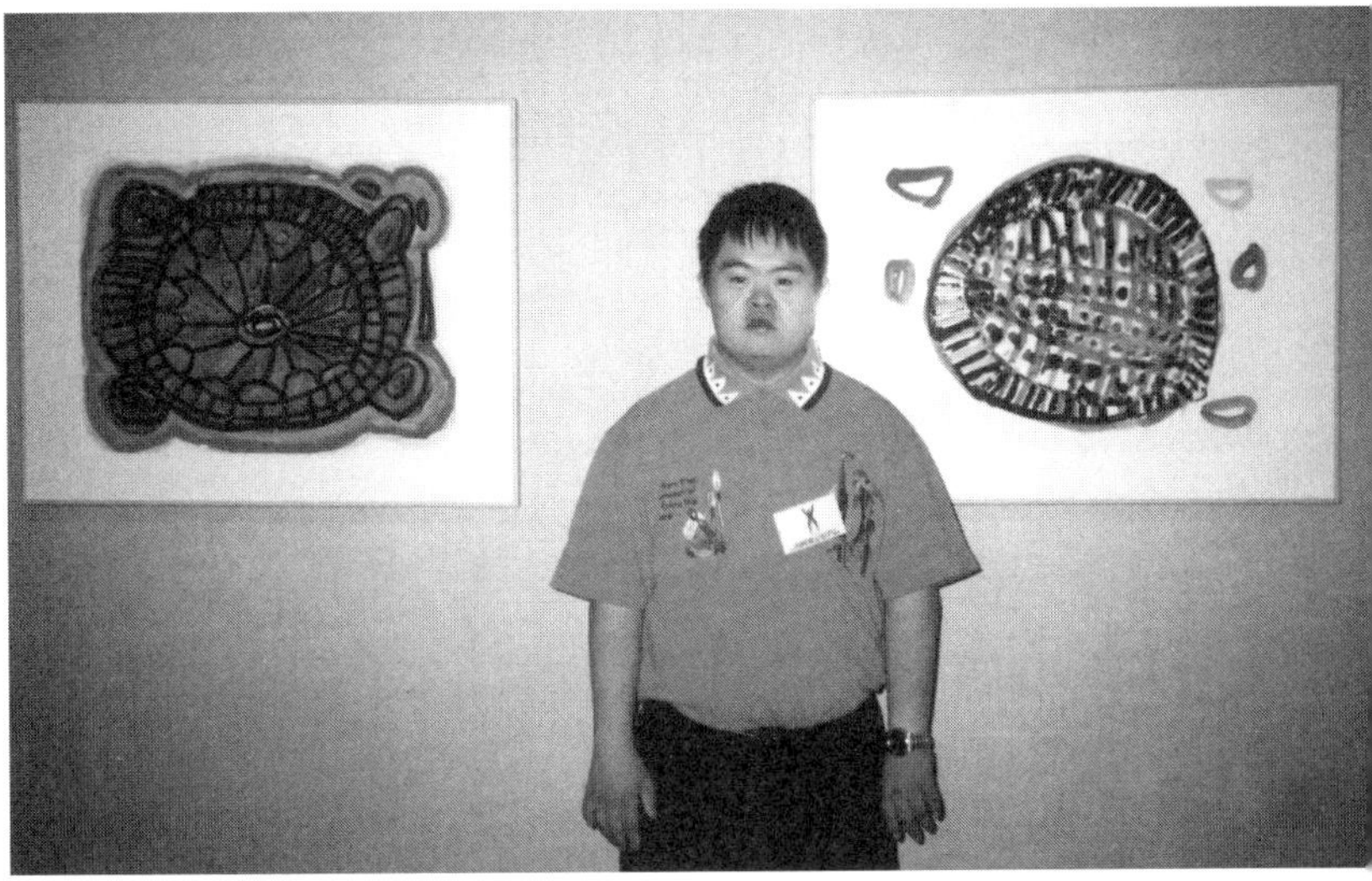

かり1時間でも1時間半でも座っています。以前は「もう終わったの？」というくらい、簡単に終わっていました。

絵が上達したというよりも、心が上達したのではないかと思います。それは同じ描くものでも些細なことで、枠どりは昔と変わっていなくても中を塗っていくのに時間をかけたり、色を変えたりして表われています。もし英太の絵が、枠どりだけは昔と同じと思ってやるのでは、そんなにすばらしい絵は描けてないと思います。その中に入れていく自分の気持ちと時間で、出来上がったものがすばらしい絵になっているのです。だから動物を描いても、色の塗り方や時間で違いが出てきて、ていねいに描いたり時間をかけることでイメージがふくらんで描けていくのだと思います。

私はすごい時間を集中して描いたものが、いい絵になっていると思います。これは誰が見てもシャボン玉とは思われませんが、そのコップがあることによってシャボン玉になるのでしょうね。今の20歳の年齢でシャボン玉をやっているわけはありませんが、小さい頃をフッと思い出して描いたのでしょう。「山手線」なども、先生にお世話になった小さい頃から、電車もずっと好きだったのを思い出して絵に描いたりしたと思います。

今遊んでいなくても、ふと思い出してそれを絵に描く。普通、私たち大人でも、子どもでも、絵を描くとなると当然今を描きますが、英太たちは心の中に入れているものが、絵の中に出てくるのではないかと思います。

**丹羽**　彼の「心象」にある世界を描き出しているのですね。

**石川**　私などはきちんと描き上げてあるものが絵だと思いますが、英太にはあの子なりの描き方があると思いますから、それを言うわけにはいきません。今は何も言わないでいますが、題名のつかないものが結構あります。自分は思っていても言葉で言い表せないことがあるので、題名がないのです。自分から言ってくれるものは、ほんのいくつもありません。

丹羽　佐藤先生はすばらしい方ですね。こういう可能性を見つけてくださって。

石川　子どもたちをよく見ておられます。いちいちお母さんには何もおっしゃいませんが、子どもと描く絵はよく見ていてくださって、いろんなものをつかみ取る子どもは分かるのでしょうね。

丹羽　子どもたちは描く絵の中でちゃんと先生と通じ合っている。

石川　お話ができるお子さんは、自分のほしい色を取ってもらいますが、英太の場合は言っている言葉が聞き取れないので、赤とか青は分かりますが、そのほかは指さしたりして色を選びます。その割にはきれいな色を使っていると思います。先生が取って「これで描きなさい」ではなく、子どもに選ばせようといっぱいいろいろな色が出してあります。青でも緑でもいろいろな違った色が出してあります。小さな子どもで、色の名前を知らなければ自分で取って使います。英太はどっしり座っておしりが上がらないから、色を取ってもらいますが、違う色の時は「違う」と言います。いろいろな色の中から自分でいい色を選んでいます。

丹羽　英太君はそうして絵を描くことによって、自己表現の喜びをいっぱい感じている。これは自信につながっていくでしょう。展覧会で出品している絵の中に、花クリニックでプレイセラピーを受けている幾人かの名前を見つけました。そのお子さんたちは普通学級に行っていて自信を失い、閉じこもりがちで悩んでいたのです。ここ（花クリニック）でのプレイセラピーでだいぶよくなって、自分らしさを取り戻していましたが、私はこうして彼らの作品を見て、とても自由になり、のびのびと自分を表現していることが分かりました。

エレマン・プレザンの絵画教室で絵を描くことは、より積極的で内発的な自己治癒と言えますね。とにかく英太君をはじめ、このお子さんたちは佐藤先生という優れたアーティストとの出会いによって、描くことで一人ひとりの中の可能性が引き出され、磨きがかかり、自己実現の喜びを見いだしているといえますね。楽しみながら、自由に自分を没入できる。すばらしいことです。

## まわりとの積極的なつき合い

石川　まわりとの付き合いについては、例えば冠婚葬祭のときに、家の場合は英太をおいて行くということは考えられません。ただ相手様のあることで、結婚式というと全然知らない方もいるので、私のほうの身内は知っているけれど、英太を連れて行っていいかを確かめています。

なるべくどこでも連れて行きますが、友だちの中にはショートステイに預けて行かれる方もおります。英太はどこへ行っても可愛がられるし、愛嬌で全然知らない人に寄って行くこともあって、可愛らしさを見ていただいて嫌がられることはありません。

普通ならこれだけ大きくなった子どもが寄って行けば嫌がられるでしょうが、とにかくニコニコと接して行くので喜ばれています。その点で、ダウン症のお子さんは好かれるのではないかと思います。好かれる前に親が止めてしまうと、そういう場所にも行くことは少なくなります。

丹羽　そうして彼らの世界がだんだんと狭められていくのですね。

石川　ですから、子どもよりまず親がどのように接しているか、周りとどういう付き合いをしていこうかを先に考えると、子どもは付いてくるだけです。周りに気をつかったり、遠慮してしまわずに、今の世の中はそんなに障害に対して隠すこともないし、遺伝ということもないわけなので、考え過ぎないで連れだすといいのではないかと思います。

丹羽　親の態度一つではないでしょうか。ほかの人たちがどう振る舞っていいかは……。お母さんが本当に何気なくサラッとしていれば、周りもそうだと思って、それをそのまま受け入れる。

石川　私たちは幡ヶ谷から三鷹に引っ越しました。都会は個々の店がなくなってすべてスーパー式になっていますが、まだ豆腐屋さんやお菓子屋さんがあって、それらの店をうまく利用して買いに行かせたり、私もなるべくそこを利用して、一緒に行って顔を知ってもらうようにしています。そうすると付き合いやすくなります。世間では大変と思われたり、「大変ね」と時々いわれても「それなりに、結構楽しくしています」と言っています。

この間のことですが、英太はバス停を降りて家に帰らずクリーニング屋さんに寄ったようで、クリーニング屋さんから電話がかかってきて「自分の洋服を預けているると思っているのかしら」と言っていました。成人式の上着は部屋にかかっていますが、ズボンがないので出してあると思ったのでしょう。

丹羽　マンション生活は地域社会での交わりを断たれてしまいがちですが、お宅のほうではそのような店があって、そこで日々のコミュニケーションができて、みんなが助け合っていく気持ちが育まれますね。

石川　路地を入って行くと「向こう三軒両隣り」のような関わりがあって三、四軒先のおばあちゃんが声をかけてくれて、そのおばあちゃんの手の上げ方とか表情で英太も手を上げてあいさつをして行くようです。こちらで見ていても微笑ましいなと思えます。私がいるからではなくて、英太一人の時でもそういう関わり方をしていて、とてもいいなと思っています。マンションでは、こういうことはできなかったと思います。なるべく家族だけではなく、外に出して、他人様との関わり方を自然に覚えて欲しいと思っております。

丹羽　それですね。ご親戚の冠婚葬祭に英太君は小さい時から行って、それなりにきちんとマナーが身についているんですね。教えないのに焼香もするというのは、すばらしいと思います。

石川　あれはどこでどうやって覚えたかは分かりませんが、一年に数回あるそういう場に小さい頃から連れて行って、そこで耳が聞こえないなりに、目で見て覚えたんだと思います。それは連れて歩かないと、それこそ何にもできなくなりますから……。

丹羽　今までのあなたのご苦労や努力は本当に正解でしたね。学校の選択にしても、外に連れ出すことにしても、それだけに実りがありましたね。

石川　共にいろいろしてきた中で、まあまあ思い通りだったかなと思います。

丹羽　なかなかできることではないのに、よくなさったと思います。

## 健康であったことの幸せ

石川　それも子どもが健康だからです。この間も健康診断で、病気したことがないということをお医者さまは驚いておられました。逆に考えて、この子が病気したらどうしようって思います。注射一本打てない。それも一つの経験の中に入るんですが、本当にそういうことを心配します。

丹羽　健康であるということは幸せですよ。ダウン症は「合併症」を持つ人が多いのですから……。

石川　まず、心臓が丈夫です。先生にお世話になる前に二週間だけ無熱性肺炎をして、熱は出ませんでしたが入院して帰ってきたらケロッとして、それっきり病気知らずです。

丹羽　そうでしたか。この頃つくづく思うことですけど、親にここまで育ててもらったという感謝、自分の中のどうにもしようのないことも、遺伝として受け継いでいたと思うと、元気でいられることを感謝しなければいけないと思います。でも、本当にこのお子さんたちはそういうことを考えさせてくれますね。

石川　私は子どものころ弱かったのに、いま病気一つしないのはすべて英太のお陰ではないかと

思います。寝ていられない、倒れていられない

――そう思うと英太のお陰だと思います。

**丹羽**　お父さんの話で一つだけ覚えているのは、聾学校にかわって「この子の顔から笑顔がなくなったら、すぐ止めさせる」とおっしゃったことです。

**石川**　やはり家の中では英太の楽しさ、振る舞い、笑顔がとても大事なんです。それがやはり可愛いくて、おばあちゃんにとってはめんこくて、おばあちゃんも家の中のことをよくしてくれました。おばあちゃんは、動くことも英太のためとよく動いてくれました。

父親はもちろん、私も含めて頑張ってこられたし、お姉ちゃんも一人っ子よりダウン症で障害児の弟があることも家族として楽しめました。今でもけっこうふざけたりして、早くお嫁さんにいけばいいと思う年齢なのに、まだのんびりしていますが、英太とのコミュニケーションを楽しんでいます。家では、一番いなくなったら寂しいという存在感をみんなに与えてくれる一人です。

私が帰って1日の話をすると聞いてくれてイライラの解消ができます。彼のほうは私に、起きてから寝るまでの大変さをグチるんですが、いろんな部分では大きくなった分だけ、自分の気持ちを外に出すことができるようになった力は大したものだと思います。言うことをきかないことは、普通の子と同じだと思えば胸もスーッとおさまりますが、困ることは多いのです。

## これからの課題
### ――時間を理解して行動する

**丹羽**　といいますと？

**石川**　自分の楽しみはいっぱい欲しい、何でもためていましたが、それがある日、もうお金もいらなくなった。千円札をいっぱい持っていて、サラリーの1年、2年分を使わないでいます。お金の使い方にしても、千円持たせて電池を買いに行

っていた頃は自分でいっぱいカゴに入れて、初めそれ全部が買えなくてレジのところで怒ったことがあり、レジのお姉さんが困ってしまいました。そこで一緒に行って、「このお金ではこれだけしか買えない」ということを教えてからは、いっぱいカゴに入れてレジのお姉さんに取り上げられても、もう怒らなくなった時期もあります。

それも経験して、今度は千円持って行って赤い色の電池なら2個、黒なら3個買えることが自分で分かってきて、毎日千円使っていました。あとは、コーラを買う110円とお豆腐屋さんで豆腐を買う130円など、買い物をすることができるようになったのに、電池を集めなくなって、それも終わってしまいました。

そして今度勤め始めてからは、給料をもらうことが楽しみになりました。英太の場合は、貯めることに夢中で、千円も使わなくなりました。それで「いっぱい、いっぱい」と貯めて、「洋服を買いに行こう」と言っても行かないで、貯めることが好きだったのに、今年になってそれもしなくなってしまった。電池もみかん箱に入れてそのままおいてあります。ためることもしないけど、それがなくなることも嫌で見ては楽しんでいる感じです。

お金も財布のフタができなくなるほど持っていて、楽しむけれど、これを増やしていくという気はないわけです。今朝も持っていて、楽しんでお仕事に行く時間になってしまいました。

起こすのは6時半です。皆さんそんなに早く起きるので驚かれますが、英太は何でも支度するのに2時間はかかります。納得させるまでにそのくらい時間をかけると、ふっと仕事に行く気になったりすることがよくありました。どこに行くか分かるときは、写真を見せたりして分からせますが、まったく分からない時は絵に描いたり、字に書いたりして、手話を使っていろいろやっていると、二時間くらいかかってしまうわけです。

もうだめかなと思っていると、どこの線が切り替わるのか、突然分かったという顔をして着替え始めるわけです。「それじゃ早くしようよ」と言って、出て行くまでに2時間かかってしまいます。

ですから、今の作業所も入所した時から6時半には起こして、少なくとも8時半には出していますす。それがお給料日が近づく頃になると、「えっ」と思うくらい早く支度をして出て行きます。作業所の先生に「なかなか着替えない」と言いますと、作業服に着替えるのはとても早いそうです。

それを聞いてよく考えてみると、自分が納得して理解してしまうと、その後の行動はすごく早いのです。ですから、納得するまでがそれは大変です。ようやく支度をして出ようとすると、もう時間がなくてタクシーということになってしまいますが、とにかく「行こう」といって出かけます。

それがここのところ何だか言うことをきかなくなって、今は作業所に行くのは嫌ではないし、行くことも分かっているし、でも6時半に起こして7時半に食事を終えているのに、8時半に出て行く行動がまったく遅くて、とにかく時間の進み加減が全然分かってないわけです。

今日、ここへ来て先生とお会いして、悩みといえばいまお話したようなことです。時計の進み方が全然分かっていなくて、長い針と短い針のことはドリルでさんざんやってきているのに、細かいことは分からなくても、学校に行っていた頃には確かに分かっていたのにだめなんです。「じゃ、お休みするの」と言いますと、さっと支度をしてくれます。それをもっと早く言うとどうなのかと思うけれども、そうするとそれなりに人の言葉なんか聞き入れないで、やはりマイペースなんだと思います。

作業所の先生に、「何か楽しみにするようなことがないでしょうか」と言いました。学校と違って、何が楽しみということもないんです。そこはお仕事に行く場所、お金をもらう場所として、知的障害者のお友だち18人くらいいますが、皆さん分かっているわけです。昼休みにヘッドフォンをかけて音楽を聞く子もいれば、本を読む子どももいるので、英太も何か楽しみがないかと思いますが、いつもウロウロするばかりらしいです。
　学校で６年間卓球をしていたので、食事が終わった後で「作業台を卓球台に代えてやってみよう」と、先生方はいつも前向きに考えてくださいます。それでラケットを持たせるようにと言われました。
　とにかく、「時間が分かって、それに向かって行動できるといいな」ということくらいが悩みです。

## 小さなきざしと可能性を見つめながら

丹羽　気の短い人には、とてもできることではありません。すぐに効果をあせってしまいますからね。

石川　それだけ可能性をもって見つめているんですが、だめだと思ったらいくつになってもだめですね。その点では、知恵遅れということをしっかり自分が把握していなければなりませんね。普通だったら20歳になったら大人なので、もう教えなくてもいいのですが、この子は知恵遅れなので手間がかかる、時間がかかると思えば、いま教えても決して恥ずかしいことではないので、「まだ言っても分かってくれる部分があるんじゃないか」と思うから言えるのですね。

丹羽　それはお母さんだからですよ。それが何よりのメッセージです。

石川　私は自分も遅れているんじゃないかと思うくらいです。またいつか先生とお会いして、今の悩みがどのように解消されて、どういうふうに展開しているかをお話ししたいと思います。父親は英太が何かしようとすると、「時間がかかるから、もう少したったらまた変わるよ」「そのうちどうにかなるよ」と、のんきに言ってくれます。そういう言葉で救われるわけです。一緒になって、「どうしよう、どうしよう」「こうしろ、ああしろ」

では困ってしまいますし、では「あなたやってごらんなさい」となってしまいますから……。

丹羽　グチの受け止め方がなかなかお上手ですね。お父さんもそうなってこられたんでしょうね。

石川　それだけ見る目もできてきたわけです。それを見ていないで、仕事が忙しかったり大変だったりしていた頃や、期待もなかったりというのでは、そんな言葉は出てきませんものね。やはり今は夜や日曜日に英太と関わっているから、そういうことが言えるのですね。

丹羽　英太君があなたがた夫婦を育ててくれているようですね。

石川　本当に今は健康ですし、おかげで大雪のなか成人式も迎えられましたし、今言いましたようなことが悩みですが、それが成長の過程かなと思います。本人はそう思っていなくても、反抗していて、それを親がどのようにうまく乗り越えて上手にコントロールして、作業所に出勤させるか悩むところです。出て行く時にはいい顔して送り出したいので、これから5年、10年とどのように変わっていくか、私も含めて……。

丹羽　石川さんはあの頃からまったく歳をとっていませんね。そして、ずっとさわやかな感じです。

石川　そうだとしたら、それも英太のお陰ですね。あの頃は、本当に気持ちの中は落ち込んで大変だったんです。育てることは確かに体力もなにも大変ですが、育て方の面では「覚悟を決めて頑張ろう」という思いが強くなってきて、悩みがきっとふっ切れたんでしょうね。クヨクヨしてどうしようではなくなって、闘いに入っていったんでしょう。だから少し変わってきたんでしょうね。ですから、その頃に先生に巡り会って本当によかったと思っています。やはり、話して分かっていただく方はそうそういませんし、ここへ来て家庭のことなどすべてを話せて、聞いていただいて、分かっていただいて、その上で英太の育て方を教えていただいて、一緒に遊んでいただいてありがたかったです。

丹羽　私は教えてはいなかったと思います。教師をしていたので、つい教えたくなったり、口をはさみたくなったりしますが、極力押さえるようにしていたつもりです。

石川　でも、英太がハイハイから歩くに至る頃お話ししていて、先生は「好きな電車を横に並べたらどうかな」とおっしゃって、そうしたらチョコチョコ歩き出して、それよりもう一つ奥にやったこと、覚えていらっしゃいますか？

そうすると取ろうとして手が伸びて、そこでちょっと離れた場所というか、ちょっと離れた世界というか、テレビの上や鏡台の引き出しの中に置いたのも含めて、そこが見えてきて……。それも先生の教えなんです。それが英太にとって知恵の一つとなって……。では、私が家でそれができたかというと、なかなか頭が回らなくて、できなかったと思います。でも、それを家に帰ってやってみたら、つま先立ちをしたので驚きました。

丹羽　よく覚えています。本当に昨日のようです。大学の講義のように理論立てて説明するという姿勢を捨てて、お母さんと一緒にひたすらお子さんを見て、またお母さんと一緒のお子さんの動きに注目して、その微妙に変化する発達の姿からともに学ぼうとした私の20年が、いま評価された思いです。うれしいです。ありがとう。

---

石川英太くんへ

あなたの難聴を見つけた私は、お母さまに「専門医で再検査を」と告げることの心の痛み。お母さまは、ダウンと言われたときよりがっくりきたと、私に訴えられました。世のお医者さん方は、こんな想いを日に何回しておいでなのでしょうか。ちいちゃな電池を入れたかわいい袋を背に、チョコチョコ歩くあなたの姿、忘れられません。でも、大きくなって既にすばらしいアーティストになりましたね。立派な作品の前に立つあなたの姿には、小さいときの面影はもうありませんね。お母さまの方が背が小さくなられたのではありませんか。でも、お母さまのご恩を忘れてはなりませんよ。お母さまは「無垢のことば」など、画文集が出版されるたびに送ってくださいます。

“アトリエ・エレマン・プレザン”の画家たちの中に、花クリニックから私のいとしい友人たちが名前を連ねています。ダウン症の子どもたちが創り出す根元的なアートの世界を、主宰者である佐藤肇先生に初めに見出された英太君、あなたに祝杯をあげます。「乾杯！」

# それぞれの子どもにふさわしい時期がある

池畠秀子（いけはた　ひでこ）さん
池畠幸枝（いけはた　さちえ）さん

## 「おもしろさ」が身につける「集中力」

丹羽　幸枝ちゃんの記録をもう一度整理してみました。MCCベビーテスト、津守式と田中・ビネー知能検査、言語発達を診断するITPA、そして発達記録写真――。こんなにたくさんの資料があるのは、サッちゃんだけじゃないかしら。

池畠　よく休まずに……。とにかく、丹羽先生のところに来ることを生活の中で最優先していましたから……。風邪薬をもらっても、丹羽先生のところには行きましょうと…。

丹羽　サッちゃんが最初に見えたのは昭和53年11月4日、最後が62年8月27日でした。

池畠　4ヵ月のときに電話をして、5ヵ月の時から来させていただいて、4歳になる幼稚園にあがる前まで通っていまして、休むということがなかったので、回数としては多いでしょうね。月に一度、必ず来ていました。

**丹羽**　ほんとうによく続きましたね。頭が下がります。お家のほうの協力もあったと覚えています。最初に見えた時の記録には、「父、母、本児、祖母、姉。診療室満員」と書いていますよ（笑い）。

**池畠**　「JDS」（日本ダウン症協会）で相談員をしていまして、小さいお子さんをもったお母さんからお電話があるんですが、私は早期療育を何とかしようというのではなくて、「意識して子どもを育てる」ということをすごくここで教えていただいたと思います。

先生に1ヵ月に1回お会いして、「こういうことを、1ヵ月間気をつけてください」というお話を聞くと、1ヵ月意識して、例えば日光浴をさせたり、足をさすったりすることを心がける。「この1ヵ月をどうしようかな」と思える。何も分からないでがむしゃらに子どもと顔を見合わせているのと、同じ1ヵ月でも全然違うものですね。

それから、自分自身のカウンセリングをしていただいてきた。「1ヵ月、全然伸びていません。成長がみられない」と嘆いて私が言ったとき、先生は「いえ、この間来た時よりこんなにいろんなことができるようになった」と言ってくださった。

それは目をキョロキョロさせて周囲を見ることかもしれないし、もっとささいなことかもしれないけれど、「こんなに伸びているじゃないの」と言われて、「ああ、そうか」と……。やっぱり毎日生活していると、なかなか成長が見えないのです。それが先生に言っていただくことによって、親が安心する。

それがとっても楽しみでしたから、今20年経っていろいろなことを思い出しても、丹羽先生と接した期間はそのうちのたった3、4年ですが、20年の半分くらいはあるような気が致します。

小さい時の親の心構えを教えていただくのはすごく大事なことだったと思います。その土台があって、うちの子に関して言えば、集中力が養なわれたのではないかと思うのです。すごく集中力があります。これからずっと生きていく中で、何をするにしても「集中力がある」というのは財産ではないかと思います。

よく、ここのプレイルームで豆を使ったり、ヒモ通しをしたり、じっと座ってコツコツとやることを、とても小さい2、3歳の時に身につけさせていただいた。

丹羽　サッちゃんの集中力は付くべくして付いたと思います。あることに集中するということは、子どものうちに「これ、おもしろいな」という気持ちがわき起こって「やってみよう」、そしてやってみたら「できた。おもしろい、おもしろい」と繰り返してやる。すると、初めぎこちなかったのがスムーズにいくようになり、それが子どもの心を揺さぶり、「もっとやりたい」と動機づけが強まっていく――。その結果が「集中力がついた」と評価されることになるのです。

お母さんや周囲の人が喜んでくれる。ほめてくれる。それは本人にとってごほうびになって、さらにそのことに没頭するようになるでしょう。ずっと継続して成長、発達を追っていると、子どもの注目が何に向かっているかが分かるのです。

子どものまなざしの行方や表情、体の動きをお母さんと一緒に見ていると、子どもがそのタイミングを教えてくれるのですね。何かを恣意的にやらせようとするのでなく、言葉のない時代に、子どもの動きや表情に、お母さんは行動と言葉かけで応えていく――。そんな非言語コミュニケーションの秘訣を、あなたはうまく身に付けられたのです。

## 「ゴマ・クッキーは池畠幸枝担当」

池畠　18歳で卒業して、今は自立して仕事をしております。クッキーを作っているのですが、「ゴマクッキーは池畠幸枝」の役割になっています。分量を計って、こねて、10グラムずつに分け、それにゴマをつけて鉄板に乗せて焼く。そこまで一通りのことをやらせていただける。

ちょうど1年になりますが、そういうことができるようになったのは、あの子の場合は集中力があったからだと思います。


**丹羽**　まあ、それは素晴らしいことですね。クッキー作りの全工程を任されてやらせてもらえるなんて。

おっしゃるとおり、集中力が必要なことは言うまでもありませんが、その一部分を区切って分業的に各人が繰り返し同じ作業をするのではないわけですから、大したものです。

全工程を1人でやるとなるとさまざまな能力が求められますね。細かな作業上の技術や順番も、やり通す持続力も求められますでしょう。数や量の理解も必要です。おっしゃる通り、気の抜けぬ緊張した作業です。集中力の賜物ですね。

胸を張って働いているサッちゃんの姿が見えるようです。

## それぞれの子どもにふさわしい時期がある

**池畠**　時期って大事ですね。うちの子どもも水泳などいろいろなことをやってきましたが、その水泳にしても、それぞれのお子さんに「時期」があって、あんまり早くからやらせようとしても、怖がったりしてできないのですね。

小学校1年生くらいになると、そんなに怖がらずに水を楽しむことができる。あの時、「ああ、それぞれの子どもに、ふさわしいタイミングがあるんだな」と感じたのです。ここに通って、その時々、この子がいま何に興味を持っているかということを分からせてもらいました。

本で調べたりすると、「本当はこんなことができなくてはいけないんじゃないか」と比べてしまいますよね。そうではなくて、その子どもの成長に合わせていくためには、アドバイスを受けたかどうかの違いがあるように思います。「もう1歳なんだから、これができなくちゃいけない。あれができなくちゃいけない」――と、親はどうしても思いがちですし、「できてほしい」という願望がありますしね。

丹羽　私が一番心掛けたことはね、私は大学で教えていましたでしょ。だからついつい教師の顔が出てくるのです。極力それを抑えました。そして、お母さんのまなざしがお子さんに注がれるようにと、ひたすら願いました。「目をそらしちゃいけない。しっかり見てください」――と。そして傍らで、一緒に赤ちゃんの動きを見守りながら、お母さんが赤ちゃんの中でかすかに芽吹いてきて変化していくモメントを見つけ、感じとっていただくようにと心がけました。

　あなたはそれを本当によく受け取ってくださったと思います。「継続は力なり」といいますが、やっぱり継続していただかなければ大切なシグナルを見落としてしまうことになりかねません。

池畠　先生が、真理佐ちゃんのおばあさまであるということも、私たちの安心感のひとつでしたね。同じ立場でというか。

丹羽　知らず知らずのうちに「私たち」という言葉をよく使っていましたね。

池畠　それは母親たちにとっても全面的に信頼できる親しみでした。あのときは真理佐ちゃんは何歳でしたか?

## ひと足先を行く真理佐

丹羽　だいぶ大きくなっていましたよ。3歳のときに、初めてアメリカに行ってあの子に会いまして、そして3歳のときから養い親のナンシーさんのところで育ててもらって。父親は国連の仕事で、病院もないような途上国に行っていましたから……。下に3人きょうだいがいますが、お産は全部ニューヨークに帰ったりロンドンに行ったりしてでした。現地へは、どうしたって連れていけませんでしょう。

母親はほんとに辛い思いをしましたけれど、でもあとで考えてみれば真理佐は幸せだったと思います。24歳になった誕生日に電話をかけて、彼女に「あなたは今の生活が幸せだと思う?」と言ったら、「イエス、私は幸せです」とはっきり申しましたから、「ああよかった」と胸をなでおろしました。

真理佐はひと足先に成長してくれたのですよね。ナンシーからつぶさに発達の様子が知らされていました。私にとっては、とても力強いモデルでしたよ。

**池畠**　そう、そうなのです。

**丹羽**　ですからね、「ああ、真理佐がこういうふうにできたんだから」と。あの子は生まれて3ヵ月目に、腸捻転で手術をしました。心臓には何ヵ所も穴があいていましたが、「手術ができるまで体を作らなければ」というので、だいぶ大きくなるまで手術ができなかったのです。

だから、本当にか弱い、ちっちゃい、重複合併のある子どもで、手足が細くて、力がない、そんなお子さんを見ると彼女を思い起こします。

でもあんなに弱かった子どもも、心臓の手術をして、しかも専門家といっていいような、ナンシー夫妻に育てられ、一つひとつ理にかなった、「なるほど、これを目指してこのような方法でやっているんだな」と、私にも分かるような育て方をしてくださった。

それが、こちらでお子さん方とお会いした時にいろいろと参考になりましたね。

**池畠**　先生が夏休みやお正月にアメリカに行って、帰っていらしてそのお話しを聞くと、「ああ、そうなんだ。何年か先にはそうなれるんだ」という希望が持てました。まだお会いしたことがないのに、すごく身近に感じられて……。日本とは行政の違いなどがあって、羨ましいなと思いながら、「いいな、いいな」とお聞きしていました。

## 小学校六年間の普通学級での体験

池畠　学校も、皆さん小学校に上げる時に一番悩まれることですよね。うちは、たまたま小学校が住んでいるところの隣り、歩いて3分のところにありました。でも、そこには特殊学級がなかったのです。特殊学級に行くには電車で通わなくてはならない。それで、とにかく近くの学校でやってみようということにしました。

私はそれがいいと思ってやったのですが、小学校の5年生になったとき登校拒否になりました。やっぱり、本人の意志がだんだん出てきて……。本人の居場所がなかったのだと思いますね。

丹羽　3年生ぐらいからじゃなかった？

池畠　3年生……。何となく行きたくなくなったのは、その頃でしたか。

丹羽　3年生の時に担任の先生が変わったり、とっても仲のいい坊やが大事にしてくれていたのに、友だちが転校したんじゃない？

池畠　初めは「1～2年でも行ければいいかな」と思って行かせていましたが、意外にも、先生方が理解してくださったのです。私も何せ近いところでしたから、しょっちゅう顔を出していました。

保健室の先生がとてもいい先生で、保健室にあの子もよく行っていた。「保健の授業になると、サッちゃんは身を乗り出して聞いてくれる」って、よく言っていました。言葉が重かったから、言いたいことはいっぱいあるけれど、分かってもらえないことが……。

丹羽　つらいですよね。

池畠　そうですね。3年生くらいからいつもいつも髪に手をやって、「ハゲちゃうよ」って言っていた頃がありました。でも、3、4年生はそんなには休んでいないのです。

そして、その頃から自分の意志が出てきて……。校長先生がすごく理解してくださり、臨海学校とか修学旅行とか、一緒に行ってくださった。でも校長先生が女の先生に代わられて…。
でも最後の女の先生は、「これだけ自分の意志を伝えようとするし、こちらの指示は確実に通るから、別に学校を変わらなくてもいいんじゃない」とおっしゃって。学校を変わるとなると、電車に乗らなくちゃならないとか、いろいろ考えて、結局卒業するまでいたのです。
本人にしてみれば、つらかったかもしれない、と思うのです。特に、自分を主張したい子でしたから。

**丹羽**　「自分が認められたい」ということは、子どももみんなの願望じゃないかしら。

**池畠**　そうですね。そういう意味では、あの子には居場所がなかったんじゃないかと思って。あとになって、あれは中学か高校生になっていたと思いますが、テレビで「いじめ」の問題をやっていた時に、それをじーっと見ているんですよ。それで「私も、小学校のときはいじめられた」って。
私にしてみれば、しょっちゅう学校に行っていたし、先生にも「この子はこういう子ですから」とお願いしていて、「サッちゃんはいじめてはいけない子だ」ということになっていたのです。いじめると先生は飛んでくるし、親はすぐ飛んでくる。だから、いじめはないと思っていました。でも、やっぱり隠れた場所でいじめはあったのですね。「男の子だ」って言っていましたが……。靴を隠されたりしたようです。
それもあって、「学校に行きたくない」ということがあったのかもしれません。あとになって、「いじめられていた」と言いましたね。「あの時、別に6年間通さなくても3年生くらいで変えるべきだったのか」と、あとで思いましたが……。

**丹羽**　どうなのでしょうね。自分で「いじめられた」と言っていますが、お母様はどう思われる?

**池畠**　私はあの6年間はよかったと思うのです。ま振り返って見て、彼女の小学校時代をいれた」と言っていますが、

**丹羽**　彼女はそれを克服したんじゃない?

**池畠**　そうですね。とにかく学校には続けて行

きましたし、最後はみんなと一緒に卒業式を迎えられたのです。まったく行けなくなったわけではないのです。行きたがらない時はありましたが、女の子たちが迎えに来てくれたりしましたし……。

でも、私は幸枝のためもありますが、普通学級に入れることは、小学校時代、周りの子どもたちにも「世の中、こういう子もいるんだよ。こういう子が頑張っているんだよ」ということを見てもらう、いいチャンスではないかとも思っていました。

運動会ではビリなのです。かわいそうなのですが、みんなと一緒に「ヨーイ・ドン」して1周回ってくると、差がついてしまう。

私たち親は「ガンバレ、ガンバレ」とやっていますが、ほかのお母さんたちの中に、「ああ、サッちゃんが頑張ってる」と言って、涙をこぼしてくれる方が何人もいるのです。ほんとうに頑張っている姿は、胸を打ちます。

小学校1年の時だったと思いますが、給食に200ccの牛乳がつきますよね。で、「サッちゃんのクラスは牛乳の飲み残しがない」というのです。バケツに残った分を入れて、バケツを返すのですが……。

サッちゃんは身体が小さいのですが、200ccの牛乳を飲む努力をしている。すると、ほかの子どもたちも残せないのです。「あんなに小さいサッちゃんが残さずに飲んでるのに」ということで……。別にそれは「私が指示したわけじゃない」と、担任の先生もおっしゃっていました。「みんな、牛乳飲みなさい」と言ったわけじゃないけれど、周りのみんなも牛乳は残さない。それでいつも空のバケツが給食室に返っていった。それを聞いたときに、「ああ、普通学級に入ってよかった」と思いました。

丹羽　どこの社会でも、いい気持ちでばかり過ごせる所はないから。それに打ち克つことができなくて、それが取り返しのつかない傷になるような場合は、ほかの方法を探さなくてはいけませんが、しかし、それに耐えられたことは、ひとつの勲章だと思いますよ。

丹羽　そうですね。

池畠　自分もいじめられたけれど、きっともうしばらくすると、小学校でいじめられたということがさほど苦い思い出だけではないと分かってくるのじゃないでしょうか。

ところで中学校は？

## 中学校で特殊学級に

池畠　中学はいわゆる身障者が行く特殊学級で、区域としては蘆花中学校というところです。うちから20分くらいで、歩いて行きます。

そこに入っても、今度は普通学級から特殊学級に入って、全然違いますでしょ。人数は少ないし。最初は、かなりとまどっていました。でも、だんだんそこで自分ができることを主張することができるようになりました。「自分はこういうことができるんだ。こういうものを作ればほめてもらえる」というのが増えてきますので。絵を描いてもほめてもらえる。言葉がちょっと重かったので、国語があまり好きではなかったですね。どちらかというと算数のほうが。

丹羽　おもしろいですね。皆さん反対なのに。

池畠　そうなんですよ。ダウン症の方、ほとんどわりと「算数は苦手で」って言われますが、あの子の場合は算数のほうが好きでしたね。国語の授業では、本を読んでも発音が不明瞭なのでうまく読めないのです。

## ダイエットの指導

池畠　この写真が最近のサチです。お食事会に行ったとき、撮ったものです。

丹羽　うわあ、スーツ着て。（134頁写真参照）

池畠　作業所関係で何か招待があって、サチの園の人たちはみんなドレスアップして行ったのです。ところが向こう側の人たちはみんなお揃いなんですがトレーナー、作業着を着ていたのです。やっぱりレストランでお食事するというと、普通はドレスアップしますから、先生が「お食事にご招待されたんだから、みんなドレスアップして行こう」と。三軒茶屋にできた「キャロットタワー」の中にあるレストランです。

この写真のサチ、ちょっとやっぱり丸くなって、「太ってきちゃって、どうしようか」って言っているのですが……。

丹羽　真理佐もそうですよ。それでね、私が行ったときに、ナンシーは真理佐と「ダイエットの勉強をしようね」って言って食事のメニューを一所懸命考えて、そして案を出して、ナンシーとチェックしながら自分で作って、そして食べるというようにしてました。主菜はどのくらいの分量が適当か、お砂糖を控えてとか、そういうことをちゃんと書いて、それを一緒に台所で作って食事するようにしていました。「ああ、こういうことか」と感じましたが。

池畠　そうなのです。今の課題は「サッちゃん、二重あごになってきたよ」ということで……。本人は「太ってきた」と言われるのがイヤで、気にするのです。「もう、言わないで」って言って。

丹羽　ダイエットを一緒に勉強するのもいいんじゃないかなと、真理佐の時に思ったのだけれど。

池畠　そうですね。わりとずっと太らないできたかなと思っていたのですが、年ごろというか、ここのところ太ってきました。どうしても、物を食べてしまうこともあります。食べたいものを制限するのが難しくて……。お肉が大好きで、どうしてもそればかりになってしまいます。

丹羽　そうらしいの。真理佐も甘い物が好き。だからソフトクリームやドーナツなど、甘いものには目がない。だけど、「それを食べたら、次は何を少なくしなきゃいけない」と、ため息をつきながらやっていました。

だから自分でそれを作らせる。で、一方で体重を計りながら「細くなったじゃない」と言ってほめる。「ああ、そういうやり方がいいのかな」と思いました。

池畠　そういうのも考えなくちゃ。課題として。

料理というのは結局、人間生きている以上はやらないといけないことですよね。いずれ、子どもたちが料理を作って食べることはどうしても必要になる。それで小学校5年生くらいから、4家族くらいで集まって、1ヵ月に1度くらいだったと思いますが、持ち回りで各家庭でお料理をやったのです。いろんな献立を考えてやった。

その時は本当に包丁を持たせました。サチはわりと初めから、包丁を使うことができました。

丹羽　サッちゃんは指先の巧緻性が目立っていました。ハサミもプレイルームで初めて紹介したら、その1時間の間にマスターしたのを覚えています。

## 障害について話すべきか

池畠　今日先生にお伺いしたいと思っていたのは、本人の障害の認知。それを、私はなかなか本人にはっきりは言えないのです。でも、本人は分かってるわけです。ある時に、「お姉ちゃんは普通の子。私はこやぎの子」と言った。それはだいぶ前ですね。私が「こやぎの会」に関わって、よく行っていたから。そう言ったことがあって、「ああ、きちんと言わなくちゃいけないのかな」と思いつつ、なかなか本人にきちんと話せないでいるのです。

最近も何かの話で、「私は言葉が不自由で、なかなかうまく発音ができないから相手に理解してもらえない」ということを自分で言ったことがあります。ダウン症という言葉も、いろいろなところで何回も何回も聞いているから、多分分かっているのだろうな。でも、自らダウン症ということは言わないし、私もあえて言っていないのですが。

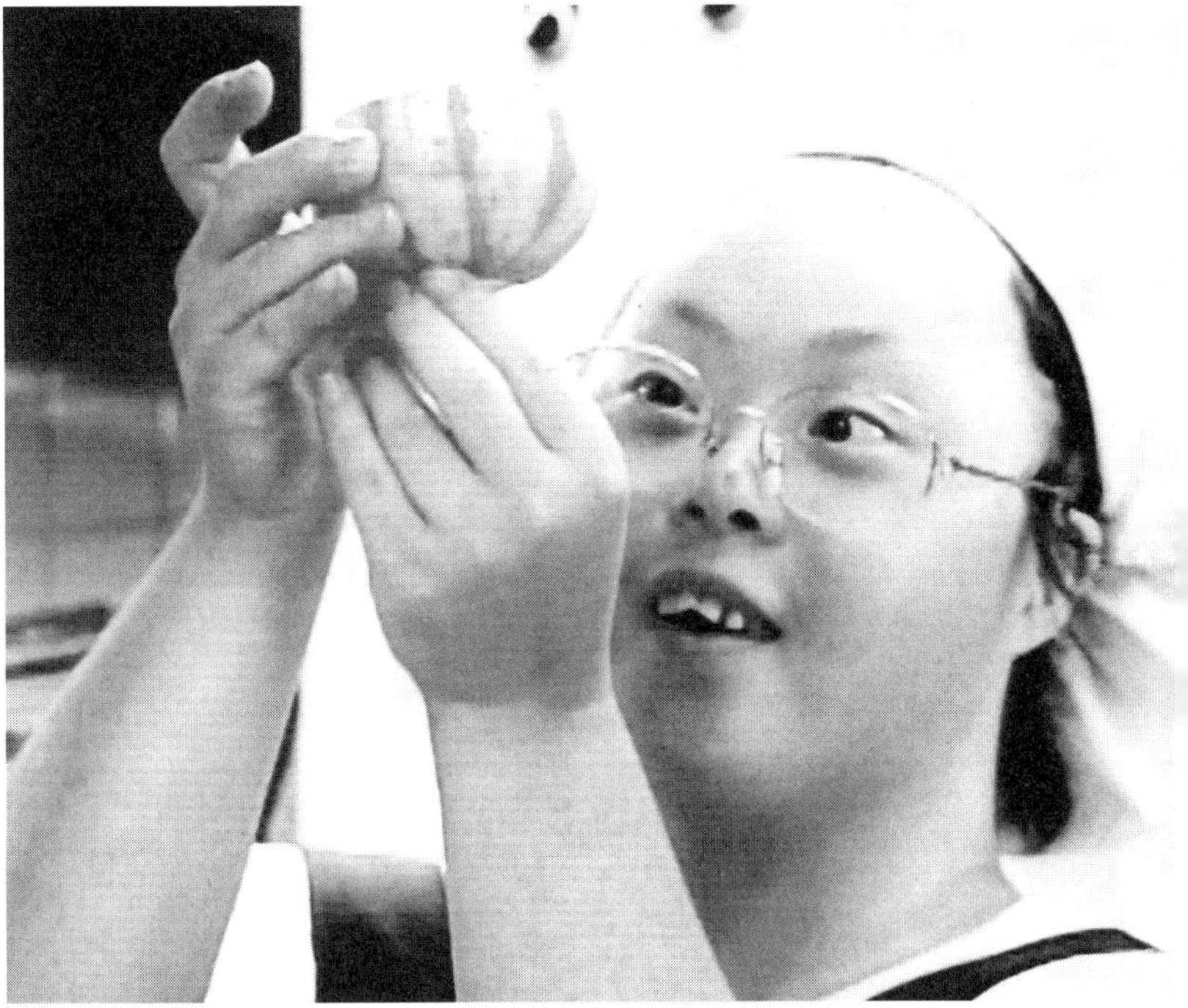

右上●幸枝さん　8ヵ月と姉の真帆さん
右下●のぞみ園のメンバーとディナー・パーティー（ドレスアップして）
上　●NHKテレビ「人間ゆうゆう」クッキー作りに輝いて（2002年7月放映）

障害を認知させる。「あなたはこうなんだよ」ということを、本人に自覚させたほうがいいのでしょうか。

でも、今通っている「のぞみ園」というところは、クリスチャンの方ばかりで、そこへ行くと、自分は障害があるとかないとかいうことを、まったく感じずにやれる場所なのです。先生方がいらして、子どもたちが8人いますが、一緒になって仕事をしている。自分の言いたいことも言っていますし。そこで、できればすごく評価してもらえるのです。

先生が言葉で評価してくれる。例えば喫茶室があるのですが、「いらっしゃいませ」「ありがとうございました」ということがはっきり言えれば、もう、それで「ああ、よくできたね」と。あれは私もすごいなと思って。「ほめて育てる」ではありませんが、1年くらい経ったいまでも、きちっとできれば、すごくほめてくださるのです。それは自分の自信にもつながります。

日常会話をしていても、何を言っているか分からないことがあるのですが、親だと一所懸命聞いて、「そうか、そういうことだったのね」となりますが、学校など、いろいろな場面で忙しいことがあると、適当に返事をして分かったふりをして、それで終わってしまう。

子どもたちは、適当に返事をされてるかどうかが、分かるのですよね。そうしたことが、のぞみ園ではたぶんないのだろうと思います。きちっと、その子を理解するまで、何を言いたいのかきちんと聞いてくれる。あの子にとっては、すごく居心地がいい場所で、仕事をすればそれが認められて、お給料もいただける。お給料をいただいて、こんなに喜ぶ人も珍しいっていうくらい喜ぶのです。

今度、ハワイにのぞみの人たちみんなで行くというので、お金をためるという意識で、銀行に自分でお金を持って行って、積み立てています。とにかく、自立をするということでは、ほんとによくできています。何でも自分でやりたがります。

ほんとに、それはすごいことなのです。親のほうがハラハラ。

丹羽　なるほどね。サッちゃんの、すごいエネルギーに圧倒されそう。のぞみ園って素晴らしいところですね。彼女にとって、またとない場が与えられた。ほんとうに良かったですね。

ところで、お話しの中で「障害を認知させる」──本人にダウン症だときちんと話すべきか、自覚させた方がよいかとのお尋ねがありましたね。私は、サッちゃんはよく分かっていると思いますよ。今は、あなたから改めてそれに触れない方がよいように思う。きっといいチャンスがありますよ。

それよりも、最近サッちゃんが、自分から言葉の悩みをあなたに話されたことのほうが、大きな意味があると思います。

お話しによると、最近何か母子で話している時に、「自然に」「自分から」話題にしたのですね。あなたのおっしゃるように、うまくコミュニケーションができないということは、どんなに辛いことだったでしょう。言葉に出して語ったことの何倍か、何十倍か、重く大きく彼女の心を占めていたことだと思う。

のどにつかえていた大きな塊が、融け始めたと言えませんでしょうか。それを可能にしてくれたのは、のぞみ園での経験でしょう、きっと。彼女はお家以外でもっと広い、大事な仕事の場──つまり、公の場で認めてもらった。努力して「できる」という満足感と、先生方に認めてもらえた、この二つの自信が、彼女に、言葉で、言葉の困難さを訴えるという、心にゆとりができてきた……のだと思いますよ。

彼女は、ハードルを一つ越えることができたのです。よかったですね

池畠　今度はハワイに行くので、たくさんお金がいるということで、それには少しずつためて。彼女は「自立したい。とにかく、早く家を出たい」と言っています。

丹羽　あら、そうですか。それは素晴らしい。

## 将来の夢――自立願望

池畠　高校卒業するときに、みんな一言ずついろんなことを書く欄があって、幸枝ともう一人いましたかしら、「将来の夢」というところに「一人暮らしをしたい」と書いてありました。高校卒業して、一応仕事に就いて、そしたら、やっぱり後は一人暮らしをさせることかなと思うのですが。一般的なところは高いですし、なかなか。世田谷なんて、本当に難しいですよ。住居費は高いですから。

やっぱりグループホームや、養母さんがついて、4～5人でとか。少しずつそういうものが実現されていますから、「そういうところでやっていこうかな」と、思っていますが……。先生は、アメリカのグループホームのこと、見て来られたのでしょう？

丹羽　ずいぶん前のことですが、ペンシルバニア州のアルゲーニー・カウンティの、一つのグループホームを見学しました。カウンティ（郡）に、「メンタルヘルス・メンタル・リターデイションセンター（精神衛生・精神発達遅滞者のためのセンター）」があって、その管轄下で運営されていました。

私が見学したグループホームは、5～6人の人が1軒の家を借りて生活していました。各自、能力に応じて外へ働きに行く人、留守番をする人、また食事、掃除、整理整頓係など役割を決めて、生活していました。ケース・ワーカーが、管理や指導にあたっていました。

食事の献立表のバランスをチェックしたり、健康状態、苦情などの相談に乗ったり、火の元の点検など、その他個人相談にも乗っていたのが印象的でした。この他、2、3年前に、新しいグループホームを（2階建てのアパート、1棟4室）

――そこでは2人ずつ生活しているのを見て来ま

した。

カウンティの福祉行政の一環として建物（住・食）が与えられ、働いて得た収入は、小遣いにできるというものです。これも、親の熱心な行政への働きかけで、成就したのだそうです。

真理佐もね、「友だちと一緒に、グループホームに住むんだ」と言って、楽しみにしていました。でも、今はそれは実現していないようで、養い親の家で、お父さんも、お母さんも仕事に出るので、留守番をしています。ためたお金で、コリー種の犬を飼いたくてたまらなかったのですが、それを飼って、その世話をするかたわら、週に2日ほど仕事に出ています。

そこは植物、お花などを大々的に栽培している農場で、お花づくりから市場に出すまでの工程を、受け持っているようです。全工程を一人に任せる仕組みです。それで、勉強のために、コミュニティ・カレッジの夜学で植物学を。学問というより、もっと生活に密着した、実用的な勉強があるらしいのですが、そこで勉強したり、今はコンピューターに熱中して、インターネットで国外に3人ほど友だちができて、楽しそうにやっています。

## 神様のお勉強

池畠　高校を卒業してしまうと、なかなか字を書くチャンスがなくなって、先生に手紙を書くらいかな。「ちゃんと日記を書きなさい」って言っても、高等部の時は先生に見ていただくために、日記を書いたのですが、そういうものがなくなって。
いま一所懸命やっているのが、「神様のお勉強」です。教会でやってるのぞみ園ですから。
丹羽　その教会は新教ですか？　カトリック？
池畠　カトリックじゃなくて、プロテスタントです。日曜日は礼拝が午前中にあって、順一先生とおっしゃるんですが、その先生がお説教をなさいますよね。それを隣りの先生のノートを見ながら、一所懸命書いているのです。
それから、午後に、コーヒー・アンド・バイブル・タイムといって綾子先生とおっしゃる牧師先生の奥さんですが、のぞみ園を作られた方のお話しがあって、それも一所懸命書いてきて、必ず私に見せるのです。今日はこういうお話しがあったと。
書いてあることは、「自分でここまで分かって書いているのかな」と、ちょっと怪しいのですが、先生や教会の方がいらして、見せていただいて書いていますが、ちゃんとしたことが書いてあるのです。そういう意味では、よかったなと思います。聖書というのは難しいですよね。字も小さいし。絵本ではありませんが、子ども用の「聖書物語」を今読んで、書き写したりしています。
**丹羽**　ああ、そう。それはよかった。
**池畠**　「それをやりなさい」とか「こうしなさい」ではなくて、そこに行って、自然にやるのですよね。日曜日は出勤日というか、仕事というより、午前中礼拝に参加して、その後、教会にくる人たちのために喫茶を開いたり、クッキーを販売したりするので、日曜日は出勤して、月曜日がお休みなのです。
**丹羽**　週何日お仕事ですか？
**池畠**　月曜日だけお休みで、火曜日から日曜日まで。それは、日曜日もすごく楽しみにして、日曜日はちょっとおしゃれして、イヤリングなんかして行くのです。いつも同じイヤリングなのですが。
この間ふっと思ったのですが、年賀状を毎年書きますよね。あの子の字って、小さめのチョコチョコチョコとした字で、「もっと大きく書いたらいいのにな」と思っていたのです。ところが今年見たら、宛て名書きの字が、うしろはプリントゴッコで、自分で作って印刷するのですが、宛て名書きの字が堂々としてきたのです。大きい字に。去年までは、「もっと大きく書いたらいいのにな」と思っていたのが、ふっと見たときに、大きい字が書いてあって、「ああ、これはこの子の自信なのかな。いろいろなことに自信ができてきて、こういう字が書けるようになったのかな」と。決して上手な字ではありませんが、でも、ほんとうに堂々とした字になってきたので、びっくりしました。

**丹羽**　嬉しいですね、そういう話は。

**池畠**　「高校卒業以降になると、それ以上進まないいんじゃないか」と、変にいろいろなことを思っていたのですが、「ああ、そうじゃないんだ、人間は」と感じました。

**丹羽**　そうです。いつまでも、伸び続けられるものです。のぞみ園は、本当にいい環境だと思いますよ。これ以上ないような。

**池畠**　これ以上ない環境なのです。あの子にとって本当にすばらしい。

**丹羽**　教会へは、小さい時から行っていらしたの？

**池畠**　いいえ、行っていないです、全然。幼稚園は小さな幼稚園で、カトリックだったと思います。その時には、お祈りをしたりしていましたが……。

**丹羽**　モンテッソーリの？

**池畠**　そうです。モンテッソーリ方式を取り入れている幼稚園でした。今この子が行っている教会にも、「こひつじ園」という幼稚園があります。

**丹羽**　なんていう教会？

**池畠**　東京カベナント教会。プロテスタントの教会です。「神様との契約」という意味とか。プロテスタントの教会です。学校を卒業すると、字を書くことからも離れてしまう、と思ったのですが、そういう意味ではお勉強もさせていただいて、一所懸命お話しも聞いてきます。

神様の勉強などしたことがなかったから、あの子にとっては新鮮なのです。一所懸命聞いてきて。クリスチャンの先生方は、損得という欲がないから、本当によくやってくださいます。

## 作業所「のぞみ園」

丹羽　そういうケーキを作る所では、何人くらいの人が働いているんでしょう？

池畠　子どもたちは8人。それが最低限、世田谷区からの援助を受けて、作っているのだそうです。指導員が今4人プラス1。

丹羽　区からの援助というのは？

池畠　作業所としての金銭的な援助です。ただ、作業所と言うのがいやだから、「のぞみ園」と言っているのですが、なかなか難しいです。やっと出来たという感じです。クッキーを売って収入を得た分は、子どもたちのお給料としていただいています。先生が、27～28歳のプロの方で、20歳からいろいろなお菓子屋さんで働いてきた方が、指導員になっている。

丹羽　ああそう、だから売れるのですね。

池畠　売れますね。作れば売れるというかたちで。みなさんで召し上がっていただこうと思って持って来ました。今日は種類が少なくて、サチの作ったものがありませんが、のぞみ園では、こういうかたちで、クッキーを作っているのです。

丹羽　それはそれは。これは、すてきだわ。そういう作業所というのは。

池畠　私もちょっと、作業所のお手伝いに行っているのですが、作業所はほとんど受注なのですね。1個作って1円とか、スプーン入れなど10個で10円。まだまだ1銭の世界があったのかというような。でも、のぞみ園は、これを商品にして売り出して、それでお金を得る。子どもたちも、「おいしいものを作れば、売れるんだよ」という感じでやっています。仕事としては、厳しいと思います。一日立ちっぱなしですし。

丹羽　でも、報いられて。労働の喜びが分かるでしょう。

池畠　決算もやっているから、いろいろな方が来てくださって、顔を見て、「ああ、サッちゃんたちが作ったのねえ」と言ってくださる。そうすれば、本人たちも嬉しい。そういう意味では、本当に幸運でした。去年、うちの子が卒業する年に、たまたまオープンにこぎつけたのです。

**丹羽**　いいタイミングでしたね。幸せな人は、いくらでも、そういうように恵みがついてくるようです。

**池畠**　本当に喜んで行く。この間、私がインフルエンザにかかって、2週間後くらいに、あの子も咳をし始めて熱を出したのです。土曜日に熱を出して、「明日はお休みしましょう」と無理矢理休ませましたけれど、39度まで熱があったのに、それでも行きたいと。

　月曜日にお医者さんに連れて行ったのですが、もうその日には熱が下がっていました。お薬も飲んでいましたが、でも「熱が出ないから」と、火曜日から仕事に行ったのです。「これは、気力で治したとしか思えない」と言っていたのですが、その後ぶりかえすこともなくて。本当に嬉しくて仕事に通えることは、先生方に感謝しています。

## 母のボランティア活動

**丹羽**　あなたは、JDSに週に1回行かれるの？

**池畠**　ええ、お当番で。やはり、「日本ダウン症協会」と名前が変わると、中身は変わらなくても、外から見ると、何となく「公的」なものじゃないかと見られがちですし、今、出生前診断のことでの問題が大きくて、JDSとしても活動していますから、「こやぎの会」時代とは、ちょっと違ってしまいましたね。

**丹羽**　でもまあ、今の当面の問題はそうだけれども、やはり、啓蒙的なところは残していって欲しいですね。

**池畠**　そうですね。啓蒙していかなくてはいけないと思いますね。そのためにも、JDSが法人化※されて、きちんとしたものになっていく必要が

※財団法人日本ダウン症協会。2001年4月1日から施行。（JDSニュース第337、338号参照）

あるのではないかと思います。

丹羽　まだ法人化されていない。

池畠　まだですね。今、ちょうど正念場という感じでやっているのですが。ただの任意団体としてものを言うのと、法人格をとって言うのと、全然違うそうなのです。若い方々が、がんばっていらっしゃいますが、是非法人格をとって、ダウン症の子どもたちを守っていきたいと思います。

丹羽　今、仕事は目いっぱいありますね。

池畠　そうですね。また、「こやぎの会」から30数年経ちますでしょ。そうすると、「成人の問題」が、非常に大きくなっています。

20代から30代という、これまでいなかった人たちがいる。乳幼児発達相談などは、今までやってきたのですが、大人の問題が出てきました。

桧垣さんがいらっしゃって、お話になるかもしれませんが、退行現象とは違うと思いますけれど、トシ君も作業所に入って、5月には行きたくなくなってしまったことがあったのです。お母さんはすごく悩まれたけれど、相談に乗ってくださるところが、なかなかないのですよね。

丹羽　学校に行っている間は、学校というひとつの城があったでしょう。保健室の先生とか、担任の先生だとか。それが、今度は親と家族と自分だけ。親の会というのが、地区にありますでしょ。私は、何とかそういうところで、相談活動をなさってはどうかと思っているのだけど。そういうものが、地域々々での親の会をもうちょっと組織化して、ひとつでもふたつでも、モデルを作ってくださるといいんじゃないかと。その地区で、あまり無理をしないで、助けてくれるような専門家がいるはずだと思うのです。

池畠　ＪＤＳでも、成人部会があって、成人部の人たちで問題点を考えてやっていこうというのはあるのですが、お母さん方が、それぞれ忙しくて。いろいろな面で、組織の中で、ひとつの部門として、きちんと対応できるようにしていかなければならないと思います。

丹羽　活動を、収斂させていかなければならないと思うのです。「あれもこれも」ではなくて、「ここは、これでいこう」というように。本当に、青年になって社会へ出たばかりの人たちが、どう自立していくか、いい意味で親離れしていくか。どこまでそれができるのか。そんなことを、真剣にたずねていかなければならない。

皆で、親が一人できりきり舞いをすることがないような方法を、考えないといけないんじゃないかと思いますね。

## 「大きくなっても小児科」という問題

池畠　これから成人する子どもたちの相談機関や、医療の面での問題もあります。

よく問題になるのは、あの子たちは大きくなっても、お医者さんにかかる時は、「小児科」なのです。ダウン症のことを知っている内科の先生が、いないのですよ。

実は、うちも2年前に大きな病気をして、都立母子保健医というところに入院したのです。そこは「母子」ですから、産婦人科と小児科しかない病院なのですが、今でも風邪をひけば、そこへ行く。

新たにどこか違うところで診てもらおうと思っても、ダウン症のことについて詳しく知らないから、やっぱり前々から知っている先生のところに行く。ずっと小さい時から診ていれば、「カルテがあるからいいよ」と、診てくださるんですよね。

ダウン症の場合は、どうしても背が小さいから、小児科に行ってもそんなに目立たないのですが、自閉症の場合でも、先生方のほうで勉強していらっしゃらないので、大きくなっても内科には行けないのですよ。

風邪などだったら診てくださるんでしょうが、親とすれば、ダウン症のことを知っていて、診てくださるほうが安心ですよね。「小児科というのも、おかしいいんじゃないか」と言っているのですが……。

結局、日暮先生に定期的に診ていただいてますが、ダウン症にはなりやすい病気、例えばリュウマチなど、特殊な病気がありますよね。それは、勉強している先生にしかわからないわけです。そういう先生は、ダウン症の人がかかりやすい病気の検査をしてくださる。

心臓の問題はもちろんそうですし、甲状腺ホルモンのバランスが崩れてくるとか、ダウン症独特の病気を知っている先生でないと、定期的に検査に行っても、そういう特殊な病気の検査はしてくださらない。症状が何か出てくれば、やってくださるかも知れませんが。それならば、やっぱり日暮先生のところに行こうと思ってしまう。

丹羽　ほんとうに、みんなどうしているんでしょう。

池畠　みんな、ほとんど昔からかかっている小児科の先生に行っているでしょうね。「成人の問題」は、とても遅れています。

## きょうだいの気持ち
### ――さみしさが方向づけたもの

丹羽　ほかに何か、ご用意くださったお話がありますか?

池畠　「きょうだい」の問題ですね。

丹羽　そうですね。

池畠　真帆が4～5歳のころ、幼稚園に行かなくなった時に、先生にご相談して、「健常に生まれた子まで、情緒障害にしてどうするんだ」と言われたのです。ここで、内藤先生にご相談したのですが、私たちは分け隔てしているとは思っていなかったのですが、やっぱり、お姉ちゃんのほうにはかなりの負担があったようです。

私が丹羽先生のところへ来る時や、どこかの先生のところへ行く、という時には、真帆も一緒に連れて行ったほうがいいだろうと思って、連れていっていたのです。だけど、大きくなって真帆が言うには、「あのときは、サッちゃんの先生ばっかりだった。だから、私は遅れると思った」と。

まだ小さかったから、サッちゃんにハンディがあるとはまだ分からないわけです。私も、「サッちゃんはこうだから、ここへ行くのよ」と、きちんと説明をしなかったのだと思うのです。ただ、「一人だけお留守番で、母親が出かけてしまうよりも、一緒に行ったほうがいい」と思って連れていったのですが、あの子はずっと、「いつもいつも、サッちゃんの先生ばっかり」と思っていたのですね。

親としては、決して下の子だけに目をかけているつもりはまったくなくて、配慮しているつもりでも、結局、そういうふうに映ってしまう。びっくりしましたね。

でも、あの子は今すごく姉妹仲良くしてくれますし、心理学をやっていて、「臨床心理で、大学院に進みたい」と言っているのです。

中学を卒業する時に、真帆が文集に、「自分の周りに障害のある子がいる。でも、その子はとても笑顔があって、その子が大人になってからも、こういう笑顔が出せるような社会を目指したい」ということを書いたのです。「ああ、良かったな」と思ったのですが、今じっくり話を聞いてみると、「サッちゃんのために、障害者のために臨床心理士をやるのではなくて、自分が経験してきたようなさみしさを持った人たちのために、相談などをやりたい」と言っています。これからどういうふうに勉強を進めて行くか分かりませんが……。やはり、真帆のような思いをしてきた人たちが、いるだろうと思うのです。

きょうだいに障害があるということだけではなくて、そういうひとたちのための相談をやりたいと言ってました。ただ、曲がらずにそういう道に進む、そういうことを考えるようになったのは、素晴らしいことかなと思います。正面から取り組もうという。

**丹羽**　そうですねえ。まったく。たった2歳しか違わない真帆ちゃんが、お母さんに連れられて、ずっとここに来ていました。プレイルームでサッちゃんと一緒に遊んだり、自分で一人遊びをしていました。

その間、お母さんのまなざしも、私どものそれも、妹のサッちゃんに集中しがち。彼女はいつも付き添いで、サッちゃんが主役でした。あの頃、私は真帆ちゃんの気持ちに気づいていました。玩具棚や砂箱の前で、すぐに遊びに入らず、ぼんやり立ちつくしている真帆ちゃんの姿がありました。気がつけば声をかけ、相手にしていたけれど。

あれはいつでしたか、夏休みに、真帆ちゃんが誘われて、どこか避暑地に遊びに行く話があった時、真帆ちゃんが「行かない」と言ったことがありましたね。「出かけている間に、サッちゃんだけがかわいがられるのがいや」だと。これは、とても率直で切実な訴えです。決定的なインパクトをもっていました。私は「これ以上放っておいてはいけない」と思い、真帆ちゃんが主役の、プレイセラピーが必要だとお母さんに勧めましたでしょう。

それで、内藤先生のところに真帆ちゃんをお連れになるようになってから、真帆ちゃんはすっかり変わりましたね。

しかし、それほどまでに彼女は、幼い日に感じたさみしさや、やるせなさを心の奥深くにしまっていて、やがて将来の自らの生き方の決定にまで育ててきたのですね。こうしてみると、必ずしも不本意な経験が、マイナスにだけ働くわけではない。

私は、そのような肯定的な選択に導かれたのは、もっとも適切な時に、プレイセラピーを受けて癒されたからではないかと思います。

**池畠**　そうです。自分の先生と自分が何かをするということ。どのくらいここに通ったかしら。内藤先生が「もう大丈夫ですよ」と言ってくださるまで何回か、小学校に上がる前まで通ったと思います。

丹羽　私は開院のときから、ダウン症の赤ちゃん、お子さんだけの発達相談でなく、お母さんと一緒に、そしてできれば、家族の関係の中でのお子さんの心の発達過程を見て行きたい、家族の中にうまく所を得て大きくなっていただきたいと願ってきました。その意味で、きょうだい関係はとても気になるのです。

家族の中で、障害を持つ子どものきょうだいが、どのような心の経験を持つかということ。それはとても大事なことだと思います。今回の私どもの試みの中でも、いろいろなケースが報告されました。

池畠　今度、JDSのほうで呼びかけて、きょうだいだけじゃなく、本人ときょうだいと一緒に会うという企画があります。

丹羽　皆さんの関心がだんだんと広がって、大切な問題を草の根のところから掘り起こしていかれることを期待しています。

とても貴重なお話を、ありがとうございました。

池畠幸枝さんへ

NHK教育テレビ「にんげんゆうゆう」や「にんげんドキュメント」で一躍スターになった、頼もしいお姉さん振りの幸枝さん。ごくろうさま。お母さまの立派さ、家族の方々の愛の一致の美しさ、テレビのおかげで20年ぶりにあなたに会えてうれしかったこと。

# 「お父さん、ありがとう」

大沼美子（おおぬま　よしこ）さん
大沼一生（おおぬま　かずお）さん

## 突然の夫の死

丹羽　今、一生《かずお》君どうしておられますか。
大沼　「桐友《キリトモ》学園」という施設に入っています。
丹羽　あなた以外の方々は、どんな事情で施設に預けられるようになったのでしょう?
大沼　離婚された方が多いようです。
丹羽　そうですか。
大沼　何か私、自分本位に考えるほうですから、一人で育てていると聞くと、「ああ、ではいつご主人お亡くなりになったの?」とお話しすると、「いえ、違います。離婚したの」という人が多いのです。「これは気をつけなきゃ」と思いました。私にはちょっと信じられない。いつも「二人で一緒に頑張ろう」という主人だったものですから、それ以外のことは思い及ばなかったのです。

丹羽　ご主人が亡くなられたのは一生《かずお》君が……？。
大沼　5年生。11歳でした。
丹羽　そう。急に亡くなられたと聞きましたが……。
大沼　8月に発病しまして、9月27日が命日です。胃ガンでした。
丹羽　1ヵ月あまりで……。
大沼　ええ、あっという間に。8月の20日に入院しましたらすでに末期で、すぐに私が告知されました。いわゆるスキルスガンでした。ですが、本人には全然知らせませんでした。今のように告知がまだあまり一般的ではありませんでしたから。
　そして先生に、「大沼さん、もうお子さんと生活することを考えたほうがいいですよ」と言われたのです。
丹羽　そう。
大沼　全部転移していて、ダメだったのです。その時、主人は入院していたのですが、まだ元気でした。手術しましたが、とうとう9月27日に亡くなりました。けれど、痛みは3日間、正式にいうと2日半だったですね。市役所にお勤めしながらやっていたのですが、「ダメな時は、ずっとついていてください」と看護婦さんからも言われていました。ですから、私が一日中ずっとついていたのは、1週間くらいです。
丹羽　そうですか。
大沼　それまでは早引きもしないで、役所が終わってから6時半頃病院に着いて、8時までいました。しっかり朝からずっとついていたのは1週間ほどです。
　何か冷たい言い方ですけれど、家の者にも話したのですが、やはり入退院を繰り返したりするよりは、パッと散ったというのが、私に対して主人も……。
丹羽　ええ。
大沼　主人も、昔から「長患いは嫌だよね。周りに迷惑かけるから……。死んだったらパッと死にたいよね」と、よく言っていましたの。

## 中学からは施設に

丹羽　そうですか。健康でいらしたのでしょう、ずっと。お幾つだったのですか。

大沼　45歳です。

丹羽　45歳。そんなにお若くて！

大沼　ですから、パッと計画を立てました。一《かず》生《お》は5年生でした。先生もご存じのように、一生《かずお》をほかの人に預けてずっと働いていましたが、その方が6年生まで見てくださって、中学からは……。

丹羽　ご近所の方でしたね。

大沼　ええ、そうなのです。

丹羽　でも、いい方がいらしたのですね。

大沼　はい。もう本当に皆さんよくしてくださって、その方が6年生まで見てくださいました。中学からは、それは前から主人と二人で言っていたのですが、「男の子は思春期になると難しくなるし、私はやはり勤めているし、中学からは施設のほうにでもお願いしようかしらね」と、その計画は立てていたのです。「入れるかどうかわからないけれど、それで僕たちが毎週末、会いに行くというようなライフスタイルもあるよね」という感じで……。

丹羽　そうですか。では、ご主人が生きていらっしゃる間から、一生《かずお》君の今後のことについてはお話し合いがあったわけですね。

大沼　はい。だから、進路のことを小学校の先生から聞かれまして、その時に「施設に入れます」ということを申し上げたのです。「どうしてですか」とよく言われましたが、私も勤めていますし、ずっと定年まで人に頼むのも大変です。やはり生活がかかっていますので、私が仕事を辞めるということは、私たち夫婦には考えられなかったのです。やはり勤めながら、一生《かずお》にいろいろなことをやってあげるというのはとても……。

丹羽　なるほど。

大沼　私たちには絶対無理がくるということを、主人とよく話していたのです。私も通勤だけで1時間半かかっていました。あの時はまだ若かったですけれど……。

丹羽　そうですね。専任の仕事を持ちながらの子育ては並大抵ではありませんもの。よく6年生までやられました。

大沼　それで一生《かずお》に字を教えよう、何を教えようというのはとても無理という感じでした。それでも日常の生活で教えることは、普通にやっていけばいいと思いました。どうやら私たち夫婦には一生《かずお》の知識をより以上に高めたいという気がなかったようです。ただ、「生活習慣をしっかりつけ、社会性を身につけさせて、いい環境に入れてあげよう」ということだけでした。

ですからその時は、一生《かずお》が大きくなった時に「あれもしてあげればよかった、これもしてあげればよかった」という反省だけは、絶対すまいと思ったのです。今の一生《かずお》を見ていると、健康で「本当に私の願いどおりにいったな」という感じがします。ただ一番の反省は、反省しちゃいけないと自分で言い聞かせていたのですが、やはり言語がまだ十分出ないことですね。

## 理解できるが、話すことが難しい

丹羽　言語の問題はちょっと難しいのではないかという感じがします。ずっといろいろな方を拝見していて、話し言葉が難しいようですね。理解はできるのですが。

大沼　はい。理解力は本当にすごいですよね。

丹羽　それにダウン症の子どもの理解力には、ハッとするものがあります。相手の心を読み取る力というか、こちらが一番言わんとしていることや、何となく言葉にして言わないでいることなど、そんなところを心憎いほど分かってしまう。

大沼　だから「分かっているのに、どうしてお話しできないのかな」という感じはあるのですけど。

丹羽　ああ、そう。理解する――つまり受け取るということと、言葉として表に出すということ、つまり話すことを分けて考えると理解できるのではないかしら。言葉を話すことは意外に複雑な働きが要求されるわけです。それにＤＳ（Down's Syndrome ダウン症候群の略）には発音機能が深く関わりますもの。解剖学的な問題もありますでしょう。

ダウン症の子どもは筋緊張が低下しているというけれども、それは何も手や足のように表に現れたところだけでなくて、のどの、口の中の筋肉と言いましょうか、働きもやはり敏感でないところがあるから、なかなかうまく舌や唇のような音声器官を使いきれない。呼吸作用に伴って調音作用をする声帯部分の緊張度がゆるい。その辺が、私は問題なのではないかと思います。

息だけを出す発音（無声音）がとても難しいから、「花」が「アナ」になったり、「蛇」が「エビ」になったりします。無声音と有声音を左右するのが声帯の働きですものね。だからそれをどうしたらいいか。

唇の働きや舌の働きを、生活の中で赤ちゃんの時から活発にしていくという努力の方法は多少あります。この声帯の働きを活発にする、そこの筋肉を強くするということはなかなか難しいですよ。私は「ハ行の音」や「パ行」「マ行」で始まるわらべ歌を一緒に歌うことをお勧めしていますが、それとて決定的なものとは言い切れません。

それから口蓋が高かったり、舌の大きさの問題があったりと、いろいろあるのです。だからそれは後天的に努力をしてもうまくできないというのも無理からぬところかと思います。そう言ってしまうと元も子もないけれども、そういう難しさをもった20歳ぐらいのお子さんをたくさん見ています。

大沼　私も、遅れているけれども時間をかければ話せるようになると思っていました。歩く時期は少し遅くても歩けるようになったし……。
丹羽　そうですよ。時間がかかるけれども。
大沼　そういうふうに思っていました。だけど、やっぱり言葉が出ないということは気になります。
丹羽　確かにね。でもそのほかに、全体として見てあげなければいけないのではないかと思うの。
大沼　ええ、そうなんですよね。
丹羽　受け入れられるか、社会の中でやっていけるか、していいことといけないことが分かっている。いい子だ、いい人だ、感じのいい子だと周囲が評価する。そんなふうに育っていらっしゃるんだから、立派なものと思います。
大沼　そうですか。その分だけがちょっと。「仕事を辞めなくても、少しお休みをとって言語教室などに通えばよかったのかな」なんて思ったりします。言葉だけがやはり出ないものですから、それだけがいま気にかかります。
丹羽　手先のことだとか、ほかのことがとてもよくできるのに言葉がずっと出ない坊ちゃんがいましてね。私たちはこうして話すけれども、本人は自分をもどかしく思うことが多かったでしょうね。それが可哀想ですよね。
大沼　そうだったと思いますね。それは思いますね。

## 極限まで行った時に出る言葉

丹羽　通じ合えるところがなかなか通じ合えなかったり、自分が腹立たしい思いをしても、それをちゃんと説明できない。口で言えない、分かってもらえない。どんなにもどかしいことでしょうね。
大沼　そうですね。だんだん成長期になりまして、そういうときはやはりぶつけますよね。家族もやはり口やかましくなりますでしょう。「カズ君、お風呂入りなさいよ」といってもデレーッとしているので、普通の健常の人と同じようにやってしまいます。「もう入って！　明日があるんだから」と言っても、やはりデレーッとしてテレビを見ている。
　そのうち「うるせーな」って突如として言うんですよ。本当に先生、「うるせーな」って言われたのです。こっちは「わーすごい、カズ君」と思って、普通だったら「エッ」と思うところですが、何か嬉しくなってしまいましてね。「わー、カズ君成長したんだ」と思って。「うるせーな」って言って、バッチャーンと入って戸を閉めて、そしてお風呂場にバッチャーンと入って……。あのときはやっぱり思春期でしたね。今はそういうことはしません。

丹羽　思春期ね。

大沼　ちょうど思春期でしたね。

丹羽　そのくらいで済んでよかった。（笑い）

大沼　ですけど、やっぱりちょっと嬉しくなっちゃいましたね。本当にはっきりと「うるせーな」って言ったのです。ああいう子たちは、何か突如として言葉が出ると保育園児の時に言われました。保育園の先生が男の先生で、「お母さん、カズ君、言葉が出ましたよ」と言うので、「え、何ですか」と聞いたのです。
　何か山登りみたいなことをした時、皆さん登るけど、あの子は降りる時が怖かった。その時、「こわい」ってはっきり言ったそうです。だから、そういう自分が極限までいった時に、ポーンと出る。

丹羽　だから蓄えている。

大沼　そうですね。それを思い出しましたね。

丹羽　それと同じような経験で、私が言葉が出ない坊ちゃんがいますよという話をしましたが、それもお母さんがいろいろな、ありとあらゆるところへ連れていかれたの。

大沼　そうですか。

丹羽　よく努力されたけれども、やっぱり言葉はうまく出なかった。まだ小学校に上がる前の3歳か4歳ぐらいの時に、お母さんが作っていたライスカレーのルーが入ったお鍋を下から押したかどうかで、お鍋が落ちてワーッと肩から胸に掛かって大やけどをしたのです。

救急車で運ばれて連れていく途中で、「痛いよ、痛いよ」と言ったそうです。お母さんは、「わー、言葉が出た」と言って、「先生、あの時は『痛いよ』って、確かにはっきりと言ったんですよ」とおっしゃる。

**大沼** ああ、やっぱり同じですよね。

**丹羽** それなのに、「『もう1回、痛いよって言ってごらん』と言ったって、言いやしません」と言われるから、「そりゃ、痛くないから言わないわよ」と。（笑い）「もういっぺん言ってごらん」と言ったって、無理ですよね。本当に心底からの叫びだったと思いますよ。

**大沼** だから、「怖いという感情の言葉は、はっきり言いましたよ」と言われました。だけど、「うるせーな」というのは本当に。（笑い）

**丹羽** 情緒を強く感じるのね。

## 「お父さん、ありがとう」

**大沼** それと主人が亡くなり、納棺して外に出る時に「カズ君、お別れだからご挨拶しなさい」と言っても、「いや、いや」と言って来なかったのです。でも「仕方がない」と思いまして、小学校の先生がついていてくださった。ところが、お棺を閉める時に、「お父さん、ありがとう」と言ったのです。私、それを聞いたら本当に何か胸が痛くなって泣いちゃって……。

**丹羽** ねぇ。

**大沼** 私は、「お父さん、大丈夫ですよ、カズを守るから」と言い、「カズ君は後ろにいるけど、カズ君はお父さんにサヨナラできないから」ということを知らせたら、後ろで「お父さん、ありがとう」と言ったのです。

その後、主人の遺影は絶対見られなくて、6カ月めになってやっと遺影を見ました。

上●富士霊園にて　2003.4　25歳　　下●山形にて　1988　10歳

パパを見上げて　1981　3歳

丹羽　遺影をね。

大沼　学校に行く時、「カズ君、お父さんに挨拶しなさい」と言っても、「いい、いい」って絶対見られなかったのですが、そのうちフッと「お父さん、行ってまいります」って言っているのです。それが数えたら6ヵ月目でした。自分の中で整理できたのでしょうか。うちは狭いし、お仏壇は上のほうに置いてあるのですが、それに向かって「お父さん、行ってまいります」って言ったのが6ヵ月後で、その頃は6年生になっていました。

施設から帰ってくると必ず、「お父さん、ただいま」と言います。お仏壇に供えてあるものを、「お父さん、食べなさいよ」などと言うのです。ちょうど目線が会うところに写真を降ろすと、食事中にも「お父さんおいしいよ」とか、「おいしいよ、食べる?」と言って写真に話しかけるのです。そういう会話は、他人様にはちょっと分からないと思いますけど……。

「カズ君、今日学園で何があったの?」と言っても、それがしゃべれない。そういうやりとりができないのです。それが寂しいですが、「今、袋作っているの?」と聞くと、「うん」と返事をすることはできます。

## 「イエス」「ノー」で答えられる質問を

丹羽　そうね。「今、何をしているの」というのは、相当頭の中で整理しなければならない。

大沼　そうですね。ちょっと難しい。

丹羽　今やっていることをまとめて人に話をすることは、メンタルな面の働きが必要になってきますよね。だから、どこからどういうふうに話していいか分からない。そんな時には、「こうやってる?」「ああやってる?」と言って、「イエス」か「ノー」で答えられるような質問を出してあげる。

お母さんたちには、「お子さんには、こういう順序で聞いてみてください。そうしたら、きっとお返事ができますよ」と言っています。「これ何?」と聞くと、そのものの名前を言わなければならない。こういう質問の仕方は、それは「何で」あるか、その名前を知っていることが前提ですよね。知っていて「言える」と言ったほうがいい。「これ何?」と聞いて答えられなかったら、答えられる質問にすぐ変えてみる。

例えばミカンを指して、「これリンゴ?」と言ったら、首を振るか「いいえ」と答える。違いが分かる。まず違うと言うことを本人に認識させて、「違う、そうじゃない」ということを表現させる。それから、「それじゃ、これミカン?」と聞くと、「うん」と言う。相違と同定とができるようになるのです。つまり、イエスかノーかで答えられるような、そんな質問の仕方をされると答えやすいでしょう? それができるようになってから、「何(what)」で聞くといい。母子の会話がスムーズで楽しくなるでしょう。リラックスして。

そういうふうに導いてあげればいいというのは、

---

私がアメリカで真理佐と電話で話をします時、真理佐の言葉がやはりうまく聞き取れないのです。真理佐と話をする時に、電話では本当に聞き取れない。真理佐と話をする時に、必ずお母さんが別の受話器で一緒に聞いていてくれて、お母さんが真理佐が答えられるようにうまく誘導するわけです。そうするとちゃんと意思が通じる。彼女は言語の専門家ですが、「ああ、こういうふうにするのか」と感心します。理屈では分かっていても、なかなか実際にやることは難しいと思いますけどね。

**大沼**　そうですね。いま袋を作っていて、その袋に手を付ける作業をしているのです。「カズ君、いま袋だよね」と言ったら、「うん」——。「どうやってるの?」と聞いたら、「パチン、パチンってやってる」と言って、こうやってはめるのを見せるのです。「いま何作ってるの」と同じことを聞いて、「ああ、また袋作ってるのね」と言うと、「うん」なんて言ってね。

**丹羽**　そう。お母さんお上手ですわ。

## 思春期はやってくる

大沼　お風呂に入るのも、自分一人で入ります。まえは頭も一人で洗わせていたのですが、中耳炎になってからは私が洗ってやります。「おかー、おかー」って呼ぶんですよ。(笑い)たまにやっぱり甘えますよね。まだ20歳ですから……。「カズ君、お母さんと入りたいの?」と聞くと、「うん」——。で、入りたくない時は、「お母さん今日一緒に入る?」と言うと、「いい、いい」って言います。(笑い)そういう時は、本当に大人っぽい感じですね。

一緒に入りたい時は、二人で入ります。「今日は、お母さん洗ってあげるわね」と言って洗うんですけど、オチンチンをちょっと洗うと、「ここエッチ」とか言うんですよ。(笑い)そうやって、性のほうもけっこう発達しました。性欲がないと聞いていたのですが……。

丹羽　弱いと本には書いてありますけれど、どうなんでしょう。

大沼　私も主人と二人で、「性欲がないっていうから、よかったわね」と当時話していたのですが、一生《かずお》をずっと見ていますと決してそうじゃありませんね。

丹羽　そうじゃない。あたり前ですよ。何か特別な印象を与えるようなことが書かれている場合が多い。それは個性だと思います。

大沼　私も一生《かずお》をずっと小さい時から見てきましたけど、違うんじゃないかしらと思っています。

丹羽　そうですよ。そして、本当に恋もするしね。

大沼　そうですか。

丹羽　本当に結婚のことも考えるし。結婚にあこがれる。

大沼　この間、品川のプリンスホテルに二人で泊まりまして、お正月を過ごしました。その時にお部屋に入りましたら、私は全然気がつかなかったのですが、すごくいい裸婦の絵が掛かっていました。「かーかー、エッチ。かーかー、エッチ」と言って指さすから、何かなと思ったら、裸婦の絵でお乳が出ている。「ああ、だからなのか」と思いました。

**丹羽**　なるほど。

**大沼**　ああ、ずいぶん大人になったんだと、ちょっと親としては、やっぱりドキッとさせられます。

**丹羽**　やっぱり皆さんそうだけれども、私もこの子たちがどのような思春期を過ごし、どのように大人になっていくのかについては、知らされなかった。というより、皆同じと思っていた。カズ君などのお相手をして、赤ちゃんの頃から、本当に私はお子さんと一緒に大きくなって、成長しました。お母さんだってそうでしょう。

**大沼**　うちもそうですよ。私は、一生《かずお》が先生です。

## 「二人の生活を大切に。そこに一生《かずお》を交えよう」

**丹羽**　私にも何百人という先生がいます。(笑い)

施設から週末にはお宅に帰っていらっしゃるの？

**大沼**　はい、金曜日に迎えに行きまして、それで戻ります。

**丹羽**　施設では専門家がそのつもりで育ててくださっているのですよね。

**大沼**　はい、そうです。

**丹羽**　そういうお子さんたちをどのように日常お世話したらいいか、どう指導したらいいかが、ちゃんと分かっている人たちでしょう。小さい時は、ご近所のおば様の子育ての常識でやっていただけたけれども、思春期に入る頃から、仲間があって、そしてわがままがあまり通らない。だけどとても楽しい。受け入れられているいいところのようですね。

大沼　そうなのです。本当にありがたいなと思っています。

丹羽　本当にそうですよ。いい道を選ばれたと思います。

大沼　そうですか。私は自分本位なものですから、主人も私も「一生《かずお》だけの人生じゃつまんないよね」と主人が言って、夫婦の生活も大切にしようという考えだったのです。私も同じ考えでした。私もずっとわがままできてしまいましたので、「一生《かずお》一辺倒ではなく、、やっぱり自分の楽しみも欲しいな」なんて思っていましたから……。

丹羽　当然でしょう。

大沼　主人もそういう考え方だったので、そのままずっときてしまいましてね。でも、そのために一生を捨てるわけではなくて……。

丹羽　そうそう。

大沼　一生《かずお》はやはり専門家に託し、我々二人の生活も大切にして、そこにまた一生《かずお》も交えて一緒に楽しむという考えでした。

丹羽　健康的ですね。

大沼　ええ。だから、そうやって来たと思います。

丹羽　でも、よくあなたはそれを実現なさった。ご主人が亡くなられて、否応なしというところもあったでしょうが……。

大沼　ええ、あります。

丹羽　しかし否応なしでも、何か後ろめたいとか、「こうしなければいけないのに、私のわがままなんだろうか」とか、そういうことでいつもモヤモヤしながらではなく、自分できちんと割り切っていられる。

大沼　この選択でよかったかなと思います。やはり最初は「一生《かずお》を自分の手で引き取って、また誰かおばさんを頼むことにすればよかったのかな。ああ、だけど違うわよ」という感じでした。はじめは土日ごとに学園を訪ねていたのですが、そのうちに私が倒れてしまいました。それで1週間自宅療養してから、またお勤めに出ました。でも、やはり過労になってしまった。そうしましたら学園の先生が、「大沼さん、一生《かずお》君を不憫だと思う気持ちは分かるけど、そんなに毎週来なくてもいいんですよ」とおっしゃった。それで、一週間おきに行くことにしたのです。今も、ずっとそれを続けているのですが……。

丹羽　そうですか。よかったですね。

大沼　そうすると、土日で一生《かずお》が来ないとちょっと寂しいのですが、「ああ、自分の時間もあるんだ」と。

丹羽　そうですよ。

大沼　それで、やりたいこともやれますし。

丹羽　ほっとする時間を持つことは、外で仕事をした者にはとくに必要です。

大沼　そうですね。

丹羽　ほっとする時間は命の洗濯です。週末をゆっくりと過ごせて何よりです。

大沼　小学校、中学も高校もそうですが、皆さんお勤めしていない専業主婦ですよね。「こういう子を抱えていたら、お勤めなんかできないわよ」など、やはりいろいろと言われましたが、馬耳東風でずっときました。「ああ、言われているけど、私はあの方たちとは環境が違うんだから」と思ってきましたからよろしいんですけど……。でも、これはわがままだと思いますが、あの子が一日ずっといたら本当に……。

丹羽　あなたまでおかしくなっちゃう。

大沼　反対にね、一生《かずお》に対して「あなたがいるからじゃないの」と感じてしまう。そういう気持ちになってしまうかもしれないと、それを恐れます。

丹羽　それは言えますね。

大沼　だから「私の選択はよかった」と、自分に言い聞かせているのですが……。

## 「あなたは社会のために、お勤めしなさい」

丹羽　あなた覚えていらっしゃるかしら。ここで最初に一生君《かずお》をお連れになって、2回目か3回目だったかしら、「私は、仕事を辞めなきゃいけないでしょうか」と私におっしゃったので、「それはご本人が決定されることだけど、あなたにとって辞めていい仕事なんですか」と言ったの。

大沼　ああ、そうですね。覚えています。

丹羽　「辞めていい仕事ならいいけれど、仕事とあなたというのは、これは誰にも代われるものではない。一生君《かずお》がこういう子どもだから、どうしても母親がついていて、四六時中目を離さないようにしてあげなければならないと考えて仕事を辞められるのだったらそれでいいでしょう。でも、もしその仕事があなたにとって非常に大きい位置を占めているものだったら、辞めないで何とかやっていく方法を考えてください」と言いました。

大沼　よく覚えています。先生は、「あなたは社会のためにお勤めしなさい」と言われたのです。「あなたは社会のために」という言葉が、とても印象に残っています。

丹羽　それは本当にあなたに申し上げたのよ。専業主婦、専業ママの方ならば、何もそういうことを言うことはありません。でも、しっかりと仕事を持っている人というのは、仕事は離すことができないものです。自分の生き甲斐でもあるわけでしょう。でも、それを放棄すると、「この子のために、仕事を辞めなきゃならなかった」なんて、しみったれた思いになっちゃうじゃないの。

大沼　本当に先生のお言葉がすごく身にしみて……。それで役所の上司が「頑張って来なさい」と言ってくれたのです。ですから私は、「よく勤めてるわね」とよく言われましたが、上司と心理の先生、それから小児科の先生に「『あなたは社会のために、お勤めを続けなさい』と言われて、その言葉できたのよ」と、皆に話します。ですが私は、あの時に先生にいろいろとお話を伺わなかったら、多分辞めていたかもしれません。あの言葉が人生を決め、支え続けてくれたと思います。

丹羽　あなたはずっと欠かさず一生《かずお》君を連れて来院されました。私は、私のアドバイスを生かすために一生《かずお》君の成長と発達をあなたと二人で見守り続けることができました。必要な助言もできました。おかげで、無責任な発言に陥らないですみました。

　最後に、一生《かずお》君のいる施設について話してください。

大沼　沼南《ショウナン》育成園と言います。社会福祉法人桐友学園の成人部です。

丹羽　よいところを見つけられました。

大沼　それが市のほうで見つけたのです。

丹羽　そうですか。

大沼　沼南育成園の敷地内に子どもの施設があって桐友学園といいますが、中学と高校まであります。中学からそこに入りました。高校を卒業してからこの作業所、沼南育成園という大人の施設に入れてもらいました。

丹羽　よかったですね。この間テレビでもやっていたけれど、今はなかなか入所が難しいらしいですよね。

大沼　何か一生《かずお》と私はいい方向にいい方向に行っている。何も努力しなくても、できてしまうのですよ。

丹羽　ありがたいことね。

大沼一生《かずお》くんへ

　自立第一号。お母さまのお勤めの行き帰りに、近所のおばあさまの家に預かってもらい、お役所から一時間余りの道程を家に駆け帰るお母さまにおんぶされてお家に帰りましたね。そんな家族三人の楽しい日が過ぎていきましたが、何としたことか、お父さまが急逝されました。悲しい日にお母さまを慰め、自分の悲しみを抑えて施設に入り、週末ごとにお家に帰り、お母さまと楽しい水入らずのときを過ごしたとか。その後もずっと施設の作業所で働き、生活し、週末は今定年になられたお母さまと楽しく過ごしているとか。あなたもお母さまが役所を休んで、一ヵ月に1回、小学校に上がるまで花クリニックに通い続けられましたね。遊びが楽しくて、帰りたくないとだだをこねたあなたは、お母さまの「ハンバーグ、カレーライス」などなどに誘われた末に、やっと帰って行きましたね。はっきりとよく覚えていますよ。

# 「母親の手の温もりを子どもに伝えなさい」

橋本留美子（はしもと　るみこ）さん
橋本さやか（はしもと　さやか）さん

## 子どもに育てられた

丹羽　早いものですね。さやかちゃんが初めてここに見えた時は、生後4ヵ月の桜色のほっぺの、それはそれは愛らしい赤ちゃんでした。私は孫の真理佐を、さやかちゃんに重ねて見ていたことを覚えています。20年近く経ちましたね。立派に大きくなられた！　あの頃の方たちで、同い年のあなた方はみなお友だちになられた。

高橋通雄君（本章194頁）が、お母さんと赤いバラのブーケを持って、ここに見えました。高校卒業の報告だといって……。新しい背広姿がまぶしいようでした。過ぎてみれば20年ですが、その間にいろいろなことがありましたでしょう。その間も何やかやと、あの頃の方々とは消息を取り合ってきましたので、不思議にご縁がつながっているのですが、今日はお母さんに、改めてその20年を語ってもらおうと、楽しみにお待ちしていました。

橋本　20年経った今だから言えるのですが、自分が育てたと思っているけれども、本当は子どもに育てられたのだと、つくづく感じます。

丹羽　そうですね。私も、お母さんと子どもさんによって育てられたと思っています。大学で教えていた時や研究生活では思いつかなかったことを、日々の出会いの中でハッと気づいたり、「なるほど、これだ」と悟ったり、私もこの20年をそうやって過ごしてきました。

## 普通の子に許されないことは、この子にも許されない

橋本　私はただただ育てなければいけないとばかり思って、張り切って使命感のようなものを感じ、自分のところに生まれたというのは、育てる能力があると見なされたからと思ってきました。

「育てられない所には与えられない」――と聞いたことがありますが、育てられる所だから与えられたと……。環境もそうですし、親子の関係もそうなのだろう。だから、最初は使命感のようなもので、「何とか大人にしなくてはいけない。社会人にしなくてはいけない」――。大人になった時には、「自立した人間にならなくてはいけない」という思いが、非常に強かったです。

早く自立させようと思って多少失敗した面もありましたが、子どもを大人にするということは、親が大人にならなければならない。社会的な意味で、今の社会は大人になりきっていない人がたくさんいますね。自分のことに責任を持てない、権利は主張しても義務は果たさない。やはり大人になるということは、自分も大人にならなくてはいけないと思うようになったのは、最近です。

さやかが20歳近くなって、この子は今年は成人式だが、私はこの子を20年育ててどうだっただろうか。自分はどう変わったのか。途中でどんなこ

とが影響してさやかが大人になり、また私も大人になれたのか。一方で、私も仕事ができるようになったり、社会人として育ったのだから、振り返ってそれはどういうことだったのかと思いました。

そして、大人になるには健康な大人になってほしい。そのためには、基本的な生活習慣が身についていなくてはならない。それには、いつも先生がおっしゃっているように、必要な時に必要なことをする。「この子にとって、今必要なことは何か」――といつも考えました。人と比べてはいけないだろうが、普通の子どもだったらどうだろう、普通の子どもでこのくらいの年齢ならどんなことが許されてどんなことが許されないだろうか、といつも考えていました。同じようにできなければいけないとは思っていなかったけれど、よく障害児のお母さんは障害児の声だけ聞いて育てる人が多いのです。「この子は障害児だから許される。また、みんなまわりも許してくれる」――。そういう育て方はしたくないと思っていました。

確かにこの子は障害はあるけれども、大人になった時には、許されることと許されないことは同じだと思っていました。だから大人になって、「普通の子が許されないことは、この子も許されない」――。そういうことを大事にして育てたことが、正しかったかどうか分かりません。ただ、さやか自身はいろいろな所へも一人で行けるようになりました。

## 身についた社会性
### ――一人で行動する

**橋本**　先日、埼玉の教会で牧師をなさっている友人のところへ、さやか一人で泊まりに行きました。行く時は、ご主人の車で迎えに来てもらって行きましたが、次の日の日曜日、東川口から一人で帰って来ました。初めて乗る電車なので、行く前に駅の名前を書いた紙を持たせて教えておきました。そして「お母さんは心配だから」と何回も説明しようとしましたら、「電車の中のアナウンスを聞いていれば分かる」と言うのです。「でも、アナウンスしない場合もあるし、分かりにくいこともあるから」と言いましたら、「外の字を見ていれば分かるから、そんなに心配しないでもできる」。「じゃあ、乗り過ごしたらどうするの」と聞くと、「その時は、元に戻ればいい」と言います。

ともかく、翌日は勢いよく電車から降りてきて、いい顔をしていました。途中眠くなったけど、大丈夫だったそうです。ちょうど4時に電車に乗せてもらって、約45分くらい乗っていて、4時45分に駅で待ち合わせしました。あちらへ行って、友だちとちゃんと遊んで、次の朝、教会で説教を聞いたそうです。「どんな話だったの？」と聞くと、「暴力の話と何かの話を3つくらい聞いたよ」と言いました。「よく聞いていたな」と思いました。

その後、教会でバーベキューをしたり、非常に有意義な楽しい一日だったようです。そのようなことに関して、自信を持っています。どこかへ泊りに行く時は、持ち物は全部自分で用意して確認していました。ちょうど、私は前日外出したので会っていませんでしたが、自分で用意しました。前もって炊き込みご飯を用意して、「持って行くように」と言っておきましたが、あとで見るとお釜に残っていたので、「どうして？」と聞きましたら、必要な量だけを密閉容器に入れて、持って行ったそうです。気がきいていて、社会指数は非常に高いです。

ずっと長く続いているダンスに、今度青山まで一人で行きます。「分からなくなったら、どうするの？」と聞きますと、「駅員さんに聞くからいい」と言います。「三鷹へ帰りたいと言えば、教えてくれるから大丈夫」と言います。また、CDが出ると聞くときちんと予約に行きます。そして、名前と電話番号を書いて来ます。「いついつは回り道をしてくるので、遅くなるけど心配しないように」と言われています。

丹羽　それはそれは。あなたのお子さんですね。

それ以外の何ものでもない。さやかちゃんは、あなたの生き写しみたい。

橋本　でも、私は社会性はないし、あのようではないし。

丹羽　いえいえ、あなたの苦労が彼女をそうさせたの。でも潜在性はあったのよ。

橋本　私はからだがあまり強くありませんでしたし、女の子ばかりの学校で、いつも庇《かば》われて大きくなったので、自分で何かをするということがなかったのです。いつも母が手を出していました。いまだに母はいろいろ口出しして言います。

さやかは、この間は意気揚々としていて、そういう意味ではよかったけれど、でもやっぱりお友だちができないのです。さやかのように、いろいろ高度なことを考えたり、先の先まで考えて話をする子は、障害児の中にはいないのです。

丹羽　普通児の中に、交わりの機会はないものかしらね。例えば、教会やYMCAのキャンプなどに参加してみるといいと思いますけど。そういうところで、いい相手が見つかるかも知れないし。

橋本　そうですね。今のところ仕事を始めてまだ1年なので、そちらの雰囲気に慣れなければいけないし、たくさんのことに、自分がもっと違う人間だと感じてしまいすぎると難しいです。自分はもっと違う社会に行きたいと思っているかも知れない。でも今のところは、社会の受け皿がないから、作業所などへ行くか家にいるより方法がありません。

その辺は本人に聞いても分からない部分もあるし、いろんなことを考えすぎて、いくぶん被害妄想のような点もあります。想像力が膨らみすぎて、分かっている相手と話しているうちはいいけれど、やはりその辺が気難しいこともあります。私も気難しいところがあるので、自分を見ているようでいやですが、ズバッと言うことがあって、「こんなことを言う子だったのかな」と思うほど、鋭いことを言います。

テレビで耳新しいことを聞いて、自分が知らない言葉に関しては、すぐに「あれは何?」と聞きます。私は下の子に代わってもらいたいくらいです。さやかは言葉に関しては、非常に鋭いです。だからテレビ、特にニュースなどはよく見ていて、分からないことは聞きます。社会的なことは、かなりの部分で理解できるのかも知れません。

## 「大人になった時に、社会人として生きられるように」

丹羽　頼もしいですね。ここまでになられる過程をもっと伺いたいです。自由にどこからでも、小さい時からでも。

橋本　小さい時からどうやって育てたかと言われると、一つの信念があるだけで、ほかには何もなく、それは「大人になった時に、社会人として生きられるように」ということです。社会の中で生きることができるように育てたいという願いでした。あとは健康で、障害児ですからこれ以上障害を増やさないで、不慮の事故に会わないように、なるべく病気をしないで健康であってほしい。それが一番大きいことでした。

もちろん、字が書けるようになってほしいということはありましたが、それはあまり焦ることではなく、いずれは書けるようになるので、ともかく健康でなければそれもできません。そして、大きくなった時に、私の中で「さやかだけを育てたということで生きたい」とは思っていなかった。ですから、「早く大人になってほしい。自分のことは自分でできるようになれば、少なくとも私も私の人生を生きられる」と思いました。

中学・高校と学校を卒業するまでは、何とか一緒にいてやらなければならない。でもその先は、お互いに仕事をしたい。私は、さやかが中学生くらいから、どこかで仕事をしたいという気持ちが強かったので、彼女にも無理難題を押しつけて、もっとお母さんと一緒にいたかったのに、「早く自立しなさい」と厳しく言った面もあったかも知れません。

高校最後の夏休みに、一人でいなければならなかったこともありました。そういうストレスのために腸炎になったのかも知れません。それで2週間くらい入院し、看病しました。私が仕事を始めてからの夏休みでしたが、私の仕事は昼には家に帰れるので、昼食は一緒にとりましたが、やはり彼女にとっては大きな試練であったかと思います。

高校に行くと、やはりいろいろな子がいる。自分が一番ではない。自分の言葉が相手に通じないこと。また、見た目にはさやかは子どもに見えますが、何を考えているか分からない部分もありました。自分が話したい内容と、相手が話したいことが違っていたりで、学校の先生とは話はできたけれど、子ども同士はなかなかできなかったようです。

さやかはもっと深いところで話し合いをしたいと思っているらしいけれど、相手はその場限りで次の日はまた違う。彼女にしてみれば、もっと継続してやりたかったようですが、相手はそれを望んでいない。そういうズレがあるのではないかと、先生はおっしゃっていました。中学まではそういうことはなく、高校に入ってからです。

丹羽　高校に入ってから、さやかちゃんがここへ来たことがありました。その時こう首をかしげて、ここへ座っていました。帰りにはJRのホームで、「先生」と言って私の手をとってくれました。「さやかちゃんに、手を引いてもらうようになった」と言っていたことをよく憶えています。

## 夫婦の不和の影響

橋本　その頃から、私と夫の間で少しうまくいかない部分があって、それも大きく影響したのではないかと今になって思います。夫が仕事を変わって自分でやるようになって、経営状態がそれまでと違いましたが、私自身はそれまでと同じようでありたかったのです。子どもたちが習い事をしていて、止めさせたくなかった。そのためには、自分が働かなければならない。そこへ夫に対する苛立ちのようなものがかなりありましたので、彼女自身非常に傷ついたと思います。

それは、さやかが高校に入る頃で、私自身が夫に対して大きく変わってしまったこともあり、それがかなり影響したと思います。私が表に出さないようにしていても、さやかは気づいてしまいます。こちらがいくら隠しても隠せないことがあって、それを感じてしまい、彼女はそういうことから主人を嫌いになりました。それまでは非常にお父さんが好きだったのに、嫌いになった。思春期はそういうものだとは思いますが……。彼女は、私の夫に対する態度が変化してしまったのを見ていました。

丹羽　そうでしたか。

橋本　それがさやかを大きく傷つけた部分だったと思います。彼女自身も、お父さんとお母さんがあっちとこっちを向いていた状況の中で困ったでしょう。難しい年頃になっていましたから。

丹羽　私もこの年になって思いますけど、人間が人間らしくあるためには、その間にいろいろなことがある。ことがある。ある時には好ましくないようなこともありますが、子どもにとっては、それがみんな血肉になっていって、でもそうなるためにはやはり小さい時の関係がしっかり培われているということがとても大事なことだと思います。

橋本　父親とさやかの関係は、小さい時からしっかりと基礎の部分はできていたと思いますが、彼女はきっとお父さんもお母さんも、自分が思っていたのとは違う部分がたくさんあって、それを見抜いてしまったこともあったと思います。下の子どもがよく言っていたことですが、「お父さんとお母さんは、仲が悪くてもずーっと一緒にいてほしい。別れてなんかほしくない」――と。それは、自分の友だちで何人も、お父さんとお母さんが別れてしまったことを見ていて、自分の親がケンカしたり仲が悪かったりするのが見えるので、そう言ったと思います。さやかは、そういうことはよく聞いていますから。
今は、私と夫との関係は前のように悪くはないけれども、淡々とした状況になってきたので、多少は落ち着いたかなと思います。それまでケンカしたことのない夫婦でしたし、子どももそれを見たことはなかったので……。お金が全てではないけれども、変わってしまった部分もあり、こちらも苦労したことも多かったわけです。割り切ってしまった部分もあります。大人になって分かってきたこともあったでしょう。

丹羽　そういうふうにして、成長していくのですね。

橋本　さやかは何でも非常によく見ているので、強く響いてしまうのです。それで少し難しいかなと困ることもあります。でも隠しようがないのですね。いつもいつもお父さんとお母さんは仲がいいとはいえないということが、悲しいけれど分かってしまった。

一番難しい高校3年間は、彼女にとっても大変な時期でしたし、こちらも大変な時期でした。生活を何とか立て直さなくてはいけない時でしたし、そのような選択をした夫を責めてしまったこともありました。責めたからといってうまく運ぶわけではないのに、やはりいらだちが募ってしまって……。それを、さやかが見てしまいました。

## 姉弟《きょうだい》の関わりが育むもの

橋本　でもさやかには、自分の世界があります。相撲がとても好きで、コンビニへ行ってもそういう雑誌はすぐ目について買っています。買い物も千円くらいから2、3千円のものは分かっていて買います。今は売る側も良心的にレシートが出ますし、千円くらいまでは確実にわかっているようです。電車に乗る時も切符の買い方は分かっていて、自分で買いますし、乗り過ごした時は調整しているようです。小さい時からいろいろ失敗もあ

上●おひなさま　1980.3.3　3歳
下●両手をひろげて

著者と　2003

りましたが、きょうだいとも比べなかったし、友だちとも比べなかった。そういうことは、一度も言ったことはありません。弟も姉を姉として見ていてくれた。

丹羽　すてきですね。よいきょうだい関係ができる秘密を伺ったような気がします。私は、今回皆さんのお話しをずっと聞いていて、きょうだいの持つ力はとても大切だと思いました。上か下か年齢の違いもありますが、それぞれにエピソードがあって、一人だけ外してみるのではなくて、やはり家族という関わりの中で考えなければいけないと思います。仲のよいきょうだいの間には、何とも言うに言えないものがありますね。

橋本　そうですね。うまく育てていくというのがどんなものかは分かりませんが、きょうだいがいて心傷ついて障害児が大きくなるのと、そうでないのとに分かれるかなと思います。

　下の子が生まれて気をつけたことは、その子は一人の人間で、さやかを見なければいけないということがないように、たとえ障害があっても同じ立場のきょうだいだ、自分がさやかのために何かしなければいけないと思わないで育ってほしい。けれども親ですから、どこか心の中ではいつも気づかってほしいとも思います。でも、それが彼の心の負担になるようなきょうだい関係にはしてほしくない。

「自分で自分のことはしっかり見つけていってほしい。でも、もし何かあった時には助けてやってほしい」と言ってあります。

　とはいっても、必ず助けてほしいとは言ってなくて、ある意味では、もしかしたらそれは私のプライドのようなものでしょうか。弟には彼の人生があり、さやかによって変わることがないようにと気づかっています。精神的には、もちろんいろいろ影響を受けて変わってほしいとは思いますが……。世の中にはいろいろな人がいて、強い人ばかりがいるわけではないということに気づいてほしいと思っていましたし、公平な見方で見てほしいと思っていました。将来さやかがいるために、そういう職業につく必要はない。ただ、本人が選べば別ですけど……。

いまも同じ家にいて、彼は彼なりにしています。私が出かけていない時には、彼がさやかのことを見てくれています。さやかは「いちいち言われたくない」などと言っていますが……。これから先のことは分からないけれど、現時点ではお互いに頼りないようなきょうだい関係ではないと思います。

彼は、「何も変わらない。普通の人と同じだ。どこも違わない」と言います。どうしてもいろいろな問題をかかえて寂しそうにしていて、よく私に話しかけてきます。14歳という年頃で、話が長くなってしまいます。それをさやかは聞いていて、自分はその中に入れないので寂しい思いをするらしいのですが、それを彼は気づいて「やめよう」と言います。彼は彼なりにいろいろなことを私に聞いてもらうことで、緩和できるのだと思います。

さやかはそれを聞きながら、「お母さんは私とはあんな話はしない」と、非常によく見ています。別に楽しい話ではなく、深刻な話なのに「すごく楽しそう」と見ています。

丹羽　それはさやかちゃんにとっては、うらやましいと思えるのでしょうね。

橋本　さやかは作業所の友だちのことで、同じことを繰り返して言うので、いつも内容に広がりがありません。でも弟のほうは、クラスのことなどいろいろなことがあって、それを吐き出さないではいられないのでしょう。

丹羽　でも、お母さんに吐き出すのはいいことですよ。

## 「お母さんは、普通のお母さんと違う」

橋本　「なぜ、私に話すの？」と聞いたことがあります。そうしたら彼が言うには、「お母さんは、普通のお母さんと違う。同じことを言わない。

そして結論をはっきり言う。ぐちぐち言わない。それと、勉強しろとか早くしろと言ったことがない」と言いました。

私は話を聞いて公平な見方はするけれど、それで「こうしなさい」とは言いません。「それはあなたの考えることで、私がどうこうと言うことではない。最終的には、私はそう思うけれど、あなたの考えではない。だから、お父さんにももう一度同じことを聞いてごらん」と言います。「女の見方と男の見方は、異性という意味と社会的な見方で違うから、必ずしも私の意見が正しいとは言えないから」と言いますと、夜父親に聞いています。

さやかがいていろいろな話をして、いろいろ考えて子どもを大きくしましたが、弟のほうを育てるに当たっては、行き過ぎないようにするというのが、私のテーマだったのです。さやかのように、きっちり懇切ていねいに道を追ってはいけないと思っていました。この子は普通の子どもなのだから、解釈する能力がもっと広範囲にあるだろうし、自分で考える力があるだろうという思いが強かったのです。きっちりやらないということを一つの目標にし、なるべく自分で考えさせてきました。

それがうまくいったかどうかはまだ分かりませんし、学校の先生の受けがいいということがいいとは思っていませんが、先生がおっしゃるには「大人の言葉が通じる子ども」だということです。「今の子どもには非常に通じない部分があるのに、よく通じる」とおっしゃいます。いいほうに解釈すればいいけれど、反対だと難しいことだと思います。それはきっと、さやかと私が話をする中で彼が感じとったものでしょう。

**丹羽**　あなたとさやかちゃんの話、あなたと弟の話を両方に子どもが聞き合っているうちに、そこに自分の世界だけじゃなく別の人の世界がある、そういう見方があるといつも認識することはとても大切なことだと思います。

**橋本**　さやかが時々、「タカ君はいいね、いっぱい友だちがいて」と言いますが、「でも、大変なんだね」とも言っています。あまりくやしくて分かってもらえない時、泣いたりすることがあると、「お母さん、タカ君大変なんだね」なんて言います。いつも弟が強いのではなく、泣いている部分を見ているのですね。狭い家なのですぐに分かるんです。

さやかは疑似体験というか、実際には自分は体験していないことでも、弟の話や私との話で分かっているかのようなことがあります。弟のバレーの試合でも、いつもさやかを連れて行って、友だちのお母さんたちと話したり、食事を一緒にすることもあります。本当に自分は体験はしないけれど、いろいろな話を聞いて、作業所とはまた違う世界を見るわけです。作業所は同じ障害を持つ人たちの集まりですが、学校は違う集団です。

## 九つまでに身につけさせる「基本的生活習慣」

橋本　養護学校は小さい時から行っていましたが、習い事は全部普通の子どもと一緒の所に行かせていました。別に差別するのではなくて、普通の社会を知っていないと困ると思ったからで、それをより多く体験させるためには、そういうところに行かせたほうがいいと思ったからです。さやかはあまり長い時間、障害がある子どもと一緒にいると疲れるのです。

土曜日や日曜日にいろいろな教室があるので、行かせようとしますが、いやだと言います。「自分一人で買い物をしたりするほうがいい」と言います。三鷹市にはそういう所がいろいろありますが、本人が行きたがりません。でもこれからは、日曜日には何かさせようとは思っていますが、なかなかふだんは忙しいということもあります。

お友だちから「泊りに来て」と言われて行きま

すが、泊まりに行くということは基本的な生活がしっかりしていないとできません。行った先の家で、いちいち手出しをしてもらわないと泊まれないのでは、行かせられません。少なくとも彼女は声をかけてもらうだけで、かなりのことはできますが、それが手とり足とりでは預かるほうも大変です。その部分がやはり大事なことだと思います。

ですから、字を書いたりすることよりも、基本的な生活がしっかり身についていることのほうが、どこへ行っても助かることです。それは小さい時期にきちんとやることですね。几帳面過ぎるくらいやっても、やり過ぎるということはありません。

**丹羽**　それは年齢的にはいつ頃ですか。

**橋本**　小学校の間だったと思います。中学校になったらほとんどしていません。普通の子どもでいうと《つがつくまで》といって、ひとつ、ふたつ、みっつ、よっつ、と「つ」がつく歳から、「とう」になると次の段階になるので、9歳までが一つの区切りと考えて、それで小学校までと考えたわけです。

小学校の間にバスの乗り降りは教えておきたいと思っていましたから、段階は踏みましたけど、何とかできるようになりました。小さい時、小学校に上がる前に、食べることと排泄はしっかりやりました。それといわゆる基本的な生活習慣、朝起きて歯ブラシをして顔を洗い、着替える。そうしないと食事にならないということ、また食事が終わるまで絶対に動かないことなど。

下の子どもは教えていないので動きます。やはり小さい時に、きちんとやっておけばよかったと思います。いくら注意しても、すぐにチョロチョロ動いてしまいます。さやかは今でも「ごちそうさま」と終わるまで動きません。もちろん、ものを食べながら動くことがないので、まわりが散らかることはまずありません。小さい時はビニールシートを持って出かけましたので、こぼれてもその場所を汚すことはありませんでした。それがない時は新聞紙を使いました。

さやかには、きれいに食べることも小さい時から教えましたが、下の子は教えなかったので、今でもだめです。箸の使い方もさやかはきれいに持ちますが、下の子は変な持ち方をします。今になって、「はずかしいから直しなさい」と言っても直しません。さやかのことを見て習わなかったのかと思います。あまりスプーンとフォークは使わせないで、小さい時から箸を使わせるようにしました。ちょっと姿勢が悪いので、直してほしいと思っています。

**丹羽**　姿勢が悪いのは、一つには骨格の問題もあるのではないかしら。

**橋本**　あると思います。足が着かないのであぐらをかいたり、座ると前かがみになったりします。肘をつくということはありませんが、どうしても下を向いて食べています。もう一つには目もあると思います。でも視力は0・6くらいで、結構見えるほうではないかと思います。

電車やバスに乗っても、あっちこっち向いたりしないできちんと座っています。後ろ向きに座る子どもさんがよくありますが、してはいけないことを知っていて、しません。

## 「結婚したい」という気持ち

**橋本**　いま、精神的な部分だけで彼女が望んでいることは「結婚したい」という気持ちが強いことです。一時よく言っていました。この頃あまり言わなくなりましたが。

以前は、「私の夢は、結婚して赤ちゃんを産むこと、子どもを育てること」だと言っていました。私は「だめ」などと言ったことはありませんが、「赤ちゃんは神様からの授かり物だから、みんながみんな産めるわけではないの。子どもがいない家もあるし、みんなが産めるわけではないので、あなたが産みたいと思っても、それは神様しか知らないことなの」と話しました。

だめだとはいえないし、それが一番角がたたない言い方だと思いました。今の状況で産めるかどうか分からないし、産んでも育てることができるかも分かりません。ただ一緒に暮らすことだけが結婚ではなく、本当に結婚することがどういうことかが分かっていません。いろいろな意味で性の問題もありますし、だから前のようには言わなくなりましたが、一時期、非常に言っていた時期がありました。

丹羽　私、写真集を持っています。「好きなんだよね」と、本当に憧れの目で好きなお嬢ちゃんを見ている写真集ですが、二人が出会って一緒に景色を見たりしている写真と、いつか彼女がほかの男の子と一緒にいるところを見て、「何だ、なぜ?」と不思議そうに見て、夢破れて、でも恋がしたい、好きな人がほしいと、それはそれはきれいな写真集なのです。

やはり異性に対する憧れだとか、友だち同士の喜びを彼らに持たせてあげたい、味あわせてあげたいなと思いますけど……。

---

橋本　ただ非常に難しいのは、こちらが好きになっても、相手がそう思ってくれなければ成り立たない。高校時代に彼女が体験したのは、自分がいいなと思う子はほかの子もいいと思うわけです。自分が好きではないと思う子が寄って来ても、さやかは好きになれない。彼女は面食いで、背が高くすてきな人がいいのです。

最近満足しているのは、テレビを見ていいと思って満足して、写真や雑誌の写真を眺めて「ニヤッ」としています。プリクラとかカードを集めて眺めています。今はそれが楽しみのようです。それから、作業所で女の子たちが話しているのを聞いて覚えてきて、CDの発売などを知って買いに行ったりします。男の子も何人かいますが、彼女の好みに合う子はいません。親切にしてくれてもだめで、男の子を見る目が厳しいですね。私はそんなに面食いではなかったですよ。夫と結婚したくらいですから、大したことありません。

いまは反町隆史が好きで、背は180センチくらいあって格好いい。このごろは全然漫画を見ないでトレンディドラマ専門で、もう大好きです。私など分からないのによく覚えていて、「今日は〇〇がある」とテレビ番組にくわしいこと。ということは、番組表を見ているのですね。

着るものも、あまり子供っぽいディズニーのキャラクターのようなものは着たがらなくなりました。

## 「ことあるごとに話しかけなさい」

丹羽　葦《かな》ちゃんなどと遊ぶことがありますか？葦ちゃんは、あまり言葉が出ないからどうですか。

橋本　葦ちゃんは覚えてないかも知れないけど、さやかは葦ちゃんのことはよく覚えています。1年に1回くらい会ってもすぐに遊べますね。「この前葦ちゃんに会った時は、あれをしてあげたね」などと言っています。そういう意味では記憶力はあります。あんなにしゃべれるとは思っていませんでした。

丹羽　言葉で覚えるのね。

橋本　お母さんが、おしゃべりのせいかもしれないと思います。

丹羽　それはありますよ。お母さんがあまり口を開かないで、クシャクシャと話されると、子どもは聞き取りがあまりよくありませんし、そういう子どもはあまり話をしません。もうちょっとはっきり話されるといいのにと思います。

橋本　私はさやかが小さい時から、赤ちゃん言葉はいっさい使わないようにしてきました。そしてなるべくていねいな言葉で話をしようと心がけてきました。それがうまくいったかどうか別として、さやかに話す時には、なるべくていねいな言葉づかいと分かりやすい話をしようと、気をつけました。私はいつも早口だと言われ、分かりづらいのでゆっくり話せと言われましたので、小さい時にはゆっくり話すようにしました。ある時、彼女が機関銃のようにしゃべって、母親の言葉をよく聞いているなと思いました。言葉の種類が豊富かどうかは分かりませんが、しゃべることが嫌いではないと思います。

丹羽　私はさやかちゃんが小さい時からの言葉の発達を見て来ましたが、あんなに言葉を、はっきりとたくさん言えた子どもはなかったと思います。

橋本　口の障害が少なかったこともあるかなと思います。解剖学的に少しつぶれていた部分はあったかも知れませんが、舌を出していたことはあまりなかったです。

丹羽　解剖学的にはあったかも知れませんが、言葉にはいろんな要素があって、何がどうと一言には言えないけれど……。

橋本　先生が、さやかが小さい時におっしゃったことを、私ははっきりと覚えています。「ことあるごとに話しかけなさい」とおっしゃったんです。分かっても分からなくても、必ず朝は「おはよう」、通りすがりにでも、機会あるごとに「今日はいい天気ね」とか、「外は青い空よ」と言いなさい。ガラガラが回っている時は、ただ回すのでなく「赤いガラガラよ。青いのもあるわよ。これは黄色よ」と。小さい時から、頭の中にたくさん言葉を溜めてあげてほしいとおっしゃったんです。そうしたら必ず言葉は出るから、あせらないでと。

丹羽　覚えていないけれど、我ながらいいことを言いましたね。

橋本　そして同じ本を1ヵ月読み続けました。『うさこちゃん』『うたこちゃん』の本を、もうあきるかと思うほど読み続けました。そのうちに下の子ができて、下の子は本を覚えていました。言葉に関しては、先生はそうおっしゃったのです。

丹羽　私は責任を感じるけれど、いいことを言っていたのね。それをまた、あなたがよく覚えていて実行してくださって。

## 悲しみが通り過ぎるのを待った日々

橋本　はるか20年前の私が若い頃、最初ここへ連れて来た時、「こうして母親の手の温もりを子どもに伝えなさい。それがいまは悲しくてつらいかもしれないけれど、触ってやることによって、お母さんの温もりが子どもに伝わるのよ」――。先生は、覚えていらっしゃるかどうか分かりませんが、私は毎日毎日そうしました。悲しくてほかにすることもなく、子どもに触っているほかない時でした。自分の悲しみが、通り過ぎるのを待つほかなかったのです。

　通り過ぎて次のことを始めるまではどうすることもできないから、それしか教えてもらっていないので、それを信じて自分がいいと思ったらそれをやるしかないのです。そのことで、子どもは少しずつ大きくなって育っていくと、この子はこんなに大きくなれたと分かる訳ですが、分からない時期は信じてやるほかありませんでした。やはり、自分の心も何かを信じたいし、誰かにすがりたい。でも、肝心の夫は仕事でなかなか家にいない。ですから私はよく泣いていました。今は泣かない女になってしまいましたが……。

丹羽　幼稚園から小学校に入れる時に、ご主人が「普通ではやっぱりかわいそうだよ」とおっしゃり、幼稚園で普通の子どもと一緒に見ていて、泣けて泣けて、一晩中泣いていたとおっしゃいましたね。

橋本　あの頃はよく泣いていましたが、しっかり育てなければいけないという思いが強くて、泣いてなんかいられなくなりました。障害児であっても、普通児であっても、人の助けを借りて周りの方に育てていただくのですが、それに甘えて当然のことだと思ってはいけない。普通の子に許されないことは、障害児にも許されない。大人になった時に、していけないことといいことはきちんと教えておかなければいけない。

　でも、大きな勘違いをしている人がたくさんいます。甘やかして、やりたい放題やらせて、大きくなった時に収拾がきかないですもの。大人だってできないことを、ましてやハンディを負った障害児に修正し直すのは大変で非常に難しいことはよく分かるはず。今まで許されていたことを、「明日からだめです」と言っても、できるはずありません。息抜きはしなければいけませんが、基本的にどうしても許されないことは、伝えなければいけない。

ですから、小さい時から大人が話している時は、大人の話に口を出してはいけないと言っていました。そういう時は、「ちょっと待っていて。終わったらあなたの話を聞くからね」と言いました。かわいそうかなと思いましたが、これは大事なことだと思います。いつも子どもが口出ししていると、大人はいつも子どものほうを向いて「はい、はい」と言うことになり、よくないと思います。これは大人になって仕事に行った時でも、仕事はよくできるけれど、話すことでだめになって会社をやめざるを得なかった人が結構いましたから。

---

それはある意味で、「けじめ」をつけることを教えてもらわなかったから起きたことだと思います。

今のお母さんたちがどう思っておられるか私はよく分かりませんが、一時期よく頼まれて話に行きました。私たちがやったことは、過去のことなのです。やり方があまりにも違うし、考え方が違うから、「私が話すことは私の娘に当てはまることで、これを聞いて、自分のお子さんに合うことをあなたが考えてやってほしい」と言いました。

それなのに、「お宅のお子さんはどうしたんですか」と言われると、「私は、そんなことを伝えたいために話しているんじゃない」と言いたいし、それをそのまま真似しても同じようにはならないと思うのです。

**丹羽**　話の途中だけれど、早期教育などで「早く教え込まなければいけない。こんな時にきちんとやらなければいけない」と言う。そうすると、子どもを見るのではなくて、やることに振り回されている。私はそういうことは、ここで一度も皆さんに薦めたことはない。「一緒に子どもを見ましょう」と言ってきました。子どもはみんな違って別々なのだから、自分の子どもをきちんと把握してほしいと、言い続けてきました。

橋本　いま学校ではいろいろな問題があって、やりにくいことが多くあるようですが、少なくとも私たちが育った時代にはそんなことはなかったと思います。子どもの能力に合わせた育て方だったと思います。でも、いけないことはみんな同じようにいけなくて、こちらによくてあちらによくないということはなかったです。

きょうだいでも同じことが言えるはずなのに、今の親は「この子にはよくて、この子にはよくない」なんて言います。自分の子どもでも一貫していない。場面々々で叱り方が違っていたり、子どもによって違っていたり、どうしてこんなことに気づかないのか、何でこんなことが許されるんだろうと思います。

話題は違いますが、次の子どもを身ごもった時は、主人の一言で決まったようなものです。主人が「どんな子が生まれても育てる」と言いました。「その覚悟で産もう」と言って、「ダウンなら万々歳」と、あの時言いました。

丹羽　パートナーの力は大きいですね。

橋本　そうですね。育てる時には協力が必要ですし、実際的な協力ができない人は精神的な協力をしますし、そういう意味ではあの一言は大きかったです。

丹羽　あなたのご主人は、あなたに決定的な影響力をもっていらっしゃるわね。

橋本　そうなのです。そういう感じのところだけです、彼が動いたのは……。

丹羽　それでいいじゃないですか。あまり口出しをされるよりは。それより、やはり言いたいことはあっただろうけれど、そこは偉いと思いますね。

橋本　曲がりなりにも、ちゃんと育ったからじゃないですか。言っていましたよ、「前は守ってやらなければいけないと思ったけれども、この頃は守られているみたいだな」「君は僕がいなくても、十分やっていける人だね」なんて。大変なほめ言葉なのか、嫌みなのか分かりませんが。「僕にはできないけど、よく頑張るね」と言っていました。

丹羽　それはご主人の本音ですよ。心底そう思っておられると思う。夫婦の間は、長い目で見ることが大事だと思いますよ。急いで結論を出さないこと。結婚して60年、ともに生きてきた私どもにもいろいろなことがありました。その私からのメッセージだと思ってください。今日はきれいなひまわりをいただいて、ありがとうございます。

橋本　母の日ではないけれど、母の日のひまわりです。

丹羽　ありがとう。私の孫の絵里香《えりか》はひまわりの花が大好きで、休暇で大学から帰ってくる日は、いつも母親がひまわりの花を部屋に生けて待っています。何よりの母の日のプレゼントをありがとう。今日はありがとうございました。

橋本さやかさんへ

　思うたびに胸がしめつけられるような苦しい日々を送っている、いとしい友、さやかさん。あなたからは、かなり以前から毎月写真入りの葉書のたよりを送ってもらっています。簡単なえんぴつ書きで「ニワせんせ大好き」「〇〇先生とおべんきょう」などと添え書きがついています。お母さまが宛名を書いてくださっています。

　最近作業所に週二日通っていますと、しっかりした筆跡で写真入りの便りを受けました。春が訪れました。あなたをお母さまに代わって労わるお父さま。今度は私が世の中に奉仕する番だと、社会福祉に精を出すけなげなお母さま。もうすぐです。時を待ちましょう。いい先生が相談にのってくださっているようです。あなたの回復をひたすら祈っています。負けるな、さやかさん。苦しみがあなたを研きあげてくれますよ。愛ほど強い研ぎ粉はないのですから。あなたがそのことに一日も早く気づいてくれるように。あなたは皆に愛されているのですよ。

# 「お母さん、頑張るんだよ。ぼくも頑張るから」

高橋和子（たかはし　かずこ）さん
高橋通雄（たかはし　みちお）さん

## 「今月もがんばりました」

丹羽　通雄《みちお》君からこの間お花をいただいて、私感激してしまいました。今年でいくつになりましたか。

高橋　19歳になりました。

丹羽　作業所へは毎日行っていますか。

高橋　はい。土日はお休みですが、毎日朝9時から9時半の間から、午後4時まで行っています。

丹羽　どんな作業ですか。

高橋　だいたい箱折りが多いようです。「丸山園などのお茶屋の箱を折った」とか、「中村屋の箱を折った」と言います。お正月に新宿の中村屋の前で、「お母さん、ぼくが作った羊羹の箱だよ」と言って、見つけてすごく喜んでいました。こういうささやかな仕事でも、社会につながる仕事をしているんだと思い、誇りをもっているようです。「中華の大龍よ」と言うと、「ぼく大龍の箱も作っているよ」と言います。「今日、丸山園のお茶を買ったのよ」と言いますと、とても喜んでくれます。

丹羽　自分の関わったものが店頭に並ぶと誇りに思うでしょうね。毎日喜んで行っているのでしょう。うれしいですね。

高橋　ずっと頑張っているようです。最初1、2ヵ月は疲れが出るのではと先生が心配してくださいましたし、私もそのうちだれてくるかと思っていましたが、ずっと頑張っています。毎月、「今月もがんばりました」と書いてあるんです。自分から進んでやることなので、いいのかもしれません。

## 娘を亡くした辛さから「こんな子いらない」

丹羽　そうですね。この間お会いした時、「いい青年になって」と思いました。小さい時から、人の感情の機微が理解できるお子さんでしたね。お姉さんのこと、あなたのこと、お家のことなどあったことでしょうが、どうしてあんなふうに優しくすばらしい子どもになれるのだろうと思っています。本当に誰でもというわけではないでしょうけど。

高橋　いま行っている作業所は授産施設なので、入所判定のために多摩の障害者センターへ行きました。そのとき先生が、「いいお子さんですね、どうしたらこうなるんですか」とおっしゃいました。知的にはもっと高いお子さんがいらっしゃるし、できないことも多くありますが、性格はとてもいいと思います。私は本当に何もしなかったのに。しないことがよかったのかと思ったり……。障害児のお母さんで立派な方は多くいらっしゃって、「私はこう育てました」と言われますが、私は何も誇れるものは持っていなかったし、あまりいじらないことがよかったのかな、とも思います。

丹羽　あなたはご自身を通雄君の前にさらけ出して、ご自分の喜びも悲しみも辛さもそのまま、あなた自身でいられたのね。

高橋　本当に親として、とってはならない態度もあったと思います。先生もお聞きになりたいと思いますが、娘を亡くしたということは大事件で、そのとき私は、「この子いらない」と思ったことでした。本当に自分で言ったのも覚えています。保育園の先生の前で、「もう通雄いらない」――と言いましたら、「お母さんそんなこと言わないで」とおっしゃいました。そんなこと平気で言ったし、もう親として自信はないし、あの子を育てながら「こういう子はいらない」と思いました。そのような態度もとってしまいました。

丹羽　だけどそんな日々、彼は「入ってもいい？」と言って、あなたの寝床に入ってきて、「お母さん！」と言って甘えたのでしょう。

高橋　そうですね。

丹羽　カルテにそのこと書き留めていますよ。お母さんはそう思ったそうだけど、通雄君はそのもっと奥を見ていたのではないかしら。「お母さんは今、大変なんだ」と感じ取っていたのだと思いますよ。ダウン症のお子さんは、そういった人の心を感じ取る特別な能力が備わっているように感じられます。飯沼先生『ダウン症は病気じゃない』（第一章55頁注9参照）という本の中にそのようなことを書いておられました。

高橋　そうですね。今まで、学校などへ行っていていろいろな人と関わってきましたが、あの子は人の悪口や先生の悪口は言いません。でも、向こうが自分をよく見てくれていない人の前では悪い子になっていて、「通雄ちゃんいい子ね」と言ってほめてくれる人の前ではいい子なのです。保育園で保母さんから、「今日も歩かないで、おんぶしました」と言われて、「またか」とこっちが落ち込んでしまいましたが、ほかのところではうまくおだてられて歩いたりしていて、「この子は、人の心の中を見透かすのか」と思ったこともあります。

丹羽　子どもだからといってバカにできませんね。多くのお母さん方が、自分の心を見透かされているると思われるのではないでしょうか。施設に入れようと思ったり、いろいろ悩まれたことと思いますが、それはあの時のあなたの正直な気持ちだったと思います。でも、あなたにどんなに拒否されても、心の一番奥のところでは通雄君を可愛いと思っていたことを、彼は十分受け取っていたと思われますよ。お父さんとの間も、通雄君が大いに仲をとりもってくれたのでしょう。

高橋　そうですね。拒否はしましたが、いま問題になっているような子どもの虐待まではしませんでした。この子をいやだと思ったのは、ほんの一時だったのです。

丹羽　でもそれはお姉さんのことがあったためだと、通雄君には分かっていたのではないかしら。いつかお宅に戸川さんと伺って通雄君に会った時、まるで大人のような感じでしたよ。彼の受け取り方は、あの年齢の子どものありようではなかったと思いました。

高橋　あの機会を通して、とても大人になりましたね。毎晩寝る時、「お母さん、明日も頑張るんだよ。ぼくも頑張るから」と言って、私は「はい」と言っていました。毎晩言われていたのを覚えています。

丹羽　あなたがどんな状態であるかということを、あの幼い心は感じとっていたのでしょう。お母さんを支えようという気持ちが窺えましたよ。お本当にあれは大人の顔でした。

高橋　あの子も、本当によく頑張ったと思います。

丹羽　だからどんなにあなたに言われても、芯のところで信頼していたのね。何よりの宝ではないですか。

高橋　そうですね。今は、いてよかったと思います。

丹羽　お姉さんに頑張って生きていてほしかったですね。

高橋　ああいう子は結構記憶力がいいと聞きますが、お姉ちゃんのことをおぼろげながら覚えているようです。今でも毎朝仏壇にお参りしてくれます。私が食事を供えるのですが、テーブルの上に出したままにしていると、自分で供えてくれるし、チンとならして毎日手を会わせてくれます。「しなさい」と言ったわけではないのに、いつの間にか毎日するようになりました。主人はしないので、「お父さんもして」と言って命令しています。

自分では「あの時、もう少しやっておけばよかった」と思うこともあります。投げ出してしまったこともあります。今、数字に弱いので、もっとやっておけばよかったと思います。知的な面では、公文をやっているお子さんもいて、足し算も引き算もできると聞きますが、できなくても今は電卓を使って結構できますものね。電卓を使って、自分でお小遣いの管理をしています。

## 普通学級からすぐ特殊学級に

丹羽　「頑張って」とはよく言いますが、毎年通雄君からの年賀状に、「頑張ります」と書いてくれる彼の言葉は本物だと思います。「自分も頑張るから、先生も頑張ってね」と言ってくれています。私、ここにいらしていた頃の記録を見ていますが、小学校に入られてからもしばらく、こちらへいらしていましたよね。はじめ普通学級にいて、特殊学級のほうに変わられたのでしたね。

高橋　普通学級には1学期しかいませんでした。

丹羽　ここに来られたのは夏休み前だったでしょう。顔色が変わって、何だかさえないなと思いました。プレイルームでオモチャの棚の前に立って、「みっちゃんのバカ」と自分のことを繰り返し言っていました。その言葉は、私の胸に突き刺さるようでした。

高橋　かなり傷ついていました。

丹羽　私はそれを聞いて「これはいけない」と思いました。この人のいいところまでだめにしてしまってはいけないと思いました。普通学級に入れられたあなたの目的は、全部といっていいほど帳消しにされてしまうわけですから……。元気のいい子どもたちと一緒にいることで、必ずしもいい刺激を受けられるとは限りません。普通学級は通雄君にとって、いい刺激ではなかったんですね。幸い早く、2学期から転校できてよかったですね。幸い新しい学級でいい友だちに出会えたし、めきめき元気になって、あれから水泳なども始められたのでしたね。

高橋　水泳は今も続けています。

丹羽　ガールフレンドの写真を見せてもらったけど、卒業してからも仲良くしていますか。

高橋　卒業してからは会えないって。「年賀状を出したけど、返事がこなかった」と言っていました。文化祭に行って先生が、「きのう来ていたよ」とおっしゃったとか。あけっぴろげで、学校中に知られていたようです。

丹羽　お友だちはいかがですか。作業所では学校時代のようにはできないでしょうけど。

高橋　年上の方が多いし、自閉症の方とは友だちになれないし、普通の方は30歳過ぎの方だし、ガキ扱いにされてしまうのです。

丹羽　その点ではかわいそうね。

高橋　友だちのことを考えると、「親しい友だちのまさる君がいる福祉作業所の方がよかったかな」とも思いましたが……。

丹羽　その福祉作業所と通雄君が行っている作業所と選べるの？　選択の余地がありますか。

高橋　ええ、うちが行っているところも、定員ギリギリでやっと入れたのです。まさる君が行っているところは、入れば入れたのですが、実習に出した時、「ぼく、ここがいい」と言って、自分で選んだのです。

丹羽　仕事以外のところでグループがあって、いい友だちができるといいですね。

高橋　狛江市の障害者青年学級が月2回あって、そこへ行ってスポーツをしたりします。

丹羽　それはいいですね。喜んで行っていますか。彼には剣舞のように、何か打ち込めるものがあるからいいですね。

高橋　一般の目で見るとうまくないし、あまり出してやれないのです。全日本剣詩舞道連盟というものがあって、夏に一度、全国大会に通雄を出したことがあります。私どもは剣舞なのですが、栃木か群馬の方で大庭さんという男のお子さんは、扇子で詩舞といいますが、そのお子さんはお母さんと踊るのです。初めて見たときびっくりしました。

丹羽　ダウン症の方ですか?

高橋　ええ、ダウン症です。今年、通雄をはじめて段に挑戦させてみようと思っています。

丹羽　お母さん、目は大丈夫かしら?

高橋　ちょっと不自由になってきました。障害者手帳は4級です。

## 止めるに止められなかった趣味が支えに

丹羽　話を戻しますが、あなたは剣舞をいつ始められましたか?

高橋　私は結婚前からです。でも、通雄が生まれてから通雄のことに専念するために、ずっと止めていました。ところがたまたま私の師匠が亡くなり、教場を見る人がいなくって「やってほしい」と言われたのです。でも、私は通雄がいたので断ったのですが、どうしてもということで、金曜日は娘が見てくれて、日曜日は主人が見てくれるというので、引き受けました。引き受けたとたん、娘が亡くなりました。でも、止めるに止められなくて……。

丹羽　そうですか。でもいいじゃないですか。そういう趣味は止めるに止められないという理由でないとなかなか続けられないと思うし、自分だけの楽しみでなく、あなたにとって主婦や母親以外に何か打ち込めるものがあるということは、支えであり励みになったことでしょうから。

高橋　そうです。主婦をしていて、止めるに止められない事情がなかったら、娘が亡くなったその時点でやってなかったと思います。本当どうでもいいことなので……。どうでもいいとなると、つい流されてしまって続けることは難しいでしょう。

## 配慮を欠いた告知で受けたショック

丹羽　通雄君が生まれてから、彼の教育にあなたの全てをかけられたのでしょう。ここへ来られたのは、確か10ヵ月くらいでしたか。生まれた時の事を聞かせてください。

高橋　生まれたのは慈恵医科大学狛江第三病院で、上の子は帝王切開、通雄は普通分娩でした。かすかに泣いたので元気な子だと思いました。手も足もあって。私は血圧が高かったので、直ぐにいろいろな検査に入りました。確か3日目に回診の先生に直接言われました。12月19日で年末であり、正月前だったので、先生は焦っていらしたのでしょう。「子どもはミルクが飲めないので小児科に入院させるから、早く名前をつけるように」と言われました。

夜中でしたし、子どもがあのような状態だったので、その対応のため主人には連絡がいかず、生まれたことも知らず、病院へは来なかったのです。私が先に知らされました。主人に連絡するように言われましたが、私は「この検査が終わったらします」と言っておきました。その時は腎臓の検査のため導尿していて動けず、そんな状態で言われたので看護婦さんが見かねて連絡してくれて、ようやく主人が来てくれました。

それから子どもはすぐに小児科へ入院させました。そこで小児科の先生に詳しい話を聞きました。19年前になりますが、あの時の婦人科（産科）の対応はとてもひどかったと思います。家では育てられないとか、しかるべき施設に預けるなどと言われて、どんなにひどいことかと思いました。そんなことも知らなかったので、小児科の先生が時間をかけて説明してくださいました。その先生のおかげで救われた思いがしました。これで夫婦が別れてしまうこともあるが、父と母が協力して育ててほしいとおっしゃいました。

丹羽　最初につまずかれる方は、本当に大変なことです。

高橋　でも、普通は3日目くらいでは、妊婦には言わないのではないかと思いますが。私は2人部屋で、回診の時、助教授の先生から直に言われました。とても大きなショックでした。そこには何人もいましたし、本当に言葉も出なかったんです。個室に呼ばれてでなく、回診の時ですもの……。

染色体の異常で将来知恵遅れとか、看護婦は「こういう子は長生きしない」とか、私は生まれてから自分の子どもにまだ会っていない時にですよ。どんなにひどい子どもかと思って、とてもショックは大きかったんです。

丹羽　そうですか。ひどいですね。大きい病院だったので、産科から小児科へまわされたわけですね。

高橋　5グラムとか10グラムくらいしかミルクは飲めなかったそうで、病院では「お母さん、少しでいいから母乳をしぼって持って来てください」と言われましたが、そんなことを聞いた後でおっぱいが出るわけありません。でもタラタラでも、何もすることがないのでしぼって持って行くことだけが私の仕事でした。

丹羽　何日くらい入院していましたか?

高橋　1週間の予定でしたが、子どもがまだでしたので少し延びて、次に退院許可が出た時には私が大出血をして、また掻爬して明日帰るという不安もあって出血して、2回ものびてしまって……。娘は8歳でした。電話をすると、「また延びたの。帰ってこないの」と言っていました。一人家において来たので、気が気ではありませんでした。ようやく12月30日に、病院と同じ生活をする条件で通雄を連れて退院しました。この時やっとミルクを20～30グラム飲めるようになっていました。

丹羽　産後の肥立《ひだ》ちはどうでしたか？

高橋　黄疸は普通でしたが、ただ乳を飲まなかったことが大変でした。家に帰ってもそうでした。授乳に1時間くらいかかって、終わって消毒して、またすぐ次のミルクの時間でした。あの時も、窒息死のことを聞くと、窒息して死んでくれないかと思ったほどでした。

丹羽　みんな、みんな思いは同じですよ。

高橋　そのように思った反面、ちゃんと部屋の温度管理をして、哺乳瓶の消毒をして、やることはやっていましたから、不思議だなと思います。気がついたら死んでいてくれないかと思いながら、一日中ストーブを焚いて、病院と同じ条件を保とうとしたり……。

丹羽　あなたの体は、家に帰ってから大丈夫だったの。

高橋　しばらくは病院と同じということで、あまり動かずにいました。学校の時、小学校も高校でもありましたが、子どもには言えないのですが、名前の由来のことです。はじめ、どうして「通雄」とつけたかということです。どうでもよかったのです。病院で健康保険で入院していて、年末だし早くつけてと言われたり、考えられる状態ではなかったわけです。主人の実家は立正佼成会で、ご法名として通雄としていたので、仕方なくこれをつけておくことにしました。ご法名なので悪くないと思いましたし。でも、どうしてつけたのと問われれば、どうでもよかったとも言えないし、困ってしまうのです。でも、これだけはまだ言っていません。

丹羽　でも、立派に大きくなって、いい子に育ってくれて。

右●サッカーボールをぶら下げている。黄色い花を手に　3歳頃

下●スーパーへの買い物。10歳頃

剣舞姿　20歳頃

## 明るく積極的な性格
### ——学校では何でも立候補

高橋　昨日は病院の日で帰りが少し遅くなりました。すぐに洗濯物を取り込んでいると、自分もかばんを置いてサッと手を出してくれるのです。その後、3人分をたたんでくれて……。やってくれといわなくてもやってくれます。私とは似ていないような明るさをもった子ですね。積極的ですし、学校の時も何でも立候補して、生徒会の役員も立候補して、運動会の長距離に出ていたので、先生に「どうしてですか?」と尋ねると、先生は「自分で立候補したんだよ」と言われて、びっくりしました。

丹羽　そうですか。なるほど。

高橋　去年、学校の文化祭のフィナーレで歌をうたっていた時、みんなと一緒でなかったので、「どうして」と言いますと、「ぼく目立ちたかったんだよ」と言っていました。「剣舞も学校でやりたい」と言って、立候補して先生も見たことないので感心してくださって……。あの子は舞台度胸はあるし、平気ですね。

文化祭では言葉があまりはっきりしないので主役はもらえませんが、あの子はやっているうちにセリフは全部覚えてしまうようです。それも人のセリフを。去年やっているうちに、主役のお子さんが休んだ時、セリフは覚えていたので代役ができるほどでした。すごいと思いました。何であんなに覚えられるのかしらと思って。

丹羽　記憶力はありますね。言葉の明瞭度は、少し弱いのかしら。

高橋　そうです。だからはっきりセリフを言うことができません。でも、覚えるのは好きですから、国語はいいのです。いまも歌の歌詞カードを書くものですから、みんな覚えてしまいます。書くことは覚えることですね。だから、私の知らない字やあまり使わない字まで知っています。この間も先生が結婚されるのでカードを書いていていて、「幸せ」という漢字を「倖」と書いてびっくりしました。

そういうものが覚えられるのだから、50円と50円を足すと100円と覚えればいいように思いますが、2個というイメージが強くて、25円と言ってしまいます。

丹羽　あなたが気になさるのは、お金の勘定ということですか。彼には、ほかに困ったことや気になることは、あまりないように思いますが……。

高橋　性格の面では、直さなくてはということはありません。ただ、日常生活ではまだできないことがたくさんあります。お金がもう少し使えるようになればと思います。買い物は小さいものでしたら大丈夫です。スーパーで買い物を頼むこともあります。お使いは、小さい時からさせていたのでできます。

その頃、パンや牛乳を買うのに、いつも千円をもたせました。でもそれではいけないと思い、近くの店にお願いして細かいお金を持って行かせ、その店で使うようにしていました。いま作業所でのお給料は少ないのですが、一ヵ月休まずに行ったとして12000円いただいて、私に3000円をお米代としてくれます。その3000円でお米5キロを買いに行かせます。すると、通雄は「これ、ぼくのお米」と言って喜びます。

丹羽　それはいいことね。働くことの喜びとして、自分が作ったものが実際に店頭に並ぶ、いただいたお金の一部分をお家にお米代として入れる。美談じゃないですか。

高橋　最初お金に関心がなく、もらって来てもそのままなので、どんどん使わせています。どこかへ一緒に行っても自分の電車賃は自分で出させ、自分のものは自分で買わせてお金を使わせます。なくなった時はこちらで出してやりますが、あるうちは使わせます。来月は、北島三郎が好きでリサイタルに行きますが、自分のキップは6800円ですが、出させました。働いたお金を使う喜びもあっていいと思っています。

丹羽　そうです。それはいいこと。そうすると、銀行や郵便局でお金を貯金するということはあまりしないんですか。

高橋　させたいのですが、土日のほかは仕事に行っていていませんから、できないのです。お正月のお年玉だけは、ちょうどお休み中だったので銀行に行って貯金させました。以前、夏休みがあった頃は、郵便局へ連れて行って教えましたが、土曜日は休みですし、ふだんなかなか経験させられないのです。

丹羽　19歳で、来年は成人式ですね。

高橋　「20歳になったら、酒飲みてー」って言ってますよ。私たち両方とも飲むものですから、自分もそう思うのでしょう。

丹羽　親子3人でいいですね。でも、生まれてきて、そのような知らされ方をして、告知の受け方もそれぞれ違いますが、あれはお医者さんのほうでもう少し考えてもらいたいことですね。それにもかかわらず、皆さんが何とか頑張って、お子さんを育ててこられたのね。

## 自立の問題

高橋　通雄もここに長く通っていましたから、丹羽先生のことよく覚えています。

丹羽　いつも年賀状を自筆で書いてくれて、孫がひとりふえたような感じです。

高橋　もう真理佐ちゃんは大きくなられたのですか。

丹羽　ええ、24歳になりました。学校も出て、毎日ではないけれどパートタイムで週2、3回植物園のようなところへ行って、植物を育てたり球根を育てたり、それを市場に売って一年間にわたって働いています。住んでいるところから離れているので、バスが迎えに来てくれます。

犬が飼いたくて仕方なかったのですが、自分で世話をすれば買ってもらえるということで、自分で働いて得たお金でいいコリー犬を買いました。

　私が行った時、質素で簡素だけれど心のこもった朝食を作ってくれて、食前のお祈りをしていただいたの。食事のあとは皿を自分で持って行って、サッと洗って皿洗い機に入れて、台所はピカピカで、無駄なものはなく簡素でした。あの人たちに自分でしてもらうために無駄は省いてあるのでしょうね。そのために周りの大人が気を配っているようです。お母さん役の人は、子ども病院の中にあるダウンセンターのようなところの主事の仕事をしている人です。

　一緒に育てられていたミッキーという成人した男の子は、グループホームで1部屋いただいて、二人の青年が住んでいます。そのように、自活できる体制が整っていると思います。アメリカでも親とずっと一緒の場合もありますが、日本ではまだ自活の道が整えられていないように思います。親がいつまでも生きているわけではありませんから。真剣にこのことは、考えられなければならないでしょうね。

高橋　やはり、私たちにも次の問題がありますね。

丹羽　学校にいる間は学校が庇護してくれて拠り所がありましたが、社会に出たら親が子どもと社会の狭間にあって、責任が全部親にかかってくることになりますからね。

　真理佐は、その親しい友だちと一緒にグループホームに入ることをとても楽しみにしています。いまは養い親のところで留守番をして、犬の世話をし、週2日働いています。夜はコミュニティカレッジで勉強しています。お小遣い程度働いているけれど、そのほかはみな国（州）が面倒を見てくれます。

　仕事はジョブコーチがバスの乗り方から職場へ連れて行って職場でどんな仕事をするかまで教えてくれて、一つ一つを覚えさせて、それを一人でできるようにさせる。日本も少しはそちらの方向へ進まなければいけないと思います。いま、あなたが気になるのはそういうことですね。これからどうしようかということですね。
高橋　私たちも年をとっていくことですから。
丹羽　だんだんと平均寿命が伸びて、50歳くらいになっています。飯沼先生によるとまだ伸びるかも知れないそうです。
高橋　ダウン症がですか？　通雄が小さい時は40歳くらいと言っていました。だんだんにボケるというか、退化というかしていくのでしょうか。30歳過ぎると老化が現れると聞きますね。不思議に白髪があります。「親なきあと、どうやって生きていくのかな」と案じられます。
丹羽　結婚のことなんかは、どう考えていらっしゃるの？
高橋　本人はしたいようですけど。自分では好きな子ができたりして、あたり前のように思っています。でも、通雄はまだ家を離れるという感覚はないようですが、「みんな大人になったら、一人でやっていくのよ」と言って聞かせています。たまたま知り合いの方で、秋田の施設に入った方がいて、「お前どう？」と聞くと、「ぼくはだめだよ。遠いし、いやだ」と言います。大きくなったら、一人でどこかへ行くと言うかと思ったら、そうではないようです。一人でやっていくとか、一人でアパートで暮らすということはできないと思っているのでしょうか。
　この間、「もう、お母さんなんかきらいだよ」と言いますから、「じゃあ、明日から朝ご飯作って、自分で洗濯して、自分で全部やってごらん」と言いましたら、「あっ、いまのは間違えました。冗談です。ごめんなさい」と言っていました。だから自分でやっていく自信はないようです。やはり、自分でやっていく力をつけなくてはいけないとは思いますけど……。
丹羽　お二人のやりとり、とても微笑ましい。通雄君なかなかやるじゃないですか。
高橋　私はあまり優しくないのです。カッとして怒る時は怒るし。でもわりと、障害児のお母さんて子ども扱いするせいか、あまり叱りませんし、叩いたりしませんね。私が叩くとみんなびっくりします。上手な叱り方ができないで、ついカッとしてしまいます。

丹羽　子どもの叱り方って難しいものです。こちらがなかなか冷静になれないものですから。通雄君はあなたに叱られても、あなたの気持ちが分かっていたようですね。どんな叱り方にせよ、二人の信頼関係がしっかりと結ばれていることが前提ではないでしょうか。それと、叱りっぱなしにしないで、すぐあとで修復しておくことが大切ですね。小さい時なら、膝に抱きあげて抱きしめてあげるとか、言葉でもそうだし、表情やまなざしだけでも十分に意は通じると思いませんか。

まあ、ついつい私が口をはさんでしまって、本来ならばあなたのお話だけを聞いてと思っていましたのに。

高橋　いいえ、私もどんなお話しをていいか分からなかったので、でも久しぶりに先生にお会いできてよかったです。お役に立てたでしょうか。

丹羽　ええ、ありがとう。通雄君が立派に成人して、こんなに温かい親子関係が結ばれていて、お母さんがそこまで育ててくださったということは、何より立派な証言ですよ。

高橋　今まで、いろいろな先生にかかわっていただいて、本当に皆さんのおかげです。本当に、皆さんによくしていただきました。

丹羽　これは人と人との出会いであって、不思議なものです。

高橋　小さい時は小さい時なりに、大きくなってまたよくしていただいて、ありがたいと思っています。

丹羽　私、20年近く育ててこられたお母さんたちは、この人たちが生まれてきた意味をしみじみと感じられているのだろうと思います。お姉さんを失われた傷は癒えないでしょうが、お姉さんの分まで通雄君が孝行してくれると信じましょう。手がかかるということは、愛情をかけるということとですね。

高橋　みんなに「老化しなくていいじゃない」といわれます。「何もしないでいるとボケるじゃない」なんて。手がかかる子がいるとボケてなんかおれません。放っておける子ではないから……。

丹羽　「心をかけて、手をかけて、手をかけて」がからね。この頃は「心をかけず、手をかけて」といいます多いようですね。心をかけずに手ばかりかける人が多いから、わがままで思うようにならない、何をしでかすか分からない。そういうことを思えば、一番人間として尊いものを身につけて大きくなってくれていると思いますよ。私たちにも周囲のものにも、それを考えさせてくれる存在だと思います。

高橋　このお部屋でお世話になったので、なつかしいです。

高橋通雄くんへ

　私は横浜を離れる前、あなたとお母さまに会いました。悲しい姉上との別れのあと、幼かったあの頃から、あなたはお母さまの「杖」でした。近所の生活寮で自立しながら、週末に帰宅して、父上とビールを酌み交わすとか。うれしい風景を思い描きながら、心はやはり幼い日のこと。思い出がいっぱいです。

　目の視力がだんだんに落ち始めた母上をしっかり支えて、頼もしいすてきな若者の通雄君。

## 「天真爛漫な明るさが周囲を幸せにしてくれます」

橋本公子（はしもと　きみこ）さん
橋本文恵（はしもと　ふみえ）さん

### 食事以外は自分の部屋で

丹羽　文恵さんは、お家では毎日どうしていらっしゃいますか。

橋本　食事以外は自分の部屋に入って過ごしています。

丹羽　学校は養護学校で高等部までずっと過ごされましたか。

橋本　校舎が変わるだけで、ずっとそこに12年間いました。

丹羽　それで卒業後は？　ずっとお家だけで生活しておいででしたか。

橋本　週2回デイサービスを受けていました。「愛の森学園」といいます。乗用車で送り迎えがあります。

丹羽　そこで週2回のサービスを受けるわけで

すね。そういうところがあるといいですね。

橋本　いま行っているところはあまり作業が中心ではなく、楽なコースです。

丹羽　日常の生活の自立はどうですか。

橋本　洋服の裏表、前後はまだで、トイレの後始末もまだ、食事の後の片付けの手伝いはたまにしますけど。

丹羽　学校はどんな様子でしたか。

橋本　人間関係でうまくいかなくて、本人も私も苦労しました。

丹羽　そうでしたか。人間関係がうまくいかないのはつらいですね。

橋本　高校に入ったらレベルの高い子が多く、うちの子はついていくのが大変でした。自分だけ独りぼっちみたいな感じで、だんだんやる気がなくなりました。そのため高1の時は、いま一つ成長がありませんでした。

丹羽　中学3年の時は大丈夫だったわけですから、それはかわいそうでしたね。

橋本　高校2年生に進級すると担当の先生がよくやってくれて、本人もやる気を出し、楽しく過ごせました。

丹羽　2年生になって、いい先生に出会われたわけですね。

橋本　2、3年はわりとよかったのです。きちんと先生とお話ができました。

丹羽　文恵さんには理解する力はあります。結局は、相手が心を込めて接するかしないかですね。高校1年は親子でさぞつらい日々でしたでしょう。でも、その後はいい先生でよかったですね。本当に先生というのは大事ですね。

橋本　高校2年、3年になると進路のこともあって、作業に実習があるのです。施設や地域の作業所、会社などに実習のため2週間行きます。

丹羽　さっきの「愛の森学園」。そこは専門家の方がいらっしゃるところなので、文恵さんが過ごせるように考えてくださったことでしょう。その実習は何日くらいですか。

橋本　2週間でした。毎日9時から3時半まででした。この子にはペースが合ったと思います。朝もゆっくりでしたし、作業が始まるのもゆっくりでした。能力に適した作業や指導がいいなと思いました。

丹羽　お宅から学校まではどのくらいかかりましたか。

橋本　車で10分くらいでした。

## まわりが期待した初めての子ども

丹羽　あなた、文恵さんをおんぶして腰を痛められたことがありましたね。

橋本　ええ。足をケガしました。2年目に入った頃の5月頃に足を折りました

丹羽　あなたの代わりにお父さんが文恵さんをおんぶして連れていらっしゃって、あの頃重かったけど、まだ歩くことができなくて……。

橋本　そうです。小学校に上がる前に、ようやく一人で少しだけ歩き始めました。学校に入学する時に、座間養護学校にするか伊勢原養護学校にするか考えて、歩けるようになったら歩いて行ける学校がいいだろうと、進学相談の時に考えました。それで「伊勢原養護学校」に決めました。学校では2学年上の方で、たまたま歩けないのに入った方がいて、本人が歩く意志があるからといって、乳母車のような手押し車を押しながら、一所懸命歩いているのを、私たちは見学した時に見ました。それもあって伊勢原養護学校に決めたのです。

車ですと家から10分前後ですが、歩くと40分くらいかかります。はじめ1週間は歩いてみましたが、大変なので2週間目から車にしました。ですから、私が自家用車で送り迎えを12年間しました。文恵が生まれる前から運転免許を持っていたので、少し練習をするだけで済んだのでよかったです。子どもさんを預けて、免許を取りに行かれた方もありました。

丹羽　カルテに「小学校入学1年前から歩行されるようになった」と記録があるので、学校がどのくらいの距離の所にあり、時間はどうなのか、どのようにして通学されたのかと気にかかっていました。お母さんが30歳の時の、初めてのお子さんでしたね。

橋本　そうです。結婚が遅く、29歳ちょっと前でしたし、初めての子どもで周りが期待して、やっとできた子どもでした。

丹羽　おじいちゃん、おばあちゃんもいらして、ご一緒に住んでいらしたの。

橋本　そうです。私の両親でした。

丹羽　そうですか。では、手も貸してくださったでしょう。それはよかったですね。でも合併症があったでしょう。確か心臓が悪かったと記憶していますが。

橋本　生まれた時には腸閉塞もあり、泣かなかったし、体の色が悪かったのです。すぐ変だというので小児科に移されました。病院でミルクを飲ませたら吐くので、9日目で腸閉塞の手術をしました。それも土曜日にぶつかってぎりぎりのところで手術になり、もう待てなくて、午後に先生が東京から見えて伊勢原の病院で行ないました。

丹羽　孫の真理佐も、生まれてすぐ腸閉塞でした。彼女は心臓にいくつもの穴があいていて、文恵さんとよく似ていますね。

橋本　同じダウン症でも、幅がすごく広いですね。同じように小学校から入った女のお子さんもダウン症でしたが、その方は何ともなくていま働いていています。朝8時半から夕方まで働いて、お給料を持って来るそうです。

丹羽　ダウン症にはとても個人差があります。でも、よく無事に育って、いいお子さんに成長されました。お二人がどんなにか長い間ご苦労されたことかと思います。そして、1年3ヵ月の時にこちらに見えましたが、どのようにしてここを知りましたか。

橋本　本を買った時に、最後のページに書いてありました。主人がダウン症の本を病院で何冊か紹介されたのを見て、一番近かったのでこちらに来ました。私は退院するまでは、ショックが大きいと思ってでしょうか、何も聞かされていませんでしたし、病院の先生は「ダウン症は感染しやすいので、1年間は人込みの中には行かないように」とおっしゃって、その間は決まった病院しか行きませんでした。それで、そろそろ1年経ったから、どこかというので本を見てここへ来ました。

**丹羽**　そうですか。どんな本を見られましたか。

**橋本**　3冊くらいあってどれだったか。

**丹羽**　ここは77年にオープンしました。その頃、『ダウン症児のために』※というブリンクワースの本が翻訳され、その中にこの「花クリニック」が紹介されました。それから、確かもう文恵さんが生まれてからだと思いますが、『ダウン症児の家庭教育』という本を私どもが書きました。その中にダウン症に関して子どもの療育、文献、どこへ行けば相談が受けられるかや、早期訓練の場などを付録に書いておきました。でもよく遠い所からずっと2ヵ月おきくらいに休まないで、8歳くらいまでいらしてくださいましたね。

**橋本**　生まれた時から心臓の病院にかかり、毎月ほとんど通院しました。もう20歳になりますが、1度も欠かすことなく通っています。多い時は、月2、3回で、病院ではお友だちのようになりました。これも私の仕事だと思って、慣れてしまえば何とも思いません。

**丹羽**　そうですか。親ってありがたいですね。可愛かったですものね。私、この写真（220頁写真参照）を撮っておいてよかったと思っています。とても大切にしています。あの頃は、皆さんの写真をよく助手の人に撮ってもらっていました。

**橋本**　なかなか小さい時のものはありません。小学校の頃はよく写真を撮ってもらってアルバムに貼り、それがいっぱいたまりました。高校の時

※『ダウン症児のために』レックス・ブリンクワース著　日本放送出版協会　宮下俊彦・谷口政隆訳・編　1980

は、先生が行事のたびに撮ってくださったものを自分でアルバムに貼っていますが、それが重くて今日は持って来られませんでした。見ると「いろいろな事があったな。いろんな事をやったな」と、思い出させてくれます。

## 4回の手術に耐えて

丹羽　ところで、小学校に入られる前はどこの保育園でしたか。

橋本　その前に2歳でおすわりができなかったので、保健婦さんが心配してくださって肢体不自由児の訓練施設を紹介してくだり、そこに月1回通いました。そして、PT（理学療法士）とかOT（作業療法士）の方が、言語とか、子どもに応じて関わってくださって、そこから今度は厚木市の方が「訓練会※がありますよ」とおっしゃって、4月からポッと入って、4年間、通算5年間同じ先生と保母さんでした。私たちの場合はトントン拍子にそんな所に入れました。

丹羽　それはよかった。やはり子どもには、子どもの仲間がほしいですね。子どもの目線で通じ合える仲間が必要ですから、それに適切な対応をしてもらえるしね。よかったですね。小学校の時の学校生活は、問題なく過ごせましたか。

橋本　小学校の時はよかったのですが、6年の時に4回目の手術をして、帰った時に本人は一番つらかったと思います。先生が2人いて子どもが5人いて、やはり大変な時だったので、自分のいうことがなかなか伝わらなくて、夏休み前に円形脱毛症になってしまいました。

丹羽　4回も手術をして、それだけでも大変なのに、学校に帰ってから通じ合えない彼女の切なさ、胸が痛みます。

橋本　それが最後の手術でしたが、文恵は血管が細くて手術できないので、今までできていますが……。

丹羽　そうですか。泣いたり、力を入れると…

……。

橋本　もう、顔色がパーッと変わります。寒い時は、手足の色が紫色になってしまいます。

丹羽　手術を4回もしても、完全には治らないのでしょうか。

橋本　もう治らないそうです。中学3年くらいの時に、「もう一度手術をしますか」と言われた時に、「治らないものならかわいそうですから。体にいっぱい傷がついてしまうし、生きるところまで生きるので」と言って、そのままになっています。最近はカテーテルで血管を広げることができるようになり、「これまで3人やっていますが、どうしますか」と聞かれました。それですと、体の中で血液が循環してだいぶ違うかな、少し動いてもハーハー言うので、体力的にも違うのかなと思いますが。手術でなくてカテーテルだから、あちこち切らないので……。

丹羽　ちょっと検査するだけでも大変なのに、よく耐えましたね。お母さんはこの間、妊娠したけれども流産なさったとか。

橋本　ええ、子宮外妊娠破裂で。平成の初めくらいに生まれる予定だったのですが、生まれていれば10歳になります。文恵が小学校3年になったばかりでした。

丹羽　それは残念でしたね。どんなにか苦しかったでしょうね。

橋本　はじめ分からなかったのです。お腹が痛くなって病院へ行ったら、「子宮外妊娠か、切迫流産でしょう」と言われたのですが、1週間くらい我慢して、痛いのでまた行き、超音波で診てもらいました。そうしたら、「あら半分ない。どうなっているんでしょう」と言われて、それで紹介状を書いていただいて違う病院へ行き、即刻その場で手術となりました。

丹羽　では、あの狂いそうな痛みはなかったの。私にも覚えがあるから。

※この訓練会は開所2年目に改名されたが現在は不明。1年目は週2回通った。

右上●お父さんといっしょに　♪むすんでひらいて♪　　右下●食事会　10歳
上●新潟の新緑の公園にて　2001.5.3　21歳

橋本　ありました。初めの時で、その日は日曜日で、すごく痛くなって我慢できなくなって病院へ電話をして行きました。その時ははっきり分からないから様子を見ることにして、またおかしいからと病院へ行ったら、「これは大変だ」と紹介状を持って東海大学の病院へ行ったわけです。その時17週目くらいでした。

丹羽　そうですか。

橋本　30歳で初めの子どもを産んで、10年あいて次が40歳ですから、つらいですよね。知っている人も、同じ歳で二人目を生んで大変でしたね。上のお兄ちゃんが自閉症で、下が男の子でしたが、お母さんはつらそうでした。年齢が離れていると、お母さんは疲れますよね。

丹羽　本当に40歳を過ぎると、やはりきついでしょうね。でも、残念でしたね。

いま19歳――。お母さんとしていろいろな思いがあるでしょうね。

## 卒業後も続く、小学校の先生とのお付き合い

橋本　でも、分からないうちに夢中で過ごしたようで、一つ行事があってこれが終わったら次と、わりと大変だと思いながら、いま思えば、やはり何とかなったかなと思ったり……。私は子どもには何でも行事に参加させて、あの子の体の調子がよければどこでも連れて行きました。

丹羽　あなたはタフですね。それが一番よかったと思いますよ。

橋本　学校の行事は一度も休まなかったし、訓練科の時も全部、運動会、遠足、夏合宿も出たし、いまだに卒業してからも小学校の先生を招いて、夏休みにバーベキューをしています。卒業してからは、5月にはマザー牧場、秋には甲府へブドウ狩り、11月にディズニーランド、1月にはお正月早々、箱根伊豆へ1泊で先生を誘って行こうということになっています。結構いろいろなことを、

一緒になってやっています。

丹羽　本当に仲間同士のお付き合いが楽しくて、続けてこられたのもよかったですね。なかなか続かないものですのに。

橋本　主人は、「先生も忙しいのに毎回誘うのはどうか」と言いますが、お聞きしてみると、「行きますよ」とおっしゃいます。女の先生で、2年、3年とお世話になりました。バーベキューの時などは、「ちゃんと声をかけて」と言われます。今度、家でクリスマスをします。お友だちもいつも来るメンバーは決まっていて、親子で10人と先生3人くらいで、おでんでクリスマスをします。卒業してからも、わりとそういったことで、みんなとなるべくお付き合いをしていくようにしたいと思っています。

丹羽　それはお母さんが企画して、努力してやろうとしていらっしゃるけれど、なかなかこんな親しい集いは長く続かないのではないでしょうか。20年はいつの間にか、あっという間だったわけですね。文恵さんの最近のご様子はどうですか。

## 天真爛漫な明るさが周囲を幸せに

橋本　元気で、最近はいろいろなことを覚えてきます。火曜日と金曜日に、週2回ほどデイサービスで「愛の森学園」というところに行っています。もう一人の方と車で送り迎えをしていただいて、朝から午後4時くらいまで行っています。

丹羽　学校を卒業しても、お仲間があるというのはいいことですね。卒業後、作業所へ行ってうまく適応できる人もありますが、作業所もいろいろな種類があって、うんと年配の方もいて、同じくらいの年で友だちがなかなかできないと淋しがっている人もありますからね。そのほかの日はお宅にいるんですか。

文恵さんの天真爛漫の明るさは、いつかお父さんが、「親類会の時に連れて行って、皆さんが喜んで、今までになく楽しい会になった」とおっしゃていたのを、私はよく覚えています。周囲のみんなを幸せにしてくれるような、明るい心の持ち主になってくれてよかった。お手伝いはできますか。

橋本　お手伝いは、食事を運んだりします。でも気まぐれで、いい時はやりますが、そうでない時は「やって」と言ってもやってくれません。でも、黙って置くとあぶなっかしいのですが、きちんと持っていきます。自分で運び終わったかなと思うと、「いただきまーす」と言って、箸を持ちます。好きなものはお豆腐で、目が見えないのにほかの人のをほしがります。

丹羽　目は近視ですか。

橋本　いえ、弱視です。白い器のお豆腐がよく見えるなと思います。

丹羽　耳はどうですか。

橋本　耳は大丈夫です。

丹羽　ほかにはないですね。家の中はついついつい楽しくなるのでしょうね。

橋本　見ているとおかしいことはいっぱいあって、笑ってしまいます。結構、記憶力がよくて、ずいぶん昔のビデオなどよく覚えています。ストーリーなんかよく覚えています。

丹羽　買い物は、お母さんと一緒に行くことがありますか。

橋本　たまにスーパーの買い物に連れて行ってカゴを押させますが、そのうちどこか違うところへ行ってしまって、ジーッと見ています。物をとってカゴに入れさせたりします。足が早くて、時々どこかへ行ってしまうので目が離せません。

丹羽　そのほかに身につけるもので、好きな物やほしがる物がありますか。

橋本　あまり興味はないようです。

丹羽　では、あなたが買っておあげになるのですか。お母さんの一日は文恵さんと一緒にあっという間に終わるでしょうね。

橋本　食事以外、自分の部屋に入って過ごします。用事があると私の部屋に来ます。朝、「カセットテープをやって」と言って来ますので、やってあげると、自分で気に入らないと出して取り替えるのに、スイッチが押せないのです。それでまた私の所に来て、「やって」と言います。止めて、テープを出して、入れ替えるのはできるのに、スイッチがいくら教えても押せないのです。印をつけてもだめ。どうもスイッチオンのところだけ少しかたないのです。用事が済んだら、すぐに自分の部屋に行きます。

丹羽　自分の部屋で一人で何をしているのでしょうね。

橋本　音楽を聞いています。音楽大好き、ビデオも大好きです。幼児番組が大好きなんです。今だに「おかあさんといっしょ」を見ています。動作などよく覚えています。

丹羽　自分で楽しめることがあるからいいですね。小さい時からよく動作をしていましたね（動作模倣）。この写真（前掲220頁写真参照）は、お父さんといっしょに「むすんでひらいて」をやっているところです。人間関係がうまく持てるお子さんは、相手がすることをよく見ていますから、身振りや言葉のまねがとても上手にできますね。

橋本　テレビを見ながらでも、一人で踊っています。見ているとおかしくなりますし、19歳にもなってと思いますが……。

丹羽　邪気がなくて、うかがっていて気持ちが洗われるようです。困ったなと思われることはありませんか。

橋本　あるといえば、散らかった紙などなかなか片づけができない。たまには気が向いてやっていますが、向かなければ散らかるいっぽうで何もしません。あとはだいたい自分でできます。着替えも置いておけば自分でします。へたに置いておくと、前の日のを洗濯の中から着たりもしますが、こちらも気をつけていると前よりはよくなったと思います。

丹羽　文恵さん自身の好みはどうですか。それともあなたが用意するの。

橋本　好みはどうでしょうか。私が出しておくとそれを着ます。
丹羽　好きな色はありますか。
橋本　特別にはないようですね。私は、なるべくいろいろな色のものを着せます。
丹羽　そう、幸せね。文恵さんは喜んでお母さんが選んでくれたものを着ているわけでしょう。いやなら着ないでしょう。洋服は一緒に買いに行きますか。
橋本　私がだいたい大きさを見て買います。
丹羽　着せて見て買うのではなく、買ってきて着せるのですか。
橋本　だいたい大きさを見て買ってくるのです。小さくて少し太っているので、普通サイズはなかなか合いません。身長の割に重いのです。ですから考えて、上のサイズに合わせて着られそうなのを買ってきます。たいていズボンですが、卒業式でスカートをはかせたらパタパタさせて、まくってしまって困りました。

## 「メンストレーション（月経）」について

丹羽　女の子ですから、メンストレーションについては、どのように指導されましたか。初潮の前とか、その手当については、どのように教えられましたか。
橋本　難しかったです。本人は話しても分からないので、大事だからと言って、トイレのたびに注意していました。
丹羽　さぞびっくりしたことでしょうね。
橋本　本人は分かっていなくて、「なんか変な物がくっついている」としか思っていないようで、取ってしまったりするので、そのたびに見てやっていました。
丹羽　思春期になると、いろいろあるだろうと思われます。そういうことの心配はなかったですか。

橋本　（初潮が）来るのが遅かったので、私もちょっと心配だったんですが、急に高校1年の夏休みが終わる頃に来て、体が弱かったせいでもあると思いますが、未だにきちんと来ないのです。来たり来なかったりです。本人は分かってないので普通と変わりないし、ただ「お母さんが来て、くっつけていっちゃう」という程度です。たぶん理解していないと思います。

丹羽　なるほどね。日常の生活の中では、特別に不自由という事はないですね。お友だちも適当にあるし。この前よく気をつけてくださるお友だちがあるとおっしゃっていましたが、それは高校の時の友だちですか。

橋本　はい、そうです。

丹羽　今でも仲良しでしょうね。その方はお仕事していらっしゃいますか。

橋本　はい。月曜日から金曜日まで行っています。

## 公的サービス

丹羽　デイサービスはもちろんですが、そのほかに公的なサービスは受けていますか。

橋本　障害者有料道路通行料金割引証と、厚木市心身障害者医療証をいただいています。

丹羽　税金はどうですか。障害者手帳は持っていらっしゃると思いますけど。

橋本　確か、18から22歳くらいまでは、高い割合で減税になります。それから、県と市から福祉手当があります。県が、最重度なので年間6万円と、市が3万4千円です。

丹羽　デイサービスは無料ですか。

橋本　私の所は、食事は実費を払いますが、あとは全部市が補助してくれます。

丹羽　ほかに何かメリットはないのかしら。

橋本　車の税金は免除です。

## 言葉が出ない子ども

丹羽　何かほかに伺うことがありますかしら。

橋本　学校でもダウン症の子で言葉が出ない子どもがいますが、どうしてでしょうか。

丹羽　いろいろあると思いますが、でも理解はできるわけですから、そういう子どもが多いですね。思いがけず込み入ったことを言っても分かっていることもあるし、またあの子たちは非常に感受性が鋭くて、相手の感情についてはとても敏感です。こちらがどう思っているかを非常によく察します。あなたは、文恵さんからそういうことを感じませんか。あなたの体の調子が悪い時とか、何か気持ちがうつうつしている時など、文恵さんはそれを分かっていると感じませんでしたか。

橋本　分かっていないと思います。私がたまに寝込みますけど、わりと怒らないで子どもと一緒になってワイワイ言っているので、分かっていないと思います。たまに、お父さんが怒ったりしてびっくりしますが、たぶん分かっていないんじゃないかと思います。

ただ近くにいる子どもが泣くといやなようです。ですから、病院でほかの子どもが泣いていると、もうだめです。私のところに来て、どうしていいか分からないということはあります。前の子が泣いていていて、順番がくるともう困ってしまいます。どうしていいか、本人は分からなくて困ります。結局、家の中だけで育っているから、いろいろなことを体験していないので、分からないのだと思います。

丹羽　障害者手帳のランキングは重度ですか。

橋本　手帳は二つもらっています。一つは、療育手帳（知的障害）といいまして、こちらのほうはA1で重いのです。もう一つは、身体障害者手帳（心臓病）で、こちらは1種1級で重度です。

丹羽　文恵さんは明るくていつもニコニコしていて、楽しいほうが大きいですね。怖いという感情、さっきの、病院で前の子どもが泣くとどうしていいか分からないという怖さ。悲しいというのはどうですか。

橋本　中学の時、クラスの子が泣いていると自分も泣いてしまうのです。分からないのですけど、たぶん共感するのでしょうか。

丹羽　そうだと思います。言葉――そこがネックですかね。記憶力も関係あると思いますが、アメリカでは手話をダウン症児が自分の気持ちを相手に伝える手段として、割合に取り入れています。自分の思いが相手に伝わらないと、困ることあるでしょう。

「こういう気持ちだ」「こういうことをやってみたい」「これは好きだ」というようなことは、お母さんがそばにいて、文恵さんが言葉で言わなくてもうまく察してあげられているから、特別に言葉を使わなくても日常生活ができているわけですね。言いたくても言わない、言えないからそれで緊張してイライラすることはないのでしょう。

橋本　あの子が私のところに来る時には、例えば紙がほしい時には、私を連れて行き「ください」と言います。私が「何を？」と言いますと、「紙をください」と言いますけど……。

丹羽　あら、ちゃんと言葉が出ているではありませんか。

橋本　はい。要求することは、「ください」とか「やって」と言います。

丹羽　それはいい調子ですね。やはり、あまり先に先に理解して、それに行為で応えていると、子どものほうから「ください」も言わなくなりますね。例えば、何かの方向に視線が向くと、周りはそれを取ってほしいと察して取ってやる。このように、言葉を必要としない場面にいつもいると、言葉が出てこないことはよくあることです。いつもほしい物のほうに目をやると、すぐにそれが与えられるならば、言葉を使う必要がなくなりますね。だから、言葉は理解はできるけれども、言葉を使う機会がないから言葉が出ない。それがずーっと続いてきていると思われます。

もう一つには、口の中の機能的な問題があると思います。ある男の子は、言葉がなかなか出なかったのですが、ある時、急にたくさんの言葉が出てきました。あなたが先ほど言われた、ダウン症の子どもさんにもこんなにいろいろな違いがあるということの一例ですね。まさにそれですね。

橋本　先ほどの子どもさんの一人は、小さい時からいろいろなことができて、今では何でもできるのに言葉が出ないのです。その子からは、未だに言葉を聞いたことがありません。ダウン症の子は本当に言葉が出ないのかなと思いました。でも、うちの子は早くから歌を歌っていたりしたので、不思議なことだと思いました。

丹羽　十人十色と言うけれど、全体的に言葉の壁が大きいと言えるでしょう。よくしゃべる子どもでも、それがはっきりとこちらに聞き取れないこともあるし、いろんな問題があるので一概には言えないけれど、概して言語発達が遅れていますね。

## 家はにぎやかな万年幼稚園

橋本　元気、元気で家中にぎやかです。いつもにぎやかで、家は万年幼稚園ではないかと思うくらいです。

丹羽　だって、文恵さんはそういう人ですもの。周囲の者を本当に愉快に楽しくさせてくれるし、不思議な力を持っています。

橋本　そうなのです。11月に学校の文化祭に姪を連れて行って、私は用事があったのでその後を頼んだことがあります。あとで、「おばちゃん、文恵ちゃんすごい人気者だったのよ。みんなから握手されたりしていたよ」と言っていました。卒業生、在校生、先生方からみんなに囲まれて……。

丹羽　うれしいですね。お母さんは本当に屈託なく明るい性格で、ご苦労を苦労とも思わないで……。

橋本　結構親子そろってドジなものですから。

丹羽　いい関係のご家族ですね。気が合うというか、側にいると愉快になる。その人の気持ちがこちらにも響いてきて、同じように幸せな気持ちになる。ダウン症の子どもは、私たちに幸せな恵みをいっぱい持ってきてくれる存在だと思います。

橋本　この子は小学校の時から、朝、誰にでも「おはよう」と声をかけてきたもので、卒業したお友だちからも、10年経ちますが電話があります。

丹羽　いいですね。子どもたちが寄って来て、あなたの所がたまり場のようになっていて……。

橋本　子どもたちが5、6人いて、お母さんたちと話し合って材料を用意して、結構母親どうしで……。

丹羽　まあ、いいお話しでした。楽しくするすべがあって、みんなが楽しく過ごせて——。ありがとうございました。

---

橋本文恵さんへ

小さいときから心臓の重い病いと闘いながら、日本一やさしい父上と、潔いお母さまに守られて、自分で自立した心で日々を過ごしている文恵さん。歯槽膿漏で歯を失われたとのこと、大変ですね。でも、お母さまが全然変わらず、あなたのためにホームパーティーを開いて、養護学校の先生やお友だちを迎え、皆と変わらず会えるとのこと。それを知って、ほっとして涙が出ます。

# 「みんなと同じことがしたい」

檜垣峯子（ひがき　みねこ）さん
檜垣俊彦（ひがき　としひこ）さん

## 「この子は福児だから大切に育てなさい」

檜垣　療育相談にこちらに伺ったのは遅くて、昭和58年10月11日で、俊彦はもう5歳4ヵ月になっておりました。夫の転勤で、横浜から東京の世田谷区に越して来た時でした。

成育歴を申し上げますと、俊彦は昭和53年6月8日、私どもの第3子として生まれました。ダウン症と言われたのは、1ヵ月健診の時でした。赤ちゃんの体重の伸びが思わしくないので調べていただき、「血液検査をしなければ確定的なことは言えないが、たぶんダウン症ではないかと思う」と言われました。母乳をしっかり飲めなくて、体重が増えなかったようでした。上の子たちに比べて、飲みながらすぐ寝てしまうとは思っていまし

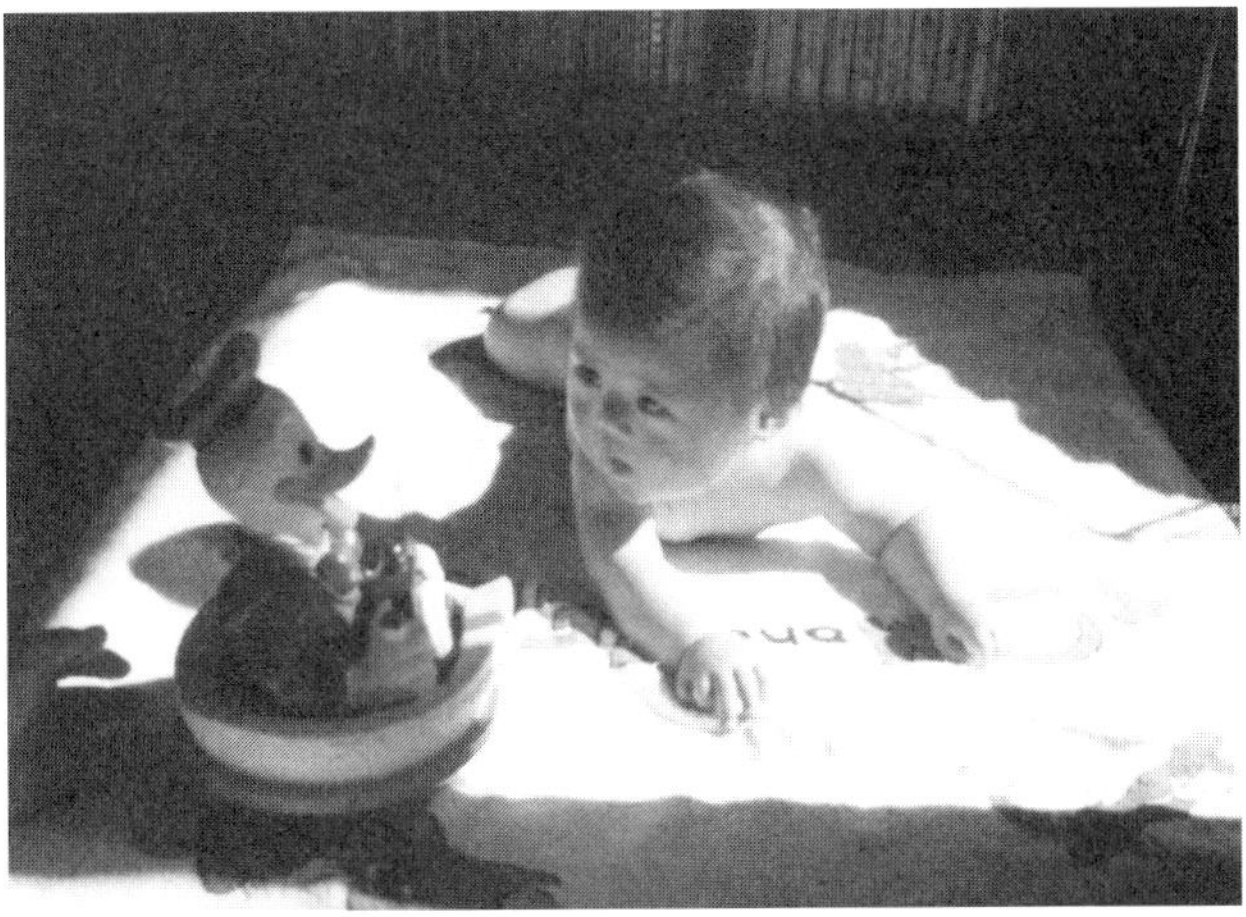

❶日光浴　10ヵ月頃

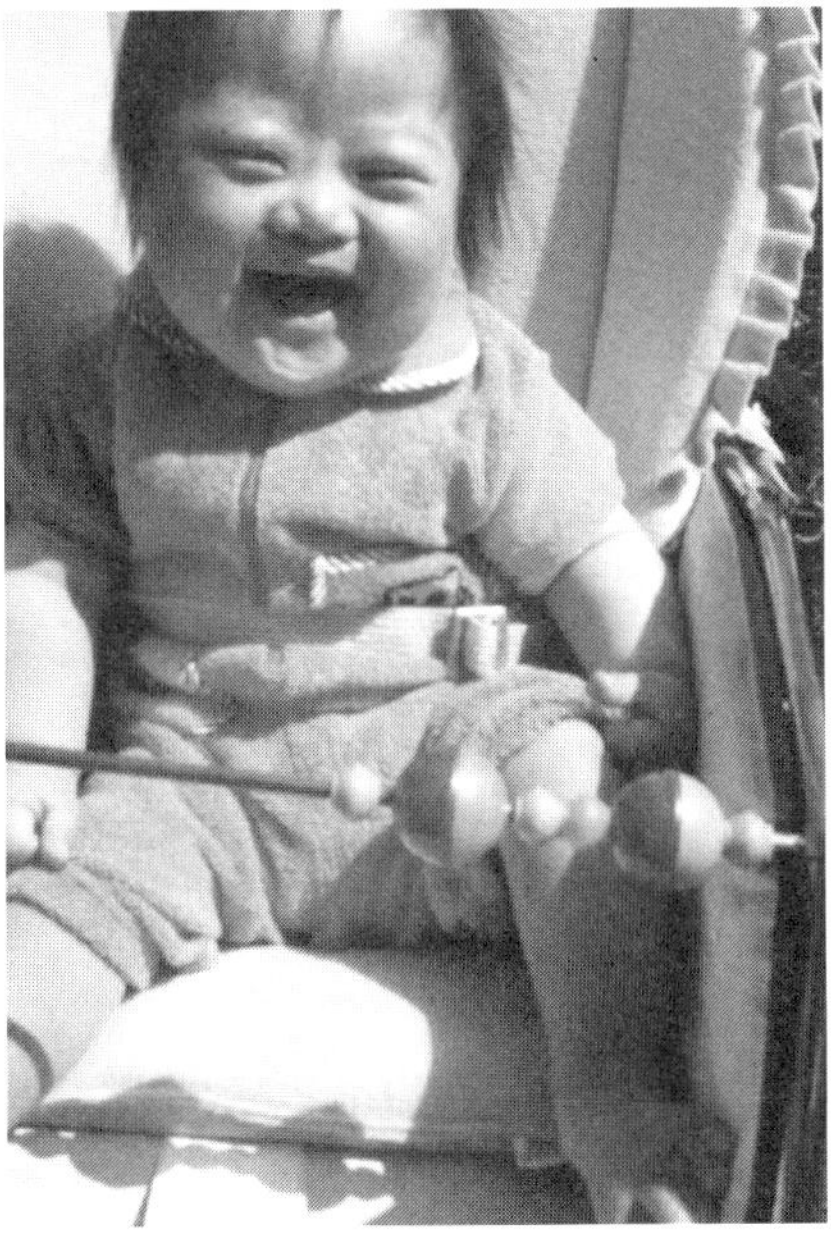

❷ベビーカーで　11ヵ月頃

たが……。

丹羽　この写真（❶）はしっかりして、可愛いこと。何ヵ月頃ですか。しっかりしていますね。

檜垣　日光浴しているのは、10ヵ月頃です。もう1枚の方は、11ヵ月の頃でした（写真❷）。丸々としてよく笑う赤ちゃんでした。生まれた時は、普通分娩で3025グラムありました。その時は、健康な赤ちゃんに恵まれたと「ありがとう基金」に献金したことを覚えています。

丹羽　発育はいいじゃないですか。

檜垣　離乳食にしてからは発育がよくなりましたが、それまでは体重が増えなくて……。ちょうど離乳食を与え始めたころ、2歳上の姉が病気で入院しまして、私が付き添いましたので、俊彦に母乳をあげられなくなりました。それで否応なく俊彦は離乳せざるを得なかったのですが、それがかえってよかったようで、私の留守中、母が作ってくれた離乳食を食べてプクプクと太ってきました。体重が増えなかったのは、おっぱいの出がよすぎて、飲み切れなかったのでしょうね。

丹羽　途中でおっぱいがストップしてしまう方もあります。

檜垣　私は、すごくよく出ました。

丹羽　よかったわね。本当に恵みですよ。私は母乳で育てていただきたいと、願いに願いますけど。

檜垣　私がダウン症の告知を受けたのが、産後1ヵ月だったのがよかったのかもしれません。それと上に二人子どもがおりましたので、育児に忙しく、日中は悲嘆にくれる暇もなかったのです。ただ子どもたちが寝てしまった夜は、あれこれ考えてメソメソしていた時期もありました。今では、どうしてあんなに嘆いたのだろうと思いますが。

丹羽　上のお子さんいくつですか？

檜垣　二つ違いで、4歳と2歳でした。

丹羽　子育てにおおわらわの時ですね。

檜垣　忙しかったことがよかったと思います。もちろん、夫のサポートも大きな励みでした。当時仕事が忙しく、夫が育児に携わる時間はあまりありませんでしたが、私の話をよく聞いて相談にのってくれました。もうひとつ嬉しかったのは、ダウン症と分かった時、「この子は福児（ふくご）だから、大切に育てなさい」と言ってくれた母の言葉です。私は広島出身ですが、地元では障害のある子どもを「福児」といい、「宝物として大事に育てれば、きっと幸せを運んでくる」という言い伝えがあるそうです。

丹羽　あら、私も広島です。「福児」というのは、聞いたことがあります。全国的な言い伝えかと思っていました。

## 親子で楽しんだ幼稚園生活

檜垣　これが4歳の写真（❸）で、こちらが5歳です（写真❹❺）。

丹羽　順調に大きくなられたのね。

檜垣　中核欠損という心臓疾患はありましたが、穴が小さく、運動の制限がなかったことは幸いでした。2歳から横浜市金沢区にある統合保育をしている保育園でお世話になりました。この時期、恵まれた自然の中をよく散歩させてくださり、しっかり歩ける足とカゼを引きにくいからだを作っていただきました。

5歳の頃、東京の世田谷区に越して来て、近所の幼稚園に入園させていただきました。「障害のあるお子さんの受け入れは初めてですが、できるだけのことはさせていただきます」との言葉に、感激したことを思い出します。俊彦には地域にお友だちがたくさんでき、親子で幼稚園生活を楽しみました。その一方で、私は療育の必要性を感じて丹羽先生の門をたたいたり、「こやぎの会」のリズム教室に通ったりしました。

就学を目前にすると、親はいろいろ悩みます。当時、私が学校教育に期待したことは、「社会性」と「言葉で表現する力」でした。特に「言葉での表現」は、以前、おでこを床にぶつけるという自

❹ジャングルジムで　5歳

❸うきわをもって水着で　4歳

❺七五三のとき　5歳

傷行為を経験していますので、痛切に望んでいました。

丹羽　言葉が出ないことにいらだって、そういう行為に出たわけですね。いつ頃でしたか。

檜垣　3歳から4歳頃でした。言葉が出始めて、それがなくなりました。ですから、「自分の気持ちを的確に表現する言葉が話せたら」との思いは強かったです。それと、人との交流が大好きで、真似ながら学んでいくという俊彦の特性を考え合わせて、刺激が多く、よいモデルの大勢いる普通学級への就学を決めました。

## 普通学級への就学と友だちの力

檜垣　入学して間もなく、友だちの影響力の大きさに驚かされました。どのお母さんもそうではないかと思いますが、入学までに自分の名前ぐらい書けるようにと、鉛筆を持たせて特訓しましたが、筆圧が弱いのと興味がないのとで、うまくいきませんでした。ところが、クラスのみんなが字の練習をしているのを毎日見たからでしょうか、字に関心を示すようになり、あっという間にひらがなが書けるようになりました。「みんなと同じようにやりたい」という気持ちは大事ですね。

もう一つ、「クラスのみんなの力はすごいな」との強烈な印象を持ったエピソードがあります。小学校4年生の時、羽根木公園で親子のお楽しみ会がありました。そこには、手作りの遊具がいろいろとあり、子どもたちが遊びを工夫できるようになっていました。高さ3メートルくらいの台形の遊具のてっぺんに走り登って、そこから飛び降りる遊びが始まりました。俊彦も走り登ることはできましたが、高い所が苦手で飛び降りることができません。

その時、「俊君、がんばれ！」というコールが手拍子とともに始まりました。下では担任の先生が、「俊君もおいで」と手を差しのべて下さっています。俊彦は意を決して飛び降りました。その時の俊彦の満足感あふれる表情は忘れられません。「みんなと同じことがしたい」という意欲と、みんなの中で培われる力を強く感じました。

**丹羽**　自分をとても意識しているわけです。自分がみんなに認められたということは、どんなにうれしかったでしょうね。

**檜垣**　親対子供、教師対生徒の1対1の関係では引き出せない、クラスの友だちの持つ大きな力を見たような気がしました。俊彦の通った小学校は、児童数300名あまりのこじんまりした学校で、兄や姉も在籍していたこともあってか、ほとんど全ての生徒が俊彦のことを知っており、学校外でもよく声をかけてくれました。特に兄の友だちがよく関わってくれ、心配したいじめもなく、概して幸せな小学校生活でした。

こういうと、何事もなく過ぎたように聞こえますが、その時々に越えなければならないハードルはありました。一番高かったハードルは、普通学級への就学通知を手にすることでした。今では、最終的には親の希望を尊重してもらえますが、当時は普通学級への入学はかなり困難でした。結局、週2日通級するという条件で、普通学級への就学通知がきたのは3月25日でした。通級先は車で20分くらいの所にある通級クラスを併設した小学校で、そこでは個別の教育を受けました。

1年から3年まで通級しましたが、4年生になって担任の先生から「こんなにクラスを留守にされたのでは指導できない。通級をやめてほしい」と言われ、通級を止めました。通級を止めて初めて、俊彦にとって通級がどんなに負担だったか分かりました。それまで、通級した翌日は落ち着かなかったのですが、通級しなくなってからとても落ち着きました。

考えてみると、週2日留守にしている間、クラスのほかの友だちが経験していることを、俊彦は知らないわけですから、居心地悪くて当然ですよね。みんなと同じ空気を吸って、一緒に過ごすことの大切さを実感しました。

福祉作業所新年会　1999.10　20歳

丹羽　ほんとうに受け持ちの先生の器量ですね。
檜垣　そうですね。器量だと思います。「学校は勉強するところだ」という固定観念を持たれた先生だときついですね。それもあるけれど、「学校は、子ども同士仲良くしたり、社会のルールを学んだりすることも含めて学ぶ場所」という認識を持った先生だとありがたいです。

ともあれ、学校での生活時間の大部分を占める授業中を「どう過ごすか」ということは常に問題でした。特別の課題を用意したりもしましたが、それに集中するあまり、先生の話を聞かないようになったりして、逆効果でした。授業についていけなくて退屈すると、教室を出て図書室や体育館、トイレにこもったりしたこともありました。担任の先生のソフトな対応と、「音読」など俊彦にもできる課題で、授業の中に引き入れて下さるようになり、授業中に耳に入る言葉は俊彦の語彙を豊かにしてくれたと思います。

普通学級にいると、俊彦が勉強の場面で認められることはなかなか難しいですよね。それで、地域の公文の教室に通い始めました。そこでは俊彦に合った教材をいただき、直しをしたあとで必ず100点を頂けるのです。学校の友だちもたくさんいて大好きになり、とうとう小学校1年生から高校3年生まで通いました。「自分にもできる」と実感することはとても大切だと思いました。

## 思春期に助けられたプロのサポート

檜垣　普通学級に在籍していると、「いま子どもに何をサポートすべきか」――親は手探りで、いろいろと悩みます。プロの助言が欲しいと思っていたところ、知人が「発達協会」を紹介してくれました。そこでの面接で、「この子たちはいずれ社会に出るのです。その時にどういう子どもに育っていてほしいか、それには今どうしたらいいかという観点で指導しなければいけない」と言われ、なるほどと思いました。ここでの療育は、親にとって大きな心の支えでした。なかでも一番感謝しているのは、思春期の感情のコントロールの難しい時期に教えていただいたことです。

ダウン症の子はおだやかだとよく言われますが、彼らにも思春期はあります。中学2年生の頃、思い通りにならないと物に当たったり、きつい言葉を投げかけたりするようになりました。療育の場面で、指導の先生にそれをした時の対応は、俊彦に「目をつぶって正座させる」ということでした。

初めは力ずくで反抗していましたが、先生にはかなわないと分かったのか、正座して目を閉じるようになりました。10分くらい続けると気持ちが落ち着いてきて冷静に考えられるようになり、自分のしたことの善し悪しが自分で判断できるようになりました。この型を俊彦に教え込んでいただき、とても助かりました。

丹羽　いま荒れている子どもを、学校や家庭でお母さんがそれをさせようとしても無理ですね。子どもに「そこに座れ」と言っても、できないでしょうね

檜垣　初めは、自分がこの先生には力でかなわないので仕方なく正座する。納得してではないのです。しかし、そうすると心が落ち着いて物ごとを冷静に考えられるという経験をして、この型が定着したのだと思います。発達協会には、小学校2年生から中学校3年生までお世話になりました。

小学校6年間普通学級に在籍したわけですが、いつも「これでいいのか」と迷っていました。そんな時、方向を決めたのは、俊彦の「花見堂小学校がいい」という言葉でした。事実、放課後も友だちがよく遊びに来てくれ、楽しい小学校生活だったと思います。ただ、小学校高学年の頃から、俊彦は男子のグループに入って遊びたがるようになりました。でも、彼らの活発な動きにはついていけず、まわりで見ていることもありました。それは、対等に付き合える仲間、対等な人間関係を求めているように見えました。

## 対等な仲間を求め地域の特殊学級へ

檜垣　そこで、中学校は地域の特殊学級へ進学することに決めました。中学校の初めの1年間は、大きな環境の変化に慣れるのに苦労しました。この特殊学級は3学年10名あまりの生徒が一緒に学び、教科の勉強よりも、実習や作業が中心になっていました。

俊彦にとって学校で勉強するということは、机についてノートを広げるということのようでした。自分は勉強していないと思ったのか、学校から帰ってノートを広げ、6年生の時の漢字の練習をやり始めました。それを見た時には、進路を間違えたかと悩みました。

担任の先生にお話したところ、2年生から国語・数学・英語などの教科を入れて下さり、ずいぶん落ち着いてきました。中学生活で望んだ「対等な人間関係」は、仲間に恵まれ、時には取っ組み合いのケンカも経験しながら、得ることができました。

丹羽　ちょっとよく分からないのですが、中学校の特殊学級というのは普通学級があって特殊学級があって、そして普通学級の方たちと折りにふれて一緒に授業を受けるのですか。

檜垣　学校によって交流の度合いは違います。俊彦の通った中学校では、遠足や体育大会などの行事では交流がありましたが、通常の授業はまったく別でした。俊彦の入学する以前、特殊学級の生徒が普通学級に給食を食べに行くという、給食時の交流をしていたことがあったそうですが、特殊学級の生徒が嫌がるようになり、中止されたと聞きました。確かに大勢のよく知らない人たちの中に、給食の時だけぽつんと一人入るのは苦痛だと思います。

逆の交流で、普通学級の生徒が10人くらい特殊学級に来て一緒に給食を食べるほうが、よほどよい交流になると思うのですが……。

## 剣道「二段」に

丹羽　それで、特殊学級に入られた中学校の3年は幸せでしたか。

檜垣　幸せだったと思います。確かに放課後の交流がなくなったのは残念でしたが。特殊学級の友だちは家が遠くて、気軽に行き来できませんでしたし、小学校時代よく遊びに来ていた友だちも、だんだん来なくなりましたから。でも、学校で対等につき合える仲間を得たことと、小学校6年から始めた剣道を頑張ったことが、俊彦の中学校時代を豊かなものにしてくれたと思います。

剣道には、兄や姉の応援を通して早くから馴染んでいました。地域にボランティアで運営される剣友会があり、主に小学生を対象に活動していました。腕の筋力の弱い俊彦には、よい運動になるとは思っていましたが、足運びなど決まりごとが多いので、それを理解して動くのは無理かなと躊躇していました。ちょうどそのころ新聞で、「ダウン症の青年が剣道初段をとった」との記事を読み、決心がつきました。

土曜日の夜1時間半、日曜日の午前中2時間半、週2日の練習を嫌がらずよく頑張ったと思います。兄や姉と剣道の話ができるのも励みだったようでした。動きは敏速とはいえませんでしたので、試合は強くはありませんでした。

丹羽　でも、男の子にとっては、ある程度の攻撃的なチャンスがほしいことがありますね。許された範囲で、自分の攻撃性を発揮することが必要です。発散できますもの。

檜垣　そうですね。男の子には、ぜひ何かスポーツをしてほしいですね。俊彦は、小学校1年から剣道を始めるまではスイミングスクールに通っていました。剣道では、試合のほかに昇級・段審査が子どもたちの目標になっていました。

その審査では、試合の勝ち負けではなく、剣道の基本が正しく身についているかどうかが見られます。俊彦は中学1年で2級、中学2年で一級、中学3年で初段、高校1年で二段に受かりました。私は、これだけは胸を張って自慢できます。特に初段の審査からは、実技審査として、審査員や大勢の応援の前で試合を2回した後、合格した人には剣道の型の審査もあります。それに合格してはじめて、免状をいただけるのです。

初段は一度の挑戦では無理だと思っていましたので、その時の俊彦の集中力とファイトには驚かされました。二段に合格した時には、親のほうが飛び上がって喜びました。私も俊彦のお陰で剣道の楽しさを知り、三段の免状をいただくことができました。

高校は都立青鳥養護学校へ行きました。高校生活は、多くの仲間や先生方との出会い、さまざまな行事や体験を伴う勉強等とても充実したものでした。特に寄宿舎生活の経験は、俊彦を大きく成長させてくれました。

青鳥養護学校は敷地内に寄宿舎を併設していて、卒業するまでに1～2学期間寄宿舎生活を体験できます。その間、生活面・精神面の自立を目指しての指導を受けながら、同室の異年齢の仲間4～5人と共同生活を送り、しかも班長としての役割を果せたことが、甘えん坊の俊彦には大きな自信になったようでした。

## 「ストレス」でめまい

檜垣　卒業後、俊彦は地域の福祉作業所で働き始めました。そこは、高校3年生の時、三ヵ所の作業所を2週間ずつ実習し、一番気に入った所でした。働き始めて2ヵ月くらいはとても順調で、「何も言うことはありません」と指導員の先生に言っていただけるくらい、きちんと働けました。ところが、5月の終わりごろから調子を崩し、「目がまわる」「グラグラする」と言い始めました。私はびっくりして耳鼻科に連れて行き、検査をしていただきましたが、はっきりした原因は分かりませんでした。

とりあえず、めまい止めの薬をいただいてきましたが、「めまい」は収まりませんでした。その後、あちこち病院回りをして診ていただき、身体の異常が見つからなかったので、心の問題ではないかと精神科を受診しました。精神科のお医者さんのアドバイスは、「五月病だと思う。時間をかけて、密な人間関係をきちんと作っていけばよくなると思います」ということでした。

そういえば5月末に調子を崩した時、俊彦に「お母さん、実習はいつまで続くの？」と尋ねられ、びっくりしたことを思い出しました。今から思えば、本人は実習のような張りつめた気持ちで2ヵ月間、目いっぱい頑張り過ぎて、身体のほうが注意信号を出していたのでしょう。そのうえ、でき上がった集団の中に一人新しく入るのは、精神的にかなりの緊張を強いられます。そこで当面は、俊彦が一番親近感を抱いている男性指導員の先生に、個別に対応していただき、その関係をベースにして、徐々に仲間とのつながりを強めていこうということになりました。その間作業時間を半日にしていただき、様子を見ることにしました。

10月上旬、作業所の研修旅行があり、3泊4日で沖縄へ行ってきました。その間、作業所の仲間と寝食をともにしたのがよかったのか、旅行から帰った翌日から丸一日作業所で働けるようになりました。それはびっくりするくらい劇的な変化でした。ただ、めまい止めの薬はまだ止められず、「薬はもういらない」と言えたのは、翌年の1月でした。今でも時々、耳を押さえたりするので、違和感が時折あるのかもしれません。

**丹羽**　からだに弱いところがどこかにあると、心理的な問題が起こった場合、そこにくるということでしょうね。

**檜垣**　こういう状態を自力で乗り切る経験が大切で、次にストレスがかかった時、以前の経験が大きな力になるとお医者さんに言われ、納得しました。この時の、親としての対応がまずかったなと、後で反省したのですが、「めまいがする」と聞いた時、もしかして重大な病気かもしれないと病院をあちこち回りました。その親の過剰反応が、俊彦をより不安にし、ストレスを増幅させたかもしれません。

親は不安を飲み込んで、「大したことはないと思うけど、念のためお医者さんに行こうか」という程度の対応ができれば、よかったと思います。

丹羽　それは大切な学習でしたね。そういう対応は、ちょっとなかなかできませんよ。今までになかったことですものね。

檜垣　この直前に、中学時代のクラスメイトが「バランスがとりにくい」ということで検査したら、頭の中に腫瘍ができていて手術したという話を聞いたばかりでした。それもあって、「大変な病気かも知れない」と反応し、子どもに大きな心配の種を与えてしまいました。

丹羽　症状もなくなり、いい解決の道も見つかり、よかったですね。

檜垣　「五月病」と言われた時、親の肩の力が抜けました。それならば、時間をかければ何とかなりそうだと……。見通しがたち、親の不安が軽くなりました。とてもよいアドバイスをいただいたと感謝しております。

丹羽　それはどこの病院でしたか。

檜垣　都立梅ケ丘病院です。

丹羽　いい専門家の先生に出会われましたね。よかった。

檜垣　からだに異常が見つからないのなら、心の問題ではないかと疑った時、私は「退行」が始まったかとも思いました。もし重大な精神的な疾患だと、眠れなくなったり、食欲が減退したりするそうです。当時、俊彦は食欲もあり、睡眠もとれておりました。表情豊かな様子を観察したうえで、うつ病など精神科関係の病気ではないと判断されたようでした。

それまで、人間関係にはあまり苦労しないで、親しい友だちができていましたが、この度のようなでき上がったグループに、一人ポンと入る経験は初めてだったかもしれません。

丹羽　人間の誕生からおよそ20年の人となる過程で、どんなにその発達の節目でお母さんが心を労されたか。現実の日本の教育の実情と、特にハンディを持つ子と、親の闘いの過程を語っていただき、非常に心を打たれました。具体的に成長発達の移行期にどのような問題が生じるか、どのように一つ一つが解決されていったか、一番大切なことは何なのかを考えさせられる、非常に貴重なお話を伺うことができました。

ありがとうございました。

檜垣俊彦くんへ

思いがけない境遇の変化のため、新しい地方の空気になじめず、困難な日を過ごしているあなたのため、心を痛めておいでのお母さま。折りあるごとに心にかかっていましたが、最近私を訪ねてくださいました。そして、立派に正装して兄上の結婚式の写真におさまっているあなたを見せてくださいました。少し大人っぽく、一所懸命の表情が思わず笑みを誘いました。それが今の私に、どんなに大きな意味を与えてくれたかわかりません。時をかけるという救いの道を再確認したことでした。

# 「普通の人々の中で、一つ一つ考えればいい」

矢萩芳子（やはぎ　よしこ）さん
矢萩竜太郎（やはぎ　りゅうたろう）さん

## 自分で発見し、自分で獲得する場を

矢萩　ダウン症ということが分かって、私はまず、その教育の専門家を探すことが課題でした。竜太郎が6ヵ月くらいの時に、天羽太平先生との出会いの中で、「普通にすればよいのだ」「普通の人々の中で、そこで問題を一つ一つ考えればよいのだ」と思い、そこから子どもとのつき合いが始まりました。

丹羽　あの頃、「花クリニック」に来られた方は、かなり天羽先生のところ（青山教育研究所）に行っておられたようです。というより、そこで「花クリニック」のことを聞いてここに見えた方々でした。その方々から、かなり情報が入っていました。先生は研究者でいらして、いろいろな研究のデータに基づいて、お話ししてくださったようですね。

矢萩　その当時、外国のダウン症の子どもは、言語発達がよいというお話がありました。私は外国人は、表現豊かで言葉に感情がこもっている、身体もアクションも大きい、こんなことがプラスしているかも知れないなと思いました。

赤ちゃんに、いろいろなことをたくさん話しかけるお母さんがいますが、私にはそれはとても難しい課題で、私に楽にできることを考えました。「楽しい、美しいと思ったことは表現豊かに伝え、身体を動かすことを伴って何かを伝えることかな」と思い、抱いて音楽をかけてダンスをしたりしてみました。歌もよく歌いました。木に触れる、ともに太陽を感じてみる、こんなことから始まったと言えます。

早期教育ということがいわれていましたが、「何をどうするか」何も分からず、ただ子どもを見つめて、彼の興味に応じて動いてみる。しかし、どこか自分の頭が先行し、「何かを教えよう。一定の方向にもっていこう」とする自分がいて、そこをなかなか克服できませんでした。今でも困難です。カルタ遊びが大好きだったので、いろいろなカルタを作りました。

でも、竜太郎を見ていると、フッとものを理解したり、それはなぜかは分からないけれど、ある時自分で獲得していくものがあって、むしろそういう場をたくさん作ってやればいいのかなと思いました。人間は人から教わることもあるけど、自分で発見して、ごく基本的なことは自分で獲得する、自分でアッと気がつく、そういう場をたくさん子どもが持っていればいいのかなと思っています。

## 「いじめ」もあった小学校時代

丹羽　学校はどうしました?

矢萩　普通の人々の中でみんなとともに生きていくこと、今の学校のあり方の中ではなかなか難しい。普通学級に入れていくには、大きなハードルがあります。でも実際に、本人が普通学級の中にいることでしか問題も見えてこないし、みんなにも障害を持つ子を理解してもらえないと思いましたから、私の思いを通して普通の学校、普通学級を選びました。

小学校6年では、「特殊学級に入れないと、将来この子が犯罪を犯す」と言われたこともありました。しかし、よく小学校で見られる、子どもがクラスにいるのが嫌になるような圧力、例えば近くのほかの小学校で実際にあった話ですが、やっぱりダウン症の女の子で、プールに入る時は特別に赤い帽子をかぶせられる。その女の子は、水泳教室に小さい時から通っていて泳げるのに、親がついていなければプールに入れない。そういったようなことはありませんでした。本人も喜んで、学校に行くのを楽しみにしていました。

4年生の時、科目によっては特殊学級に通級させようかという話もありましたが、特殊学級側の受け入れ体制があまりよくないようでしたので、担任の先生も考えられて止めにすることにしました。クラスづくりの上手な先生の時は、生き生きとクラスに溶け込んでいました。

6年の時、「いじめ」にあいました。数人にいじめられ、髪の毛を切られたり、いろいろなことがありました。そういう時には、「こんな中に置いておいてもいいのかな」という思いもありましたが、「これも現実として、本人がどう対処していくか、本人の話や想いをよく聞きながら乗り越えることしかないのかな」と思っていました。

また、こんなこともありました。休み時間に、特殊学級の部屋に遊びに行くのです。学芸会の時に、このクラスの子どもたちがやった「ヘンゼルとグレーテル」の魔女の衣装が壁に掛けてあって、そこには「本当に魔女がいるのではないか」という想いが強く彼の中にあり、それを確かめに行くのでした。しかし、休み時間は先生が教室におられないので、いじめから逃れるためだったのかもしれません。授業時間になると、自分のクラスに戻ってくるのです。「特殊学級に移る？」と聞くと、かたく首を横に振っていました。

普通学級の中にはたくさんのよさがあるはずですが、日本の学校自体がよくないし、先生の力が発揮できないようなシステムになっているような気がします。彼らが普通学級に行った時に、そこでどう過ごすかは大問題です。それは、学校が本気で受け入れようとしているわけではない。親の希望を受け入れているに過ぎないのです。

先生は40人を抱えていて、一人の担任では解決できないことが生まれてきます。授業もどんどん遅れて、何となくそこに置き去りにされて、子どもができなくても放ったらかしにせざるを得なくなってしまう。そんな現実の中で、先生の苦労も理解できるし、あまり多くを要求できないこともありました。受け入れた以上は、もう少し学校全体で考えてほしかったです。

## いい先生との出会い——中学校普通学級

矢萩　中学校にも特殊学級はありましたが、本人のたっての希望で普通学級に行きました。というのは、小学校の隣に中学があり、小学校の同級生がほとんど全員がその中学に入学することになっていたからです。でも、むしろ小学校の時よりずっといい自由な感じのするクラスでした。

1年生の時は若い男の先生で、かなり苦労なさったと思います。初めは教室で大ふざけしたり、授業中歩き回ったりしていたようなのです。クラスメイトたちからの話でその様子を聞いたので、先生にお話を伺いに行きましたら、「みんなそれぞれ何かあって、竜太郎君だけが問題なのではありませんから。心配せずに、こちらに任せてください」とのことでした。先生の努力と工夫で、3学期には落ち着いたようです。

いじめもたくさんありました。友だちの話によりますと、竜太郎が「何をー！」と言って立ち向かったこともあるそうです。体育の時間は工夫がたくさん見られて、その時間中、全員とともにその時の課題を共有している実感を持てたと思います。体操の先生には、「竜太郎君は、頑張り屋で強い子です」と言われました。家で見ていると「そうかな」と思いましたが……。

英語が大変気に入って先生がとてもよかったこと、初めはごくやさしいこと、英語の歌をたくさん知っていたことが幸いして、教室だけでなんとなく読めるようになりました。正確に読めなくてもだいたい分かるようです。外人の先生が学校に来ると、竜太郎が応対するんですって……。ほかの子は何も言えなくて、彼だけが気軽に声をかけるそうです。メチャクチャですが、とにかく何かをしゃべるそうです。

ロンドンに行った時は、地下鉄でキップを買うのに、私には薄暗くて字が小さくてよく見えないのですが、彼が駅名を探してくれました。

## 定時制高校卒業の日

**矢萩**　中学を卒業したら「花岡学園」に入れようと考えていました。花岡学園というのは、障害児の教育（学校）または施設を運営しているところです。教育の内容は「自分からやりたいことを見つけて、自分からやろうとする気持ちを育てていく」ということが基本で、そのしっかりとした自己のうえに立って、自分のできる仕事、やりたいことを見つけてそれをできるようにするということです。その仕事というのも、どこどこに就職させる、作業所を探すというだけでなく、もっと広い問題で考えていこうとしています。

ここはそのほかに、普通の子供たちを集めて、月に1回、桧原村にあるロッジに1泊の「桧原村探検隊」という集まりがあり、ここに彼は3年参加したこともあり、学園のことは本人がよく知っていました。でも、「養護学校も花岡学園もどうしてもイヤだ」と言い張り、いろいろ学校も当たってみたのですが、結局、近くの定時制に通うことになりました。

同級生の男の子が二人一緒ということもあり、夜でも行くといいましたので通うことにしました。4年間は長いし、定時制というところは、現在では働いている子ばかりではなく、多くは、端的にいえば「ドロップアウト」した子で、あまりよい環境ではないので、途中で止めさせようと何度も思いましたが、本人は1日も休まず、「友だちと一緒に卒業するのだ」ということを目標にしていましたので、最後まで通いました。とにかく1日も休みませんでした。卒業式の日は大感激でした。本人は「やった！」と大喜びでした。歩けば30分弱くらいですが、自転車で通っていました。

学校の問題は、いま全体の見直しが検討されているようですが、ハンディの子も分けるのではなく、みんなと一緒にいる中で、その教育ができるシステムを考えてほしいです。そのほうが人間の暮らし全体にとってよいと思うのですが。当たり前のことですよね。

## ダンスと芝居との出会い

矢萩　すごく引っ込み思案なところがあったので、体操教室に行き始めました。小学校5年生の頃から高校まで、池田敬子さんの主催しておられる体操教室に通っていました。すごく引っ込み思案で、自信がなく、本当はやりたいのに出て行かない傾向が強くありましたので、体操をやることで何かよい結果が得られるかもしれないと思ったのです。

そこのクラスの方針は、「体操が好きになるように」が主眼でした。途中で「行くのイヤだ」と言ったこともありますが、この時だけは「今は少ししんどいかもしれないけれど、大きくなったらやってよかったと思うようにきっとなるから、ここはちょっと頑張ってやってみたら」と、少しプッシュしました。

上
山をバックに　1990　13歳

下
1997　20歳ごろ

プロジェクト・ムー十いずるば　提携公演「象とアジサイ」にて　2004.3　27歳

できなかった逆上がりもできるようになり、跳び箱は8段飛べるようになって、だんだん面白くなり、体操の日を楽しみにするようになりました。学校でも体育でマット運動の時などは、ほかの子はスピードがあったりパワーがあったりしますが、どこかぶきっちょでも、彼はきれいに前転をこなしたり、フィニッシュが形をなしていたり、自分のしていることに自信が感じられ、とてもよい表情をしていました。

**丹羽**　それはいいことですね。ほかの子どもと比べるのではなく、お子さんの発達の変化をちゃんと見て、よいところを認めてあげられる。とてもいいですね。身体で自分にも他人にも証明していることですから。

**矢萩**　中学生になった頃、大きな出合いがありました。それはダンスと芝居です。ダンスはヴォルフガング・シュタンゲというドイツ人ですが、ロンドンで「アミキ」というハンディキャップとともに踊るダンスグループを主催している方のワークショップに参加したことからその虜《とりこ》になり、その中で自分を人の前で表現できるようになって行ったと思います。

現在、ダンス、芝居、ドラムを叩くことを楽しんでいます。芝居は、私の友人が大森で活躍している「地場演劇の会」があり、それに出してくれたのが始まりで、すっかりそれに夢中です。引っ込み思案だった彼は、時々そんな面を今でも見せますが、ずいぶん変わりました。本人が生き生きと、生き続けられる場を持たせてあげたいと思います。

いま障害者芸術活動花盛りで、いろいろな場所で楽しい試みがなされています。絵とか工芸、彫刻の分野では素晴らしいものがたくさんあります。竜太郎のように身体表現の場はまだまだ少なく、なかなかよい場をつくるのが難しいです。サポートする人数が複数必要なこと、リーダーが少ないことなどがあって……。

でも、この国全体の問題ですが、芝居を見たり、音楽を聴きにちょっと気軽に足を運んで行く、そんな人たちが非常に限られていて、発表する場が少ないことが大きな問題です。やる人と観る人、両者の間でこの分野は育っていくと思うのですが、何とか場をつくって、仲間を膨らませる努力を今しているところですが、なかなかできるかどうか……。つくづく、「もう10年私が若ければ」と思っています。

仕事、お金を稼ぐという意味と社会参加という意味で、本人にこれから考えさせようと思っていますが、仕事（働く）ということを理解するのがなかなか難しい。家では彼の仕事として自分からやるようになったことは、食事の後かたづけ、雨戸を閉める、洗濯物をたたむ、ご飯を炊くなどありますが、家以外での仕事とはどんなことがあるのか、見て体験するよりないのかと思っています。ここ数年の課題です。芝居その他との兼ね合いもあるし、本人がやらなくなれば別ですが、本当に熱中できることは、捨てたくないですものね。

---

本人が日々を送っていくことも大変ですが、親がいなくなったあと、誰がどこでみていくかということになると……。グループホームを作ればよいと言われますが、その実状を見てみると考えてしまうことが多々あって……。

彼が、彼らしく生きていける条件を残していこうとするとどうしたらよいか、いま探っているところです。あるきちんとした哲学に基づいていないと、すぐ変質してしまいますから……。それは理想だと言われますが、スウェーデンなどはよいシステムを持っているようです。

「日本では難しい」とスウェーデンの人に言った時、「昔はスウェーデンもひどいものでした。みんなの力で変えていったのですよ」と言われました。何とか本人が嫌なことははっきりイヤと言えて、自分のやりたいことをきちんと伝えることが、もう少ししっかりできるようになるといいと思っています。

**丹羽**　個人的な問題、そして社会の仕組みとの関係、などなど、私どもの前には解決できないでいる問題がいっぱいです。
でも竜太郎君は幸せですね。そして竜太郎君らしく成長されています。お母さんがこの二十年の間、「どこを切り口にしていったらいいか」と、いつも考えながらここまでやってこられたことを、つぶさに伺えてよかった。いろいろ考えさせられることがいっぱい与えられました。ありがとうございました。

矢萩竜太郎くんへ
1977年8月、花クリニックのオープニングの日には生後10ヵ月で一番乗りした竜太郎君。お家の庭で近所の友だちと踊ったり、ロンドンまで出演しに行き、お芝居もする。しかも、マクドナルドで仕事もするという、凄いエネルギーの持ち主。私は初めからずっとあなたを見ていますよ。ただし、この頃の颯爽としたあなたにはまだ会えていない。とても会いたいと願っています。

# 「一人ではできなくても二人でなら育てられる」

宮原雅子（みやはら　まさこ）さん
宮原陽子（みやはら　ようこ）さん

## 「あれ、この子だれに似ているのかな」

**宮原**　陽子が生まれたのは昭和53年8月6日、兄が小1の時です。第2子で女の子、体重は3500グラム、これなら育てやすいだろうとホッとしました。ずっと兄妹を欲しがっていた息子も、「お母さん、これでやっと4人家族になれたね」と喜んでくれました。

あれは、8月の暑い最中でした。「陽子」と名づけました。女の子なので、やはり母親になるということと、女性は明るくなければいけない、自分があまり明るいほうではないと思っていたものですから、太陽のように明るい子どもになってほしいという思いを込めて、太陽の「陽」にしたのです。この子が、ダウン症であることを知る前のことでした。

丹羽　私も8月生まれです。明るいという共通点はありますね。

宮原　わあ、うれしい。それに元気です。それでぶつかることもありますが、吸収することも多いです。

丹羽　最初に告知された時のことを、もっと聞かせていただけますか。

宮原　私たちの場合はダウン症ですから、取り上げたお医者さまはすぐ気がついて、検査するまでもなくたぶんそうだろうと分かっていたそうです。しかし夫は、翌日に担当医からダウン症に違いないことを伝えられ、私には1ヵ月検診時に知らされました。

でも、私は出産後一週間入院していた間に顔を見た瞬間、「あれ、この子だれに似ているのかな」とまず思いました。その間に、言われるまでもなく、何となく違うことが分かったのです。手足が冷たいので、「夏なので冷房のせいかしら」と思っても、看護婦は話を濁すようだし……。でも何かある。片方の黒目の様子がおかしい。ともかく、何かあるにしても、目は悪いだろうとはっきり分かったのです。「何となく」という不安を抱えながら……。

丹羽　その「何となく」という感覚ね。

## 漠然とした不安

宮原　「何となく」という漠然とした不安はずっとありました。問いただせずにいただけにショックでした。でも、あの時の感覚はよく覚えています。考えてみますと、1ヵ月目に私がはっきり先生の口から聞いたのは、あまり適切な言葉ではなかったように思います。世の中がスーッと自分から遠のくような、それまでに味わったことのない寂寥感にとらわれました。

つらい日が続きましたが、「涼太も陽子も、まぎれもない僕たちの子だ。一人ではできなくても、二人でなら育てられるさ」――との夫の言葉に気をとり直したのです。その時点では染色体の検査はしていなかったのに、「まず、間違いないでしょう」と言われて、将来にわたって遅れがあると言われたのです。でもその時、ダウン症と言われても知識がなかったので、分からなかったと思います。

丹羽　「ダウン症」とおっしゃったの。

宮原　ええ。ダウン症とおっしゃいました。分からないけれどそう言われて、「もう、なによー」という感じでした。とにかく家に帰って、手当たり次第読みあさって、しかるべきところで検査を受ける必要のあることを知りました。保健婦さんの指示もあって、家から近い杏林大学でテストを受けることにしました。その当時は、結果が分かるまで時間がかかって2、3週間かかりました。杏林大学の先生は、日暮先生の関係でした。

丹羽　そうですか。あそこで日暮先生の診察を見学させていただいたことがあります。いいところに行かれましたね。

宮原　ええ。保科先生という先生でした。とてもいい説明で、「しばらくは大変だけども」とおっしゃって、私が仕事をしていることも話しましたら、「集団で刺激を受けながら育つことはいいことです。小さいうちは感染率が高いので個別保育が望ましい」というので、公立保育園へ申請する時も、先生が診断書を書いてくださってそれを提出しました。たまたま上の子どもがお世話になった園長先生が、「私のところに来るのなら、引き受けましょう」という話になって、翌年の6月から入園することができました。公立保育園で5年数ヵ月保育していただいて、その間私は仕事をしていました。

## 先が読めて落ち着く

丹羽　なるほど。そうして「陽子」ちゃんが加わって、宮原家家族4人の新しい生活設計ができあがり、新生活が始まったというわけですね。陽子ちゃんが10ヵ月の時でしたね。

宮原　はい。10ヵ月の時でしたが、やっと寝返りをし、うつ伏せになるとベッドに顔をつけ、頭をもち上げられない状態でした。新卒の保母さんが希望して担当になり、「私も陽子ちゃんもゼロからのスタート」と、意欲的に取り組んでくれました。

　陽子が生まれた年に、ちょうど「こやぎの会」の『この子とともに強く明るく』※ができました。世田谷の保健所から遠いところに保健相談所があり、主人がそこへ相談に行ったところ、「これが配布された」といって持って帰りました。とてもタイミングがよかったことで、それを見て先のことが分かり、先が読めてきました。そして、落ち着いてきました。とてもありがたかったです。

　そして保健婦さんが、「実際にこういう子どもを育てた方に会うのが一番」と、2歳年上の男の子を紹介してくださいました。お母さんがバギーに乗せて連れて来てくださいました。「こやぎ」のガイドブックと、実際に育てられた方に会ったことで、「ダウン症はこうなんだ」ということを分からせていただいて、とてもタイミングがよかったと思います。よく、あちこち行ったり、めぐりめぐって疲れ果ててしまったという話を聞いたものですから……。

丹羽　「こやぎ」のガイドブックは、私が日暮先生に紹介していただいて「こやぎの会」に入って、諸岡会長、日暮先生（前出55頁・第一章注7参照）、飯沼先生、高橋先生、筑波大の池田先生と私たち専門家と、親の有志が一緒になって作りました。とにかく、ダウン症と告げられてどうしようかと迷っている多くのお母さんたちの手に渡るようにと願って、無料で配布されました。あの頃、あれは確か早稲田のライオンズクラブの方の献金で、印刷できたのだと思います。私たちは本当に燃えていました。でも、それが一番にあなたの手に渡るなんて、何てうれしいことでしょう。

## 「誰かが持って行くなら、持って行ってもいい」

宮原　告知から半年が勝負で、その頃から反応が出てきて、本当に可愛くなってきました。応えてくれないものに、呼びかけることはなかなかできません。いろいろ迷いはありました。小さい頃から弱く、毎月カゼをひいたものです。その度に病院へ連れて行きました。私がトイレに行きたくなってソファーに置いて戻ってくると、置いたままの状態でいてくれるのです。でも、その間に「誰かが持って行くなら、持って行ってもいい」と思ったこともありました。あの頃は、そんな心境だったのです。

　4歳くらいの時、目はかなり悪いと分かっていたので、ある大学病院の眼科がいいと「こやぎの会」の会報で知って連れて行きました。とにかくじっとしていないので、別に紹介で行ったわけでもないし、順番を待って診ていただいたのですが、じっとしていないで動きだすので、先生は「これでは検査もできない。無理です」と言われ、それもそうだなという思いと、もっと親切に診てくれればいいのにと思ったりしました。

　それから何回か行って、その都度、私が会計する間にどこかへ行ってしまって迷子になってしまう危険があって、行く時は主人に半日休んでもらって、二人でこの子を連れて行ったものです。

丹羽　そうですか。ご苦労なさったのですね。

宮原　その後、狛江に住んでいる方が、慈恵医大第三病院にいい先生がいて、その方はメガネを作られたと聞いて、そちらへ行っていい先生にめぐり会いました。その先生が定年でお辞めになるまで、眼は診ていただきました。

丹羽　本当に、いいお医者との出会いって大切ですね。

宮原　肺炎で入院もしましたが、年ごとに丈夫

※『この子とともに強く明るく』こやぎの会発行（初版1978年6月1日）全国の病院・保健所などで無料配布

になりました。歩き始めが2歳3ヵ月。それまで四つん這いが長かったのですが、裸足でせっせと園庭を歩かせてもらっていた姿が忘れられません。言葉も遅く、友だちと意思の疎通がスムーズでなく、噛んだり叩いたりして、親を悩ませもしました。

保護者会には必ず出て、率直に様子を話したり、先生には、当時受けていた「花クリニック」の発達相談の内容を伝えたりして、理解を求めました。「甘えは満たしても、甘やかさない方針で、園全体で受け止めていこう」という姿勢の中で、陽子はのびのび育ったようです。

丹羽　保育園の園長先生がここに見学にみえました。カルテに書いております。そして、テスト場面での陽子ちゃんの様子をご覧になって、その集中力に驚いておいでした。ちょうど、彼女がペッグをペッグボードの穴に入れるという課題に取り組んでいた時でした。

宮原　えっ。そんなことあったんですか。

丹羽　園長先生は、障害児教育を手探りでされていたので、「見学してよかった」と喜んで帰って行かれました。

宮原　その先生は5、6年前に世田谷の施設を退職されて、今は調布の福祉作業所の所長さんをして活躍されています。

丹羽　その園長先生と、担任の先生と二人でいらしたのです。そういうふうに保育者の方々がここに来られて、ここでの様子を見て、私がお母さんがたに説明していることを聞いて、お母さんと子どもの関わり方を見てくださること――。それは集団の中で、昼間の長い時間世話をしてくださる方に理解していただくうえで、とても大切なことだと思うのです。いろいろな保育園から、担当の保母さんが見学に見えます。園での様子を話してくださったり、一緒に勉強してくださって、私はとてもうれしく思いました。

宮原　そうでしたか。

## 保父の道を選んだ兄

宮原　家から園まで40分かかりましたが、恵まれた時間をすごしていると思うと、往復の苦労は帳消しになり、私も精神的に助けられました。そして、入学とともにスッパリ仕事はやめて、これからは本腰でこの子に向かおうと思いました。

上の息子と6歳離れて生まれ、上が早生まれなので7学年離れていて、息子が小1の夏に陽子が生まれました。かねがね妹か弟をほしがっていて、「みんないるのに、どうしてぼくのところにはいないの」と言って、陽子が生まれた時はすごく喜んでくれました。赤ちゃんの時はハンディがあることは分からなかったのですが、おいおい分かってきたようです。

彼はとても優しい子どもです。今も優しい子です。現在、保育園で保父をしていて、優しい、いいお兄さんで、本人はいろいろあったと思いますが、私は気づくことなく、うまい具合に年齢が離れていたので、よかったように思います。歳が近かったら大変だったと思いますが、離れていることが大いに関係すると思います。兄妹関係は今のところうまくいっていると思います。

丹羽　よかった。家族の様子を伺いたいと思っていたところでした。兄妹にとって、こういう子どもがいてうまくいくと、とてもいい影響を与えます。その価値観というか、人生観というか、自分の職業や専攻の選択も、障害を持つ兄弟姉妹を持ったことによって、影響されているようですね。それは各自の人格形成のうえに、私どもの想像を越えたインパクトを与えていることと思います。兄弟があるということはすてきなことです。お兄さんが保父の道を選ばれたことも、何となく分かるような気がします。それにしても立派だと思います。

宮原　4歳児クラスを担当していますが、その中に一人ダウン症のお嬢さんがいて、陽子の小さい時に似ていると言っています。陽子が今でも年相応でないことがあると、「あっ、4歳児と同じだ」と言って、担当の子どもさんと陽子を比較してからかっていますが、可愛くて仕方ないようです。そのお子さんがカゼなどで休まれると、「記録を書かなくて済むけど、さびしい」と言っています。

## 一人で電車通学

**丹羽**　ほんとうに、すばらしいですね。ところで、小学校の就学は？

**宮原**　学区域の小学校は普通学級だけです。兄の担任は妹のことを話すと、ラジオ番組「みんなの図書室」でやっていた「私たちのトビアス」※を クラスで聞かせて話をするなど、積極的な先生でした。お話を聞くうちに、今の現状で普通学級に入れた場合、親や現場の先生だけでは解決できない、多くの困難があることが分かりました。そこで、特殊学級を二校見学しました。

一校は学区域なのですが、児童が4名で大人に囲まれているようで、活気がありません。もう一方は電車通学となりますが、22名2学級で集団をなしていました。区のほうでは「本当に通えますか」とか「同じ教育内容だから近いところを」と言われましたが、保育園の年長組の中でも自分を出すようになっていましたので、こちらに決めました。家から駅まで徒歩で20分、ラッシュの私鉄で10分のところです。

小さい身体にランドセルを背負い、もまれて泣いたりもしました。一緒に通っていると、同じ障害の方が自然と目に入り、定期入れを下げて一人で通っている子を見れば、「何歳かしら、陽子はいつ頃できるかしら」と思い、また肥満の方を見かけると、「しっかり運動させなくては」と、人の姿を見ることが刺激になりました。

2年生になると、一人通学を前提に練習を始めました。まず、駅まで一人で歩くところから、次は電車の乗り方と、学校とは連絡を密にして少しずつ進め、3年生になると一人で往復するようになりました。

その頃、家では休日によく井の頭公園や神代植物園まで歩きました。どちらも4、5キロ、約1時間ちょっとのところで、よい運動になりました。陽子は昼食を楽しみに、ひたすら歩き、回を重ねると大人と同じペースで歩くようになりました。時間をとって積極的に歩くことで、それまでからだのわりに小さかった足も大きくなり、いまでは母親と同じサイズの靴をはくようになりました。

## できることを一つでも

宮原　学級の特色の一つに土曜日ごとの調理実習があり、前日の買い物も含め、食べるのが大好きな陽子は、いつも楽しみにしていました。カレーや煮込みうどんなどの材料切りが主で、調理は単純なものでしたが、同じことを家でも繰り返すことで覚えてきました。6年生になるとほぼ一人で鍋ものを作り、家族からちょっと見直されたりしました。

そんな折に、同じ障害の友だちのグループから、「一緒にお料理をしませんか」と声をかけていただきました。学校でも調理をしているからと気軽に参加したのですが、やってみると、食後にリンゴの皮むきをする時、ほかの子は何とかむいているのに、陽子はまさに歯が立たない状態でした。それまで皮をむく時は、いつもピーラーを使っていたのです。「少しはできます」と言ったのが恥ずかしく、またショックでもありました。我が家は毎朝リンゴを食べるので、それから毎日むかせるようにしますと、1ヵ月ほどでむけるようになりました。

その次にグループでやった時には、友だちにもお母さん方からも、「上手になったね」とほめられ、それはうれしそうな顔を見せました。改めて

※「私たちのトビアス」セシリア・スベドベリ編　トビアスの兄弟文・絵　山内清子訳　偕成社

MOMOKURI
YM

右上●保育園で玉さしをしている　4歳
右下●料理教室にて（右・陽子さん　中央は池畠さん）12歳
上●お兄ちゃんのお友だちと一緒に　5歳

毎日やることの効果と、身につくほどの分量をやる大切さを感じたのです。

友だちと一緒だと本人は楽しいし、親には家で見えなかった部分が見えたり、我が子もあのくらいはさせたいとファイトがわいたりとメリットがあります。食に関しては、生きている限り誰にも共通のこと、できることを一つでも多く身につけさせたいと思い続けています。

それから小学校から中学校にかけて、青鳥養護学校の石毛先生が、調理を通じて発達をうながすというグループを作って、もちまわりで家庭におじゃまして、この子どもたちと一緒に料理をしてきました。2年くらい続きました。4、5人の友だちが集まって月1回、簡単なレシピを用意し、例えば三色弁当とか、簡単サラダとか、かき卵スープなどを作ったりしました。

青鳥養護学校の石毛すみ先生は、もう70歳か80歳近くになられますが、先生がおっしゃるには、「食に関することは一生切り離せない。料理するには、買い物からしなければならない。すると、数やお金の勉強もできるし、すべてひっくるめて大事な勉強」だということを提唱されたのです。

**丹羽**　まったくいいアイディアですね。

## あたり前なことをあたり前に続ける

**丹羽**　お友だちはどうですか？

**宮原**　友だちは、学校からずーっと一緒だった人たち、池畠さんもその一人ですが、限られています。住まいの近くにはいません。池畠さんは中学校の時、1年半ほど長野に転勤で行かれました。私たちは長野へも遊びに行って、泊めていただいたこともあります。中学で一緒になってからも、ずっと何かの度に……。

**丹羽**　学校を卒業してからもずーっとお友だち、いいですね。

**宮原**　小2になった4月、今のうちにきちんとした指導をと望んでいた時、幸いにある訓練教室が世田谷で始まりました。5組の親子で基礎的な運動から始まり、机に向かうこともとり入れ、日常生活のチェックもありました。熱心な指導にピリッとした緊張感がみなぎり、ちょっとでもヘラヘラしていると、顔をしっかり見すえながら注意してくださるのを見て、それまで見聞してきたものとの違いを感じました。ここで初めて、陽子は指導を受ける構えを作っていただきました。

今は何げなくやっているスクワットやカタツムリも、当初は全介助が必要で、グラグラ、ヘナヘナ、後ろで支えている私は終わるとぐったりでした。この子の筋力やバランスの弱さを痛感しました。しかし、半年、1年と続けるうちに、力がついてくるのが分かり、「やればやっただけのことがある」と実感できるようになりました。親は「何とかやっている」とそこに安住しがちですが、先生は多方面から見て「次は○○に気をつけていきましょう」と、常に先を見通しています。

運動、着脱などの技術的なことは、毎日やることで、ゆっくりでも伸びていくのが目に見えます。難しいと思ったのは「意識」の問題でした。人の話を聞く姿勢の弱い陽子には、「話を聞いていなければ不利な状況に追い込まれるなどの経験を通して、少しずつ聞く姿勢、意識を本人が作っていくようにしていくのが大切」との助言をいただき、これは今でも課題です。

中学に向けての準備の時、ブラウスのカフスボタンやベストの脇ファスナーのことがありましたが、先生は「毎日やればできますよ」とあっさり一言。「制服を着られないと、中学には行けないよ」と励ましつつ、毎日やっていたら、思ったより早くできるようになりました。

「至極あたり前のことをあたり前に続ける」――。一見簡単そうなことですが、これがなかなか難しく、しかし、すべての基本だと思うようになりました。

## 目立つのが好き

丹羽　陽子ちゃんは、どんなことが好きですか。特別に好きなことがありますか。

宮原　ありますね。陽子は、スポットライトを浴びることが好きですね。人より前に出るとか、注目されたいとか、俗な言葉で「目立ちたがり屋」というか、何か言われるとまず手を上げる。できても手を上げない人もいますが、できなくても手を上げるタイプでしょうか。

そして、調子はずれだけれど歌を歌うのが好きで、歌はよく覚えると思います。何曲頭に入っているか分かりませんが、中学高校の音楽でおぼえた歌は、もうスラスラ何曲でも出てきます。我が家は音楽はだめですが、エレクトーンを買って、右手だけで学校で習った曲はそらで弾けます。今はやりのスマップなどでも、カセットテープに入れたものをもらうと、繰り返し聞いたり歌ったり踊ったりしています。テレビで歌謡番組もよく見たりします。その時の写真も持って来ればよかったのですが……。

丹羽　いいことですね。そのほかに、どんなことがありますか。訓練会と出会ったとか。この訓練会というのは、どんな会ですか。

宮原　それは、発達協会の「さざんかの会」で、小学校の2年生の4月からです。中学に行ってからは、先生には学校を休んでまで行くということは理解していただけなくて。

丹羽　最初の話では、小学校の頃には一番心して子育てにあたった、そして必ず効果または結果が出てくるとおっしゃいましたね。

宮原　そうですね。やっただけのことは、目に見える時期だったと思います。

丹羽　中学高校は、だいたいその地盤の上に心配することなく順調だったわけですね。そして中学の時に、国語の先生がスウェーデン刺繍を上手にご指導なさって、成長過程を作品で記録してくださるというのは、とてもすてきなことですね。

宮原　本当にそうです。横に一本通すのに始まって、クッションを何個も作って、お世話になった方に差し上げて、喜んでいただきました。ただ、スウェーデン刺繍は、布地や糸をかなり使うため材料費が高いので、これを発展させて何かができにくいのです。ですから、その時だけで終わってしまいました。

ただ陽子の場合は、卒業した後、プール教室が終わってから1時間、2時間と先生が見てくださったので行きましたが、引き続き家庭でもというには、このスウェーデン刺繍は難しいです。作業所でティッシュケースなど単純なものは作品になっていますが、それを基本にして発展させるのは難しいですね。でも、その時間一所懸命集中してやったことは、よかったと思います。

## 「落ち着きがない」のには理由がある

丹羽　前に陽子ちゃんが落ち着かないとおっしゃったと思いますが、私は落ち着かないことには、何か理由があると思います。何か本人に集中して没頭できる場面を与えたら、あのくらいの年齢にはできることだと思います。あの園長先生がいらした時、驚かれたほど集中できたことをよく覚えています。たぶん、お食事だとか保育園での様子を見て、活動的だと集中できないと思われたかもしれませんが……。

その時お話したことは、発達で兆候が芽生えている時に、それにふさわしい場面を作ってあげて、こちらからいろいろ言わないで課題的な扱いをしなかったら、子どもは吸い込まれるように集中できます。陽子ちゃんが「落ち着きがない」という評価は、私の中にはありません。よくプレイルームであれをやり、これをやりとあちこちする例はありますが、それは自分で歩いて、自分で空間を征服することができたわけですからね。今までは、ハイハイしたりで歩けなかったのに、歩いて行ってその先に興味のあるものがあれば、その中に好きなものや苦手なものを見つけて、次に選別し、それからやりたいことに集中するという形をとってくるわけです。

宮原　そういう時期だったのですね。

丹羽　集中のタイミングはとても大切ですね。ですから、生来的に落ち着いているとか、突出している子どもはいますが、そういうことが分かっていれば、落ち着きがないということはないと思います。闊達な子どもと物静かな子どもという区別はできますが。

ですから、こんないいお仕事ができるということは、やはり面白いと思っていて、さらに指先が器用だということですね。私はここで、指先の器用さということをよくお話ししてきましたが、「お座りしている時期に、それを育てましょう」とも言ってきました。本当に指先の巧緻性は、お座りの頃から始まるので、その時から育てなければいけないと思います。

## 何か打ち込めるものを

丹羽　次に、中学校の特殊学級というのは、1クラスは何人くらいですか。

宮原　確か、20人くらいでした。

丹羽　そのくらいの人数ですと、小学校の特殊教育のように、人数が少なく刺激が少ないという心配がお母さんにはまずなくて、ちょうどいいようですね。先生にとっても、いろいろな意味で指導もやりやすいでしょうね。

宮原　教室を2個くらい使ってグループに分けていました。

丹羽　男の子と女の子の別は。

宮原　混合です。男の子もスウェーデン刺繍もやれば、調理もやるという具合でした。

丹羽　いまの学校教育と同じですね。陽子ちゃんは、リンゴの皮をむくことが上手になったと思いますが、中学校での調理は陽子ちゃん好きでしたか。

宮原　好きでした。今はやらせればやりますが、仕事に行くようになってからは、家に帰って米をとぐ、洗濯ものをたたむことは日課としてしますが、その後はテープを聞いたり自分が楽しみたいようです。私がもっと積極的に引き込んで、せっかくやってきた調理をさせればよかったかなと、少し反省しています。もっとやらせていかないと、身につかないと思います。4人家族くらいですと、私一人でどうにかできるので、ついつい何か楽しんでいるなと思うと、中断させて用事を頼むことをしないところがあります。

丹羽　休日に、ケーキ作りとか料理を習いには行かないの？

宮原　いまはしていません。親が意識してやらせないと、なかなかそういう場面はありません。

丹羽　学校に行っていた時は、いろいろなチャンスにめぐり会うこともあったでしょうね。

宮原　「授業でやります」と言われれば、何とかそれにのってもらいたいから、メニューが分かっていれば、家で前もってやっていました。親も先生の目を気にして、その時間に何とかうまくできるように下準備のようなことをしていました。それがなくなると親も手抜きしています。

丹羽　でも一人でも、必要を感じるとできるようになりますよ。

宮原　やはり、ガスを使わせることは心配です。私がいる時は一緒にしますが、いない時は電気を使わせるようにします。そういうところが難しいところです。もっと電磁調理器を使うことができればいいし、もっと工夫すればいいのですが、なかなかそこまで飲みこめないのが現状です。

でも、週に1回ダンスを教えてくださる方があって、去年の10月から、区民センターで友だち同士5人でダンスをする機会があってやっています。そこで池畠さんも一緒で、教えてくださる先生も少しハンディがある方ですが、毎週木曜日をとても楽しみに行っています。夕方の6時から7時半までです。

ある時、私が夕方外出することになっていました。自分でお弁当を買いたいと言いましたが、どうしてもという時は仕方ないけど、なるべくそのようなものは食べてほしくないので、私がおにぎりを作っておきました。そして売店で湯を注ぐだけの味噌汁を買って、それと一緒に食べて出かけました。途中ですれ違った時に、「お味噌汁食べた」と言って、元気に行きました。ですから、私がいない間に調理をするのは、まだできません。

**丹羽**　ダンスってどんなダンスなの?

**宮原**　教えてくださる先生は、クラシックのダンスをしている方ですが、18、19歳になってクラシックバレエも難しいので、「みんなが入りやすい音楽に合わせて、身体を動かせるだけでいいです」と、先生にお願いしてやっていただいています。ダンスを長くやっていらっしゃる方で、かなりテンポの早い「スマップ」のような曲に振り付けてくださり、かなりハードですが楽しくやっています。親の私たちは、とても追いつけません。

これを毎日やれば、きっと体重コントロールにもなると思いますが……。みんなとても楽しそうにしています。

**丹羽**　何か打ち込めるものがほしいですね。高校時代は養護学校でしたが、そこにはいろんなタイプの人たちが入ってくるのでしょうね。年が違うと思うけど、橋本さやかちゃんはずっと養護学校でした。お母さんが、普通学級で自信を失わないようにという思いでしたが、「刺激が少なく、友だちができない」とおっしゃっていました。陽子ちゃんはどうでしたか。

**宮原**　入学した頃は先生に興味があって、先生との関わりが強かったのです。先生も、「もっと同年配の友だちとの交流が深まるといい」とおっしゃっていました。学校に慣れるにしたがって、友だちとの交流もスムーズになりましたが、特に若くて活発な女の先生にひかれていたようです。きれいで、お姉さんというような先生にあこがれていたようです。男の先生より女の先生でした。

丹羽　養護学校高等部でのことを伺えますか。

宮原　養護学校高等部には電車とバスを使い、片道70～80分かかりましたが、元気に3年間通いました。小学校中学校の身障学級と違って、大きな集団（学年全体43名、クラスは12名）になりました。高校1年の3学期と2年の1学期には寄宿舎に入り、土日以外は共同生活を体験しました。「自分のことは自分でする」「好き嫌いなく食べる」「自分で自分の体調に気をつける」など、家でしたら親に頼るところですが、よい勉強になりました。

高校2年からは、先生方が自主的にやって下さった課外球技部に入りました。週1、2回、放課後バスケット、サッカー、ソフトボールなどを楽しみました。高等部に入って、入学直後から「卒業後の進路」について、いやというほど言われました。今は、普通の子どもさんでも、高等学校を出ても進路を探り当てられないで、専門学校などいろいろな手探りすることが幅広くありますのに、ハンディがある子どもに、高等部を出てからのことを早く決めなければならないのは、親にとってはたまらないことでした。

## 「おそうじをします」

丹羽　進路というのは作業所のことですか。

宮原　区以外のいろいろな施設を見学したり、先輩のお話を聞き、陽子のふだんの様子、体力などから考えました。作業所のように座り仕事の多いところより、何か身体を動かす仕事につけたらと思うようになりました。実習は2年生で民営作業所に2週間、3年生では民営、区立作業所で各々2週間やりました。その後、新規開設予定のところで5日間、保護的就労の清掃でも5日間の実習をしました。

一般企業に就労か、作業所へ行くかということでそういくつもありませんし、かなりのレベルでなければ実習にも行けない状態でした。あれこれやってみて、ゆっくり選んで決めるというのではなく、結局、親がこうしたいと強く言えば別ですが、「こんなことでしょう」と先生に言われれば、こちらも「そうかな」というところを、2年なり3年で実習してその中から選ぶわけです。

**丹羽**　就職予備校みたいですね。

**宮原**　そればかりやっているのではなく、普通の教育もありますけど、常に進路は頭から離れないで、卒業したら何とかその子に合ったところにうまく行ければという感じでした。最終的には、学校がいくら押しても、区の福祉事務所で福祉士という方が当たっていました。陽子の時は、ちょうど世田谷区は過渡期にありました。区内で入所申請が11月頃にあって、1月から2月にかけて判定会で専門家が集まって決めるようです。そして、受け入れ先の福祉作業所の人と、本人の希望と福祉士さんとの話し合いで決まるようです。ですから、実習の成績も判断の材料になるようです。でも、普通の子どもより限られた中から選ぶわけですし、その年の空状況が関係するので、これは「運です」といわれました。

世田谷区はこの4月に、職能開発センター・スキップが開設されて、そこでは2年間で働く体制を作る勉強をさせてくださるわけです。仕事をする構えをつけながら、いろいろと生活体験も広げる訓練をします。親にしてみれば、卒業時点でそういうところが開設されていれば、学校の延長のように、あと2年勉強できたのにと思いました。

**丹羽**　その年にそれに該当する子どもでなければ、それを受けられないわけですね。

**宮原**　実際、いま作業所へ行っている方でも、その可能性のある方でも、そして企業でつまずきがある方も40名の規模だそうで、初年度は20名だそうです。今年、陽子の学校を出た方が4、5名行くようです。陽子もその年に当たっていたら入れたかなと思いますが、ともかく進路は限られています。

**丹羽**　幸枝（池畠）ちゃんは、教会の関係で、なかなかいい仕事を与えられていますね。

宮原　一所懸命やっていますよ。販売にもあちこちへ行っているようですし、卒業した養護学校へも月に2回販売に行くと言っていました。先生とお話しをつけて、二人で交替で水曜日に行くそうです。

丹羽　そのような民間のボランティアでなさる所がもっとあればいいですね。

宮原　大きくて立派なものが一つあるよりも、いろいろなタイプのミニ作業所があって、そこに合う子どもが行ければいいと思います。数があれば、その中から選べるんですもの……。なかなか選ぶまでいきません。

丹羽　本当にそうでしょうね。

宮原　本人にとって、本当にどの道をいけばよいのか思い悩みましたが、「おそうじをします」とはっきり言うので、保護的就労の道を選びました。職場は区立特別養護老人ホームです。16人の仲間が働いています。朝8時から夕方4時までで、土日に関係なく3日行って1日休みのローテーションです。自在ホーキ、モップ、掃除機などを使っての清掃は、道具に慣れることや、場所に応じた順序などを覚えるまでに半年くらいかかりました。視力が悪いため、ゴミの掃き残しの問題が出たりいろいろありましたが、1年たった今ではすっかり慣れ、もう大丈夫と言われホッとしています。

これからは人間関係をうまくやって、若い間は続けてほしいと思います。しかし、体力的なことやその他のことで「難しい」とのサインが出たら、その時は迷わずほかの道を探していかねばとも思っています。金銭感覚や季節に応じた衣服の調節とか、日常的な社会のマナーは、まだまだ身についていない面があります。けっこう親がやってしまう部分がありますので、やはりこれは一生続くことだと思います。

教えてうまく導けば、学校のようにはいかないですけれども、毎日の生活でまだまだ身につくこともあると思います。普通の人たちも同じですけど、この子たちにとっては一生勉強でしょうね。それには毎日張りのある生活をさせたいし、今は仕事をして、週1回のダンスが楽しみで、それが張り合いになっています。ですからこの冬はカゼで仕事に行かない日は一日もなく、本当によかったと思っています。土日に関係なく、仕事は3日行って1日休みでサイクルが短いので、やりやすいようです。その間にダンスがあるというのが張りとなって生活しています。

土日に関係ないので、家族はゆっくりする日でも陽子は出かけるので、しっかり朝ご飯を食べさせて、「今日も元気でね、仲良くやってらっしゃい」と送り出さなければなりません。親もちょっと緊張感のある毎日です。若いうちはこれで頑張らせようと思います。

丹羽　仕事だけでなく何か張りがある生活、やりたいことがあるというのは素敵ですね。ダンスを通じてお友だちとおしゃべりをしたりすることもあるのでしょう。

宮原　卒業した学校の友だちには、そこに行くと会えるのです。

丹羽　まったく新しいところでは、友だち作りは難しいでしょうね。難しさのある人たちを見ていると、ともかく友だちがいないのです。まして、作業所では年齢の違いなどで友だちはできにくい。そんなことからして、陽子ちゃんは幸せだなと思います。ダンスは健康的でいいですね。

## 「家庭が基本」

宮原　普通なら避けて通ることも親なればこそで、ダウン症の親も変わってきているでしょうね。池畠さんと話したのですが、「私たちの子は、昭和のダウンちゃんだけど、いまは平成のダウンちゃんの時代ね。だから違うのよ」と。確かに、早期療育が進んで違う面もあると思いますし、親も子どもも変わってきていると思います。

丹羽　ここへ来られて続けて通われる方たちは、本質的にあまり変わっていません。

宮原　形は大人ですけど、子どもが子どもを抱いているような感じのお母さんをいっぱい見かけますもの。そういうことを言う歳になったと思いますけど……。例えば、「バギーはたたんでください」と書かれているのに、電車に平気で子どもをバギーに乗せたままの人たちがいます。私たちは、子どもをおんぶしたり、バギーはたたんで手に抱えるようにして乗ったものです。バギーに乗せたまま車内にドンとおいて、泣いてもちょっと抱きあげれば泣き止むのに、泣かせっぱなしとか……。これは、姑ばあさんの心境なのでしょうか。

息子は26歳になりますけど、保育園で子どもを保育していて、やはり「家庭が基本」だと言います。ついこの間まで、親に心配かけていたような息子が、そういうことを言います。学校で問題があれば学校が悪いと言われがちですが、複合汚染のようにあらゆることが絡み合った結果なのでしょうね。

丹羽　今日はいいお話しを聞かせていただいて、ありがとうございました。

宮原陽子さんへ
　太陽のように明るい娘になって欲しいと願って、陽子と名づけられた陽子さん。今も真面目に着実に作業所で清掃の役割を果たしているとか。ちゃんと楽しむことも忘れず、お友だちと外出なさるのね。あなたの穏やかで明るく安定した人柄こそ、ご両親の名づけに託された期待にピッタリ！

# 「うちの子のように育っていくといいな」

山岸まり（やまぎし　まり）さん
山岸央（やまぎし　ひさし）さん

## 「希望」がもてる情報の必要性

丹羽　央《ひさし》君が生まれたのは、昭和55年4月28日でしたね。55年というと、今から何年前になりますか。

山岸　1980年生まれですから、今年で18歳、高校3年生になりました。あっという間でした。

丹羽　私がここへ来て21年です。去年、「花クリニック」では20年のお祝いをしました。「ダウン症」の発達相談は、このクリニックのオープンと同時に始めました。よく続いたなと思います。

山岸　央がダウン症ということが分かって、すぐに本屋でダウン症に関する本を買って、最後の所に「こやぎの会」と「花クリニック」が書いてありました。

丹羽　何という本か覚えていますか。

山岸　はっきりは覚えていませんが、『ダウン症児とともに』という本だったかもしれません。何か手がかりがほしくてパラパラめくっていましたら、「花クリニック」を知り、すぐに電話をしました。ダウン症と分かってすぐでしたが、生まれてすぐなので「まだ早すぎる」と言われ、「2ヵ月くらいたってから」と言われて予約をお願いしました。あの時はワラにもすがる思いで、どうしたらよいか分からなかったのです。北里大学の小児科の仁志田先生が説明してくださる時に、「とても可愛い」とおっしゃって、それがいまでも心に残っていて……。

その頃は「短命だ」と言われていましたが、「平均寿命は伸びている」と言われました。仁志田先生から、ふだんかかるために目黒のほうの先生をご紹介していただいて、その先生が援助をしてくれる人がいれば、生活していけることを教えてくださいました。

「一人で全面的に生活に関わるのは無理があるが、後ろ盾というか一緒に見ていく人があれば、社会で生活できる」とおっしゃいました。それもとても心強く感じました。

丹羽　その頃は、まだ短命であるということが通念でした。ですが、ずいぶん医学が進んで、現在では平均年齢は50歳以上になりました。

山岸　目黒の先生は、「60歳くらいのダウン症の方がいます」と言われました。その頃、60歳のダウン症の方が還暦を迎えられたという本が出て、そういうお話しをしてくださって、「短命とは言われるが、医学が発達してきているから」と言われました。また、ことあるごとに「とても健康だ」とも言われました。

確かに央は健康で病気一つせず、合併症もなかったのです。「何も心配はいりません」と言われました。

考えてみると、私は精神的に非常に落ち込みましたが、まわりの方たちの話を聞くと、いま考えれば恵まれていたと思います。初めてダウン症だということを話してくださった先生も、マイナス面ばかりの話ではなくてプラス面のこともずいぶん話してくださいましたし、ふだん診ていただく小児科の先生もそうでしたし、それから「花クリニック」にすぐ来られたのもそうでした。

ちょうどその頃、北里大学で母子アンケートをとっていらした方が、央がダウン症ということを知って、家に何回か来てくださいました。ドクターではなく、看護婦をしながら心理学の勉強をしていらっしゃった方のようでした。そういう意味で、同じ落ち込んでいても恵まれていたと思います。

丹羽　皆さんのお話を伺って、最初の衝撃というのはどなたも大きかったことは同じですが、そこからの立ち直りで一番大切なことは、ネガティブでなくて、本当で、しかも明るい、そして希望が与えられるような「情報」がなくてはならないということです。正しい情報の伝え方、いかに正しい知識を伝えてくれるかということですね。

山岸　あまりいいことばかり聞かされるのも後々問題ですが、マイナス面と同時にプラス面を教えていただくと安心します。

丹羽　ある意味では、真実を語ってもらわないといけませんからね。

山岸　そういう意味では、いま考えれば恵まれていました。私の両親も主人のほうの両親も、そのまま受け入れてくれました。

丹羽　前は、あなたのご両親のお宅で一緒にいらしたのかしら。

山岸　はい。父も母も、「生まれたのなら仕方ない」という具合に受け入れてくれたので、非常に気は楽でした。兄夫婦とその両親や兄弟にもダウン症で、障害があることをすぐに伝えて、そのまま受け入れてもらいました。改めて障害をだんだんに言って行くのではなく、その場で言ったのでよかったと思います。

丹羽　それはとてもよかったと思います。機会を失って後になるほど言いづらくなって、重荷になってきますからね。

山岸　やはり夫のほうが私より冷静で、私よりすんなりと受け入れたと思います。障害があるからどうとかは一切言いませんでしたから、非常に楽でした。

丹羽　一応の落ち着きというか、一応のいい出発をなさったわけですね。ですけれど、それで全てではなく、始まりですからね。

## 「私にとって『仕事』は精神安定剤でした」

山岸　やはり精神的には3、4歳くらいから小学校入学くらいまで、何となく「不安」はいつもありました。言葉はよくないと思いますが、ある意味の「あきらめ」に思えるようになったのはその頃でした。小学校に入るくらいまで、ほかのお子さんに比べると差が顕著に出てきて、「障害がなかったら」とか「普通の子なら」と思うことも結構ありました。何となく不安というか、何となく自分自身が物悲しくなったりしたこともありました。

ただ仕事をもっていたので、仕事に行っている間はそのことは一切考えないでいられたので、私にとって仕事は精神安定剤でした。小学校に行く前まで、図書館の仕事（司書）をしていました。ですから央には悪いのですが、仕事を辞めたことは少し後悔しました。自分でずっと続けたいと思って選んだ仕事でしたから、今でも後悔はあります。ただ、その時点では送り迎えをやってもらえる人もいなかったですし、自分でうまく処理していくだけの能力がなかったので、仕方ないかなと思っています。

また、いろいろな方法というか、例えばボランティアの方にお願いするなど、そういう方法を私自身が把握していなかったわけです。ですから、仕事を辞めてしばらくしてから、そういう方法もあったことを知りました。でもある意味では、辞めたからこそ央を「知る」こともできたわけです。どっちがよかったかは分かりませんが、続けていたかったという気持ちは今でもあります。
　代わって「ひよこ教室」（本文73頁注参照）のお手伝いがちょうどあったので、まったく家の中に入ってしまうというのではありませんでした。私にはよかったと思います。私自身の性格からして、家の中にずっといるのは、きっと耐えられなかったと思います。「ひよこ」があったおかげで、よかったと思います。「ひよこ」に行くことによって、央を見る目、自分自身を見る目も変わってきたのだろうと思います。
丹羽　あなたがお仕事を辞められたのは、央ちゃんが小学校に入ってからではないのね。私はあなたが「ひよこ教室」の手伝いをしていらっしゃることは知っていましたが、それがいつ頃なのかがはっきりしていませんでした。
山岸　ちょうど入る年です。ずっと悩んでいて、3月で仕事を辞めて、4月から「ひよこ」の手伝いに入りました。央は「ひよこ」に通っていましたが、それはその前で、両親に連れて行ってもらっていました。「ひよこ」に央を通わせていた時、その頃の方たちに「なぜ仕事をしているの？」と言われたことがあります。「障害をもった子どものために、仕事を辞めたほうがいい」と言われました。でも、私にはできないことでした。
丹羽　私は何人もの職業をもった人たちから相談を受けて、「辞めてはいけない」と申しました。何とか方法はあるだろうと思ったからです。
山岸　初めて丹羽先生にお話しを伺う前に、ほかのところでは保健婦さんなどに「仕事は辞めたほうがいい」と言われました。でも、私自身は「辞めたくない」という意志が非常に強かったので、先生から「仕事は続けたほうがいい」と言われた時は、とてもうれしかったのです。仕事は大きな支えになりましたから……。でもまだあの頃は、障害がある場合は「仕事は辞めたほうがいい」という考えを持った方は多かったようです。

丹羽　それは一人ひとりのことですから一概には言えませんが、子どものために仕事を辞める、しかしお子さんはどんどん大きくなっていきます。そのうち手が離れた時に、仕事を辞めて後悔しないで済むかどうかです。

誰かあなたに代わって、子育てを手伝ってくださる方があれば、それは大変よいことだと思う。そして、そのためにいろいろな意味で、代償は払わなければならないこともあるでしょう。確かにかなりの無理はありますから……。

でも、人生長いんですもの。だから仕事を持って、何とかやっていける方法を考えてみていただきたいと思っています。私も、自分が仕事をもって子どもを育てたものですから……。

山岸　やはり仕事をしていると、楽しい気持ちを一日のうち何時間かもてる。その気持ちの余韻があって、体力的には大変と思ったこともありましたが、精神的には安定していたと思います。ですから、仕事は先生がおっしゃるように、好きでやりたいという気持ちが強い時には辞めるべきではないと思います。私はたまたま自分がずっとやろうと思った仕事は辞めたけれど、「ひよこ」があったので、またそこから立ち直ることができたわけです。

丹羽　私もなるほどと思ったのです。仕事を全部辞めてしまって、子ども一人にかかるという悲愴感を、あなたの中には感じませんでした。

山岸　私はそれができないタイプですし、やはり子どもを育てることに専念するのが好きな方もいますから、一概には言えませんが、私自身はそれができませんから、「ひよこ」の話がある前も「何か仕事はしたい」と思っていました。そういうところに「ひよこ」の話があったので、本当によかったと思ってそちらに出ることにしました。

私は18年間生活していて、私が央を育てたのでなく、まわりの人々に育てられたと思えます。本当に恵まれていたということに尽きます。ですから、それは多くの素敵な人たちとの人間関係があったからこそです。まわりの人たちに恵まれ、私自身も今の生活がわりと好きなので、自分でも「あー、よかったな」と思うところがあります。「違う生活があるのではないかな」と思うよりも、「今の生活がよかった」と思う気持ちのほうが強いから、そういうふうに思えるのではないかなと思います。

丹羽　今も「ひよこ教室」へ行っていらっしゃいますね。

山岸　はい。月、水、金の保育日と、火曜日のミーティングに行っています。

## 弟にライバル意識

丹羽　子どもが育っていくというのは、素敵ですね。毎月いらっしゃる方は、ひと月ひと月で変わっています。あるお子さんは、お母さんは「あまり変わりません」とおっしゃるけれど、私から見ればどうしてどうして、会うたびに変わっていっていました。「その証拠に、写真でも撮っておきましょう」と言いました。

山岸　私は無条件で子どもが好きというわけではないのですが、「ひよこ」に関係して、自分の子を見ていると面白いなと思えます。

丹羽　よく分かります。仕事を持った母親は、いわゆる没我的な母親にはなれないのですね。私は無条件に可愛くて可愛くてという場合でも、「このようにこんなことをするのは、どういう意味があるのか。この子は、この次にはどう変わってくるのか。その変わるための下地をいま作っているのではないだろうか」と思うと、もうワクワクする気持ちを抑えきれないのですよ。

山岸　前にもこちらに来て、先生にお話したと思いますが、実は央の次にできた弟を見て、本当に央が順調に育っているんだと分かりました。一歩一歩は遅いのですが、きちんと全部段階を踏んでいるということに、弟が生まれて気がつきました。弟が生まれて、央の発達に安心したといえます。やはり第一子ですから、どのくらい発達しているのかとか、どのくらい遅れているのかが分からなかったのです。

丹羽　やはり兄弟というのは大切ですね。親にとっても、そしてまた兄弟同士にとっても大切ですね。いくつ違っているのですか。

山岸　4歳です。いまライバル同士なのです。弟は全然そうは思っていませんが、央にとって弟の言ったことは、無条件では聞き入れられないのです。面白いですね。やはり同性というのもあるのではないかと思います。妹が言ったことは、何でも「フンフン」と聞きますので、妹はすごく可愛いのでしょうね。

丹羽　妹さんは、私は知りませんね。

山岸　一度だけ連れて来たことはあります。生まれてすぐの赤ん坊の時でした。全部4歳違いです。央と弟は4歳違いですが、片方が早生まれなものですから、学年は3年違いです。小さい時から保育園は一緒でした。学校は残念ながら、学区内に身障学級がなかったものですから、央は学区外に行きました。児童館は、やはり一緒の学童保育に通っていました。

学童保育によって、近所の人たちや子どもたちが央の存在を知ってくれました。弟や妹も同じ学童で生活していましたから、二人は誰にも説明する必要もなく、自分たちの兄は「障害児」だということを、まわりの人はみんな知っていました。ある意味では非常に自然で楽でした。

弟が小学校に入学した時も、日曜参観や父親参観は日曜日にやることが多いので、よく央を連れて行きました。よく妹や弟を連れていく方があるのと同じように、央を連れて行ったわけです。ですから央に障害があるということはみんな知っていて、結構気が楽でした。改めて兄に障害があることを言う必要もなかったし、すぐ分かっていました。

丹羽　本当に気が楽というのはいいですね。当たり前のことで、特別にどうということではないというのは、大切なことですね。

山岸　それから、弟が学童に行っていた頃、確か2年生くらいの時、「お前のお兄ちゃん、バカだな」と上級生に言われた時、「病気なんだから、バカでしょうがないだろう」と言ったそうです。それで上級生は何も言えなくなってしまって、弟自身の性格からそういうのは気にしないタイプだったので、まわりの人たちも、山岸の家は兄のことを変に言っても、それは意地悪に受け取らないと思って、そういうことはもう何にも言わなくなりました。ですから、弟や妹にとって「病気なんだから仕方ない」というのが、大前提にあったようです。

## 「交わる」ことが偏見をなくす

丹羽　それは説明しないでも、彼らには分かっていたのですか。

山岸　身障センターや障害がある人たちのところへは、年がら年中連れて行っていましたから、障害のある人たちのことはよく分かっていたはずです。保育園も障害児を受け入れる保育園でしたから、央以外にもいましたし、身障学級で催しものがあるとき、例えばクリスマス会や土曜日に親子で集まって会食をした時も連れて行っていましたので、「障害のある子どもたちは、いっぱいいる」ということは、身体で分かっていたと思います。

　この頃よく思いますが、「慣れ」だと思うのです。障害のある人たち、自分たちとちょっと違う人たちがたくさんいることを見たり聞いたりして、自分の身のまわりで触れたり会ったりすると、慣れてきて何とも思わなくなるのではないかと思います。

丹羽　確かにそれは言えると思います。私が心理学を勉強していた頃、１９５０年代の初めに「混血児の社会適応性の研究」に参画したことがあります。戦後に混血児がかなり多く生まれて、

「混血児のための教育を文部省がテキストや参考書などでどう扱ったらいいか」ということで、専門家に研究を依頼したことがあります。私の恩師の古賀義行先生は、「早くから交わることだ」とおっしゃっていました。

別にするのではなく、一緒にする。そうして肌で感じさせる。それは、肌が黒いとか白いとは感じるでしょうが、そのうち違いが別に感じられないようになる。「ともかく隔離してはいけない」というのが結論でした。

それと同じことだと思います。「偏見」というのは、やはりそこにきちんと「実像」が捉えられないから、曲がって見るようになるのではないかと思います。

山岸　小学校の時の担任の先生で、1年生から5年生まで関わっていただいた先生で、今でもずっとハイキングに行ったり、スキーに行ったりしています。その先生の家族とのおつき合いもあって、奥様が央の担任で、ご主人は養護学校の先生で、ちょうどお子様が3人で年齢も近い方たちなので、いろいろとご一緒しています。

ここのところ、子どもたちも大きくなりましたから度々ではありませんが、小学校の頃は月1回はハイキングに行き、そのおかげでずいぶん体力もつきました。本当に恵まれていました。

## 「知的さ」より社会性

山岸　よくダウン症の子どもはバランス感覚がだめだと言われますし、体力的に筋力が弱いので歩くことがだめだと言われますが、その先生方のおかげで足腰の鍛練が必要なことが分かり、鍛えることができました。そんなにきついところへは行けませんが、一昨年は尾瀬へ行きました。去年は茶臼岳を荷物を担いでずっと歩きました。ハイキングでも、ちょっと岩場のあるきついところも歩けるようになりました。距離もずいぶん長くなりました。

今も学校は片道40分近く往復歩いて通学しています。皆さんに、「よく体力があるのね」と言われます。小学校も高校も、央のことを「好きだ。かわいい」と思ってくださる先生に恵まれました。親のひいき目ですけど、央がみんなから可愛いがられる子どもだということはうれしいです。また、「場所が変わり人が変わっても、どこに行っても同じ精神状態でいられる」とも言われて、それは一番のほめ言葉だと思っています。

外泊を伴う修学旅行なども央は大丈夫と言われます。それもよかったなと思います。障害者手帳はいま3度※（中度）ですが、ちょうど高校に入る時に引っ越して、その時に改めて審査していただき、知的には2度※（重度）だと言われました。言葉が少なく、発音が不明瞭でほとんど慣れていても聞き取れない言葉があります。そして、自分では名前が書けるくらいでほとんど書けませんので、知的なものは非常に低いのです。

ただ、生活面では落ち着いていてある程度自立でき、日常生活はほとんどできて、相手の言っていることはほとんど分かります。「理解言語」は結構多いと言われています。確かに学校の先生たちからも、「知的なことでは低いけれども、社会性はとても身についている」と言われています。

私も小さい時は「早く言葉がしゃべれるようになるといい」とか、「字が書けるようになってほしい」と望んでいました。でもいま、央を見ていると社会で生活していくには言葉はいくぶん不十分でも、人とのコミュニケーションも精神状態がよければできるのではないかなと思っています。ですから、社会で生活していくのに何が一番大切なのかと考えます。

**丹羽**　どこへ行っても平静でいられる、自分を失わないということは私たちですらかないません。

**山岸**　学校でゆったりして生活できるのは18歳までですね。いま平均寿命が伸びていますから、社会に出た後は、長い目で自分がどこへ行っても精神的に不安定にならないで生活できるようなことを、身につけていけることが一番だなと思います。繰り返すようですが、障害がない子どもよりも、より多くを私に教えてくれていると思います。

それからよく下の子どもたちに言いますが、「央がいてくれたおかげで、あなたたちはのびのびと生活できるのよ」と言います。「央がいなかったら、お母さんはあなたたちに『もっと勉強しなさい』とか言ったかもしれない。でも央がいるおかげで、勉強だけが大切じゃないとお母さんが教えてもらったから、あなたたちにあんまり言わないのよ」——。

丹羽　本当にね。無理をしているのではなく、人間の見方や価値観にむだなものが払拭されて、きれいになっているようですね。価値観が納得いくようになってきますね。

山岸　私の母が歳をとってきて、少し歩いたりすることが困難になり、物忘れが激しくなって、本人としては「人の世話になって生きている」という気持ちが強く、「早く死にたい」と時々言います。「人の世話になっているから、生きている価値がない」と言いますが、「そうでないと生きていけない央なんかどうなるの」と私は言います。「人の世話になって、手助けを受けながらでも生活して、反対に私たちに教えてくれることがあるんだから、同じなのよ」——と母には言っています。「自分では若い頃のように何でもできないけれども、おばあちゃまがそうして生きていてくれることが、私たちには価値があるのよ」と言っています。

それが口先でなく、心から言えるのも央のおかげかなと思います。下の子どもたちも、自然に何が大切かは口では言いませんし、生活の中で忘れていることのほうが多いと思いますが、何かの時には感じてくれるだろうと思っています。

※東京都の知的障害児に交付される「愛の手帳」では、判定を次のように、1～4に分けている。1度—最重度、2度—重度、3度—中度、4度—軽度

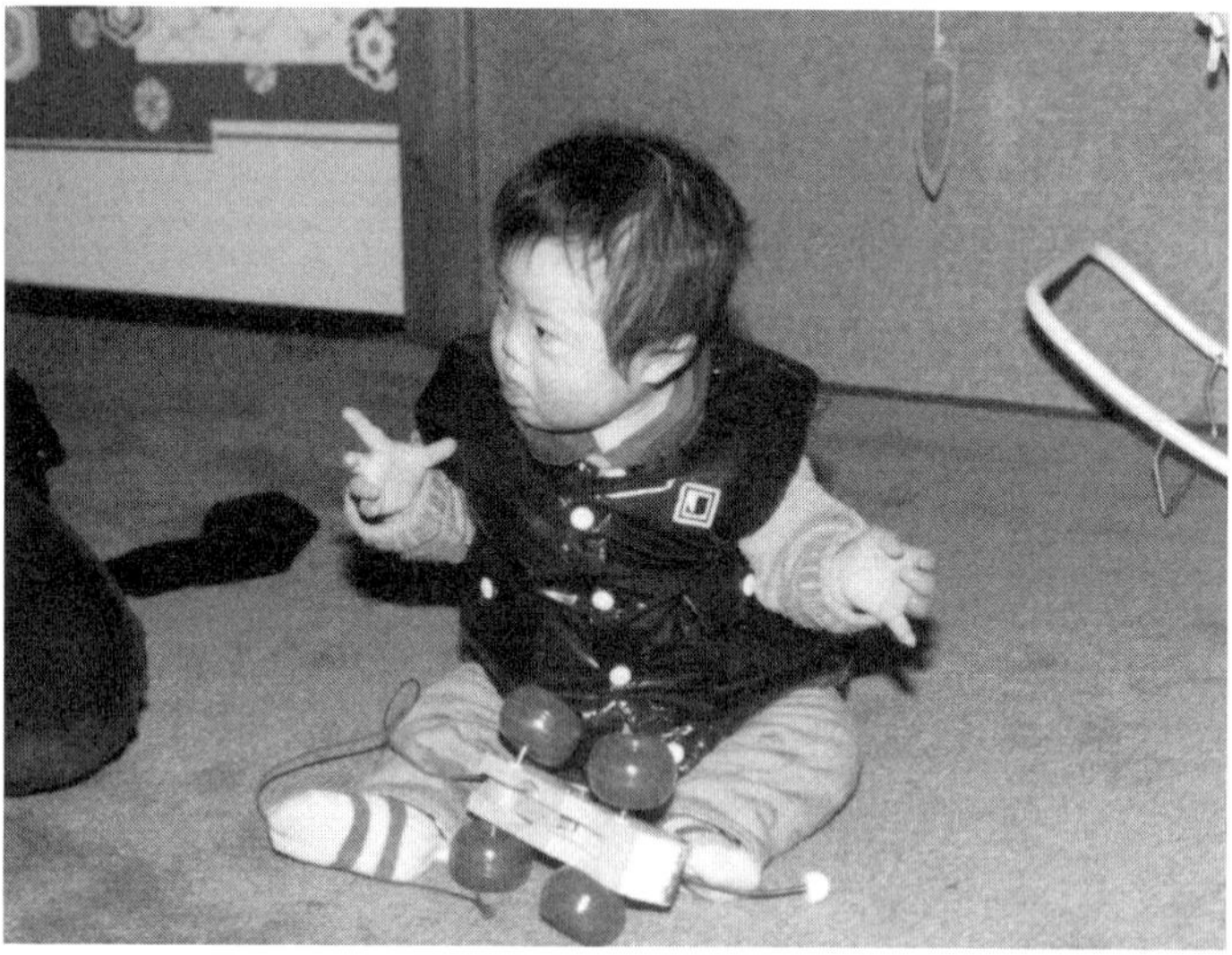

上●おすわりしておもちゃと
2歳ごろ

下●作業所にて
ブルーの半袖シャツ・赤ズボン
1998.10.30

1997.9.30

## 自然に「障害のある子がいます」と言える

山岸　今度引っ越した先でも、まったく新しい関係に入るわけで、兄弟も友だちが遊びに来た時に、改めて説明するのが面倒だろうなとちょっと思いました。ところがその必要はありませんでした。越した時も、今までも全然気にしていなかったことで、例えば友だちが来て、央が大きな声で歌を歌っても全然気にしないでいたようです。央がいるからそれまでと同じなんだなと思います。新しい関係になっても、兄弟もまったく気にしていません。普通だったら言わないかもしれませんけど、越した時にご近所に挨拶に行った時も、家族みんなで一緒に行って、「養護学校に通っています」と言えます。

私の気持ちとしては、わざわざ説明するのもおかしいとは思ったのです。けれども、世間あるいは社会は障害のある子とそうでない子を見る目が違う方がたくさんいますので、障害があるということだけは知らせておいたほうがいいと思って紹介しました。

それから下の子の転校した先の小学校の最初の保護者会で、集まった皆さんに「家には障害のある子どもがいて、養護学校に通っている」ことを言いました。

丹羽　周囲の人は「何とか力になって助けたい」と思っていても、お母さんに「何となく近づけない」という雰囲気があって、まわりも何となく遠慮しておこうということもあります。ですから、やはりお母さんの姿勢ですね。自然に「家には障害のある子がいます」と言える。それだけでも皆さんのほうに自然に、またいい形で情報が伝わると思えます。

山岸　越した先ですから、私が言わなければ知られないというのもあると思います。そして、子どもたちにも「なるべく早く、お友だちを連れていらっしゃい」と言いました。しかも、「央がいる時に、連れていらっしゃい」と言っておきました。

「初めて障害のある子どもを見た時には分からないけれど、早くクラス中に知れ渡って、後になって楽よ」――と。妹は言いませんが、弟は「早く知ってもらったほうが気が楽だ」と言いました。特別「これがお兄ちゃんだよ」とは言わないで、障害がある兄がいることを分かってもらえればいいと思っていたようです。ですからその後、一緒に歩いたり買い物に一緒に行くこともあって、何とも思っていないようです。

次男はいま中学3年生になりましたが、気にしてないので、このままいくかなと思っています。普通、中学生時代が一番気にすると聞いたのですが……。

丹羽　でも、もう免疫になっていいですね。

## 「普通のお兄ちゃんもいたらいいな」

山岸　「ひよこ」のほうでも、小学校の高学年から中学校にかけて、一緒に歩くのがちょっと嫌だったり、「障害がなければよかったのに」と兄弟が言うということを聞いたことがあります。

うちでも去年あたり、次男が「今のお兄ちゃんはお兄ちゃんでいいけど、そうでない普通のお兄ちゃんもいたらいいと思うことがある」と言いました。私はそれは本音だと思い、「それは仕方ないね」と言いました。そして、「あなたにはお兄ちゃんと妹もいるから、3人でしょう。でも、お兄ちゃんと自分と二人だけの人だっているんだから、いろんなことを話せる相手がいるからいいじゃない」とも言いました。というのは、知り合いのところで二人兄弟の片方に障害があり、「ほかに兄弟があっていいね」と言われたと聞いていたからです。

丹羽　ダウン症のお子さんが一人の場合はかわいそうだと思います。お母さんは「この一人の子をしっかり育てる」とおっしゃいますが、親はそうかも知れないけれど、子どもにとってみれば『われわれ』という領域がほしいと思います。私のところも一人息子ですから、申し訳ないことをしたと思いますが、兄弟があるということは大切ですね。

山岸　夫も一人っ子なんです。それで、弟が「普通のお兄ちゃんがいるといい」と言いましたら、夫に「妹がいるからいいじゃないか。そのうえ央がいて、3人もいるじゃないか」と言われていました。

丹羽　どうしても、後のお子さんに恵まれない、あるいはまた計画出産で後の子どもをつくる気になれない方もありますが、できればもう一人か二人お子さんを持たれたら、どんなにかいいことかと思います。でもこれは、それぞれの思いがおありになるでしょうから。

山岸　私たちも二人目の時には心配しましたが、でも夫が「障害があるのも、一人も二人も同じだ」と言いました。私は幸せでした。

丹羽　本当に幸せですよ。お父さんが落ち込んでいるとお母さんも非常に落ち込みますし、その場合は、ますます頑張り母さんにならなくてはいけませんしね。

山岸　両方で落ち込むとしょうがないですね。「ひよこ」で見るようになったからだと思いますが、お母さんもあんまり頑張り過ぎないほうがいいと思います。

丹羽　頑張るというのはあまり長続きしないし、くたびれてしまいますからね。その時のほうが心配ですよ。子どもが大きくなって、いろいろなことを感じられるようになって、自分がしっかりとできてきて、みんなの視線が自分にどのように向けられているかを感じるようになってから、そんな時に「どうしてこの子はダウン症なんだろう」なんてお母さんが落ち込んでしまうと、これ以上不幸なことはないと思います。

山岸　子どもが大きくなってくると思うのですが、私なんかわりといい加減で、今のお母さんのように一所懸命に地域のことをしたわけでなく、自分の仕事もあったためにかえってよかったのかと思います。あんまりやり過ぎると、期待がすごく大きくなって、できなかったたぶん余計落ち込んでくるのかなと思っています。

そんなに一所懸命やらなくても、「うちの子のようになるわよ」などと言います。「もっとも、うちの子は知的にあまり高くないので、参考にならないかもね」なんて冗談に言ったりもします。でも、私自身は「知的にはそんなに高くなくても、央のようになったら本当にいいわよ」と言いたいのですけど……。

丹羽　それはおっしゃっていいと思いますよ。今のお話しを伺っていて、央君は人間ができていますよ。いつでも平静な自分でいられるというのは、この歳になってすら、私にもなかなかできないことですよ。

## 「響き合う」間柄が相手の心を打つ

山岸　央を見ていると、「うちの子のように育っていくといいな」と思います。どの親もそうだとは思いますが、いろいろなお子さんを見ていて、央のことを「うちの子はいい子ですよ」とみんなに言える。どこのお母さんも「うちの子はいい子よ」と言えるでしょうが、央を見ていていろいろなことができるお子さんに劣らない、むしろ央は「ここまで成長して、ここまでできるようになったのよ」と見せてあげたいような気がします。ただそれは、「私の力でやったんです」と言えないのがちょっと残念ですが……。「私がここまで育てたんです」と言えればなおいいのですが、私がそこまで育てたのではなくて、央が持っていたものと、まわりの方のおかげだと思います。本当に央の持っていたものは、すごく大きいと思います。

丹羽　それはどうしても関わり合いだと思います。どんなに可愛くて、どんなに大事にしたいと思っても、どうにもそういう気持ちになれない方だってあるわけでしょう。ですから、彼自身が持っているものが相手の心を打つ――。すると、それに対して自然に応えが返ってくる。やり取りが素敵なのですよね。

**山岸**　いまでも一人の世界が好きなのです。小学校の時、自閉症のお子さんをもったお母さんが、「央君はダウン症じゃなく、自閉症みたいね」と言われたくらいです。今でも集団の中に入っていくのは苦手で、一人の世界にいるのが好きです。それでも、見ていて自分が入れそうな時には、ちょっかいを出すこともあります。対人関係も前よりはずっとよくなってきました。

　全部が全部よく育っているわけではなく、親から見てもこういうことは直したほうがいいということもたくさんありますが、相対的に見て、央は生まれながらに持っていたものがずいぶんと大きくなっていると思います。だから世間でいうようにはならなくても、こうして成長してきているのだから、この子が持っているものはすごく大きいと思います。きっと、どのお子さんもそうだと思います。この子が本来持っているものを、央のまわりで関わってくださる人々が刺激してくださったおかげだと思います。

**丹羽**　本当にどこがどうと決めることはできなくても、お互い「響き合う」という間ができるのではないでしょうか。

**山岸**　どんなにいい素質を持っていても、相手になってくれる人がそれを見てくださらなかったらどうしようもないでしょうけど、うちの場合、関わってくださった人々に非常に恵まれたと思います。ですから、関わってくださる方々に央が持っているマイナス面だけしか見ていただけなくて、プラス面を引き出していただけなかったら、央は本当に他人とは重い関係にとどまっていただろうと思います。

**丹羽**　一人の人格ができあがるのに、相働いていたのでしょうね。

## 「子離れ」――いつ「決別」するか

山岸　今まで学校という枠の中で恵まれて、相手のほうから央に働きかけていただいて、央のいい面がずいぶん出てきたと思いますが、これから外に出ていくと働きかけてくれる人はずっと減ってくると思いますので、この先また一つの成長の可能性は大きいと思います。

いま担任でいてくださる先生方が、「まだまだこれからも、どんどん成長します」とおっしゃってくださいます。「社会にでれば出ただけ、その中で央が獲得するものはたくさんある」と言ってくださいます。どのくらい伸びるか分かりませんし、私たちがあと何年関わっていられるか分かりませんが、親がいなくなった後も、楽しく充実した生活ができるようになるといいなと思います。

私たちも、親とずっと一緒だったわけではないし、離れていくことで自分たちで楽しさを見つけ出したように、央も介在してくださった方たちとともに、楽しさやいろいろなことを探していけるといいなと思います。

親兄弟だけではなく、央を囲むまわりの人とともに楽しむ、「彼自身のもの」を見つけるといいと思います。これからは、私が央からどれくらい離れていけるかだと思います。自分では割合と淡白なほうだと思っていますが、実際に考えて見て、どのくらい央との関係を冷静にやっていけるかということは、だんだんに自信がなくなってきました。本当に子離れできないで終わってしまうと困るのですが……。

「子離れ」というと変ですが、央を「一人の人格」として見なくては、央にも失礼だと思います。央自身を認めるというか、今でもある程度認めているつもりですが、やはり「自分の子ども」という意識のほうが強くて、「いつまでもそう思っていてはいけない」とは分かっていますが、やはり央という一人の人格を立てていく、あの人の生活を考えていかなければいけないだろうと思います。

丹羽　自分の生身の親子関係、母親と子どもはひとつ飛び越えなければいけませんね。私の息子は、「自分とおふくろとは、物理的に距離を置くほかには離れられない」と思ったようです。息子が留学のため、私から離れて行った時、羽田からの帰りにタオルがクシャクシャになるほど泣いて、そうしたらスカッとした気持ちになりました。そばで姪が、「おばちゃん、待つ楽しみが一つ増えたじゃない」と慰めてくれました。

山岸　央といつ決着をつければいいかと考えるようになりました。ずっと一緒にいるというのは、央にとっても私にとってもきついことで、もちろん兄弟には見てもらうつもりはないのですが、「央が仲間といっしょに生活するようになったら、正月や夏休みには一緒に旅行に行くなどして、年に一度か二度で十分だからつき合ってほしい」と言ってあります。「でも、いつも央のことだけは、頭の中にいれておいてほしい」とも言ってあります。

一つ問題は、私がいつ「決別」するかです。今でも考えると、何となく気が重くなってしまうのです。

丹羽　私のように息子が58歳になっていても、「物理的に離れているからいいのだ」と思いたいのです。そばにいると、つい歳をとるとよけいすがりたい気持ちが出て来ます。離れているから仕方ないと思えるのですね。

山岸　母を見ていると、よけいそう思います。やはり本当に勝手だとは思いますが、央が親から離れて生活するようになった時、「央自身が、私をどう見るのかな」と思ったり、一方で「央自身が、仲間と生活することを楽しんでくれたらいいのではないか。早めにそうしたほうがいい」とも考えます。また、親は子どもからよく思われたいわけですが、「そういう生活の場に送り出す時に、もし央が追い出されるような気持ちになるとしたら嫌だな」とも思ったり……。親としての自分勝手な思いだと思います。「央によく思われながらすんなり、さわやかにいけるといいな」とそういう気持ちが強いのです。「そういう時期は、いったいいつなんだろう」と思います。

だから、仕事の場でそういう楽しい仲間と知り合って、仲間と一緒に生活できる場があり、仲間と生活することによって、「お母さんとはもう一緒じゃない」と思えるようになってほしいのです。お互いに体力的にも精神的にも疲れる前に、楽しく生活の場を求められたらいいなと思います。今のところそういう場は見つかっていませんが、私も央も精神状態と体力が、若いうちがいいですね。

丹羽　私もあなたと同じように、若く仕事をしていた時はよかったのですが、歳をとってくると体力的にも頼りたくなるのです。ですから、あなたがおっしゃったように「若いうちに早く」というのは、大切なことだと思います。

山岸　これも慣れだと思いますけど……。これからは、央よりも私自身が「どう決めるか」だと思います。けっこう20代、30代に入る子どもさんを持った方は、子どもよりも親のほうが別れられないという場合が多いですね。子どものことが心配でたまらないのは、親のほうがそうですね。

丹羽　それは宿題ですね。

## 「彼の人生は彼のもの。私の人生は私のもの」

山岸　いま一番思うことは、「央を私の生きがいにしない」ということで、それだけは心がけようと思っています。よく、「障害がある子どもが自分の生きがい」とおっしゃる方がありますが、私自身は央を私の生きがいにはしたくありません。言葉で言うと大変冷たく感じますが、でもそうだと思いたいのです。

丹羽　それは非常に厳しいと同時に、非常に温かい思いです。

山岸　これは央にだけではなくて、ほかの子どもにも同じです。「生きがい」は仕事なり、ほかのことを自分で探していきたいと思います。
丹羽　歳をとって「私」という存在が、何か私にできることで誰かのために役に立つことができると思うことが、「生きがい」だと思います。自負というか、それで元気でいられるんですね。
山岸　何か自分でも楽しいことを作りながら、央にもいろいろと考えています。
丹羽　人生にグンと思いが深まってきましたね。一番いいと思うのは、表面のつき合いでなく、心の中心にスパーッと、お互いが触れ合って話ができることですね。
山岸　央を子どもとして持って、障害がある子どもをもって一番よかったことは、いろいろな方々と巡り会ったことです。
丹羽　最初のお話しに戻りましたね。私も100パーセント同感です。
山岸　でもいろいろ見てきて、そうでない方も多くいらっしゃいます。障害を持った子を持ったおかげで、自分の人生はひどくなったと思う方もあります。ですから、私は本当に恵まれていたということです。
丹羽　何度もあなたとお会いしてお話ししたいと思っていました。どういうわけか、それはあなたが大学の図書館で司書としての専門職についておられたこと、そして辞められたということ、そして「ひよこ教室」で働かれていることなど。伺って、なるほどと思っていました。私も生涯仕事で生きてきた人間なものですから、自分にとってどうでもいいような仕事ならともかく、「これがもしないならば、私には何が残るか」という関係なら、両立させることを考える。もし、両立させられなかったなら、「こんな大事なことを、この子のために捨てなくてはならない」という気持ちになるのも嫌ですし、「あの時仕事を続けておけばよかった」と、後で後悔するのも嫌ですし。
山岸　でも、仕事って楽しいですよ。家庭で主婦としての仕事が楽しい人もありますが、私はそうではなく、やはり自分のやりたいと思った仕事はずっと続けたいと思います。いくら子どもに障害があって、親が全部するといっても、うちの場合「央の人生は央のもの。私の人生は私のもの」ですから、絶対一緒にはならない。私の人生は、自分で大切にしなければならないと思います。

丹羽　そのことは、結局央ちゃんに返ってくるのですよ

山岸　自分が自分のことを大切に思わなければ、央のことも大切に思えないわけです。自分が楽しい生活をすれば、央の生活も楽しいものと勝手に思っています。

丹羽　そうですよ。お母さんがやりきれないような顔をして子どもに接していると、子どものほうが感じますもの。

山岸　子どもに言われます。「お母さんはぼくたちより、自分のことのほうが大切なの」なんて。些細なことですが、お菓子を食べていて一個残った時、「これは、だれが食べるの」と言われると、「もちろんお母さんよ」なんて言って……。私は、「自分が楽しいかどうかを考えてから、あなたたちにお伺いをたてるの」と言います。いつか時間を見て、ぜひ央を連れて来たいです。

丹羽　ぜひ会いたいです。この仕事が一段落してまとまれば、お子さんと皆さんと一緒に会いたいと思っています。

山岸央くんへ
　口数は少ないけれど、笑顔がナンバーワンのスポーツ好き、お母さまの期待されるゴールに一日一日近づいている央君。お母さまに「央は、ダウン症の央でいい」と言わしめるすばらしい孝行息子。社会生活が広がっていくにつれてことばもますます伸びてきたとか。うれしい報告をありがとう。

# 「ダウン症だからこそ面白い」

与那嶺恵美（よなみね　えみ）さん
与那嶺大輔（よなみね　だいすけ）さん

## 食事が基本

丹羽　今日までのあなたの子育てといいますか、過ごしていらした過去を回想していただけたらと思います。

与那嶺　この2月11日で、満18歳になりました。身体的には合併症もなく、健康に恵まれましてラッキーだったと思います。先日、身長を測りましたら、155センチ、体重55キロになりました。筋肉が締まっていまして、ブヨブヨ太っているというタイプではありません。

丹羽　そうですか。155センチ、55キロというのは釣り合いがうまく取れているのではないですか。

与那嶺　小さいときは筋肉がブヨブヨしていて、マシュマロみたいな感じでした。それが固太りで、体質的なものもあるのでしょうが、ガッチリ締まって筋肉がつきました。健康に恵まれたことが、これは親が努力するとかしないとかではなくて、大輔がもっている生命力とかいろいろな部分があるのでしょうが、いま現在、健康に恵まれていいます。

**丹羽**　本当に恵まれましたね。でも、あなたがずいぶんと心をかけて、大事にお育てになったことが十分あると思いますよ。

**与那嶺**　ハンディをもった子どもだからこそ「健康であってほしい」という思いが私の中ではあったのです。そのために特別何かをしたということではありませんし、そんなに努力家の母親ではありませんから（笑い）。

ただ、日常気をつけたのは「食事」です。食事に関しては「多少は気をつかったかな」というくらいですね。それはなぜかというと、この人は作ったものは好き嫌いなく食べてくれる子どもであったことがラッキーでした。

美味しいものは「おいしい」と言ってくれますし、まずいものは「これはまずい」とハッキリ言います。朝・昼・晩の三度、三度の食事はしっかり食べてくれるのですが、間食というものをほとんどしない子どもでした。今も虫歯がありません。

**丹羽**　そうですか。間食もしないということがよかったのではありませんか。だから食事をしっかり食べられたのでしょうね。

**与那嶺**　小さい頃は体力的に弱いから運動もさほどしないですし、朝・昼・晩のご飯が精いっぱいで、おやつも食べられないかなと思っていたのですが。

**丹羽**　でも、健康な生活リズムではないでしょうか。

**与那嶺**　そうですね。これはもしかしたらもともと備わっている体のリズムと、この人の生命力を維持するための、すべてのものの賜物であったような気がするのです。

**丹羽**　私も何年もたくさんのお子さんを拝見し

ながら、まず「合併症はなかった……。ああよかった」と心から申し上げるんですけどね。心臓に合併症があるお子さんは、本当にかわいそうですよね。消耗が激しくて……。でも大輔君は本当に幸せでしたね。

与那嶺　とにかく食べることが基本の毎日ではあたり前ですが、それを毎日作って、バランスよく食べさせたことが私の仕事で、大輔だけでなく、家族に対しても「私の仕事、努め」かなと思うことがあります。簡単にいうと、食いしん坊の家族なのだと思いますけど……。

丹羽　食いしん坊もいいじゃないですか。食べることは健康のもとですもの。

与那嶺　あとは普通に……。お姉ちゃんがいますから、普通の子どもの育て方とあまり違わないように対応してきたと思うのですが。

## 「ボク全然お勉強がわかんないし、おもしろくない」

丹羽　お姉ちゃんはいくつになられました？

与那嶺　大学3年生です。

丹羽　3つ違いですか。何を専攻していらっしゃるの？

与那嶺　人文学部で「民族学」を専攻しています。このお姉ちゃんの影響が、彼にとってものすごく大きかったと思います。運動が好きで、口数が少なく、おとなしい子でしたが、からだを動かしてエネルギーを発散することが何よりも好きな娘で、男の子のようでした。それに彼がつき合わされることで、休日はお姉ちゃんにつき合って父親の自転車の後ろに乗ってサイクリングをしたり、近くの河川敷とか公園に行きました。お姉ちゃんがすることを、一緒にできなくてもマネをする。マネが得意です。

義務教育を終了するまで、学校は地元の障害児学級が併設されている小中学校でした。親が「こうしてやりたい」と思う通りに、進んでくれました。

丹羽　それは幸せでしたね。私もとても感動して、カルテに書いております。普通学級に最初に入られて、自分で「学校が面白くない。分からなくなった」と言っています。あなたがそれに応えていますね。

与那嶺　はい。「ボク全然お勉強がわかんないし、おもしろくない」と言いました。

丹羽　そうそう、「つまらない」と本人から言われたのですね。普通学級に入ったお子さんの中には、3年生くらいになって分からなくなると、自分はみんなについて行けないということが分かって自信を失い、しかもそれを言葉で訴えることができなくて、それがからだに心身症的な症状で表れたりする方が多いのです。大輔君は違うのですよね。

与那嶺　ええ。彼の場合は言葉に不自由がなかったということが、もしかするとストレスを回避できた要因かなと思います。

丹羽　そうですね。それは大きいですね。

## 「言葉の暴力はいけません！」

与那嶺　言葉に関しては教え込んだわけではないのですが、「どうして、こんなにしゃべれるようになったのですか」と聞かれたこともあるくらい「おしゃべり」好きです。ただ、家族の中で年中おしゃべりをしていました。特別刺激を与えるとか、教育ビデオを見せるとか、定期的に言語訓練に通うこともありませんでした。

いま思うと、その能力がスポイルされないで残っていて、彼の感性や持って生まれた部分で、おしゃべりが楽しいことが分かったのでしょう。

丹羽　そうですね。「言葉がこんなにまで大きな力をもっているとは」と、改めて思い知らされました。このお子さんたちには、自分の思いが通じないもどかしさが、ずいぶんあることでしょう。

与那嶺　いま「うらわ学園」に通っていまして、

3年目です。50名中、おしゃべりを楽しむ仲間たちが何名かいます。言葉のやり取りができて、本人は面白がって楽しんでいるのでしょうが、エスカレートしてしまうことがあります。ときどき、大輔のおしゃべりが度を越してしまい、自閉症の方が言葉で言い返せないぶん、殴ったり、蹴ったりすることもありました。そんな時は、「ボクはね、言葉の暴力を使った。言葉の暴力を使ってはいけない」と言います。

**丹羽**　大輔君には「言葉の暴力」が分かりましたか。

**与那嶺**　本人は、「○○は、しゃべれないけどケンカは強い。ボクはケンカは弱いけど、言葉の暴力でやっつけるんだ」ということを、何となく分かっているようです。どちらかというと、しゃべれる子どもが優位に立てるわけで、子ども同士は自分が優位に立っているということを分からなくても、その場の雰囲気で感じているのかもしれません。

おしゃべりがエスカレートすれば、他人も傷つくし、自分も痛い思いをするということで、分かってきたようです。

**丹羽**　言葉の暴力というのは、大輔君が使った言葉ですか。

**与那嶺**　いいえ、私たち家族です。

**丹羽**　先ほどお話を聞いていて、どうしてそういう言葉を使えるのかと。言葉の暴力というのは抽象的なもので、「わあ、すごい」と思って聞いていたのですが。

**与那嶺**　それは父親や私が、注意をする時に使っていました。「ボクの言葉の暴力で、誰々に殴られた」というたびに、家族で「言葉の暴力を使ってはいけない」と説明しました。

本人にとって、言葉が武器にもなるという表裏一体の概念を理解できなくても、経験上、分かってきたようです。

**丹羽**　そうですか。言葉はまさに道具ですものね。自分の思いを相手に伝えたいということですものね。言葉だけが一人歩きをしているわけではないのです。言葉が使えるのと、使えないでは大違いです。身につまされて感じますね。

与那嶺　話せるということは、彼にとって本当によかったと思います。

丹羽　どんなにか自由でいられることか。言葉が使えることは、大きな賜物ですよね。

一つは、お母さんの声がハッキリしているということが、大輔君の言葉の発達を助けたといえますよ。私は、「ハッキリと話しかけてください」と申します。日常生活で、言葉を話し始める頃の子どもにとって、ハッキリと分かりやすく話しかけてくれる人がそばにいるということが大切です。お子さんの話し方も、お母さんに似てきます。

与那嶺　主人が、「お母さんのコピーだ、お母さんがもう一人いるようだ」と、よく言います。

## 書くことが好き

丹羽　「特に何もしなかった」とおっしゃるけど、日常、お母さんと一番話し合っているでしょ。お母さんの音声、抑揚、きちんと子どもを見て話しかけているか――。このきちんと向かい合って話し合うことが、どんなに大きな意味をもっていることか。

与那嶺　そうですね。私が大輔の存在を認めて、一人の人間と対等に話しているという思いが伝わっていたのかと思います。

丹羽　とっても大事なことです。ちゃんと向かい合って話さないと、心がそちらに向かないのです。

与那嶺　私や主人は、「あれ取って、これ取って」と名称を言わないで、暗黙のうちにメガネや新聞をやり取りするわけですが、大輔にはこれが通じないのです。きちんと名前を言わないとだめでした。いちいち物の名称なり、人の名前なりをきちんと言わないと通じません。ていねいに話すことが必要でした。

丹羽　まさにその通りです。あなたは意図せずに、一番大切なものを大輔君に差し上げていらした。素敵なことだと思います。あなたは大輔君に本を読んであげる時間をお持ちになったでしょう。

与那嶺　はい。上の娘にも大輔にも本を読み聞かせました。でも、彼は本が嫌いです。ストーリーが分からないのか、テレビのほうが好きです。

丹羽　テレビマンガは特徴を掴んでいるのでしょうね。だから、大人にも子どもにもアピールするものがあるのでしょう。

与那嶺　大輔は自分の思いを書くことが、エネルギーの発散の方法の一つです。絵ではなくて、文字を書くことです。非常に稚拙な文ですが、書かずにはいられないのです。書くことと、おしゃべりをすることが好きです。家にいる時に自分の交友関係で気に入った友だちの名前を好きな順番に書いています。毎日その順番は少しずつ替わるんですよ。

丹羽　そう、自分から好きな人たちと、心理的な距離がある人たちの順番を毎日並べ替えるのね。

与那嶺　これは心理的にも物理的にも、近くにいる人たちかと思います。面白いでしょう。すごく面白いです。

丹羽　面白いですね。それは学園に提出するものではなくて、彼の趣味ですね。

与那嶺　そうです。毎日、毎週入れ替わって書き綴られます。先生は固定しています。お仲間だけが、微妙に替わります。彼の心理状態によって人が近くにきたり、遠くに行ったりします。彼の物差しによって、毎週入れ替わります。

丹羽　初めて伺ったわ。とてもユニーク！

与那嶺　彼は将棋とかチェスの駒を動かすように、名前を動かしているのかもしれないですね。

## 「ダウン症だからこそ面白い」

丹羽　赤ちゃんの時から、ずっと成長を見てきた子どもたちと関わりを持てて、本当に幸せだと思います。ふつうは、どんなふうに大きくなって、花開いていくか、分からないものですから。

与那嶺　私はこの子に障害を持たせてしまったということは、この人の可能性を狭めてしまって、本当に済まないと思っていました。でもこの頃は、「楽しいな。ダウン症だからこそ面白い。楽しい」と思います。18年前は、絶望的な思いでした。今は、その人がハンディがあってもなくても、人間として自己実現していくことに何ら変わりないと考えます。

丹羽　省みるチャンスを、このお子さんたちは与えてくれます。今までの既成の価値観では計れないものです。

与那嶺　学園での言葉の暴力に対しての、担任の指導員のコメントがあります。「友だちはどちらも偉くない。友だちなのだから、皆仲良くしましょう」――と。ここの指導員のすごいところは、子どもの障害をよく分かっていらっしゃることです。

毎日、生身の子どもを見ているということは、個々の障害により、次にどういう行動をするかが見えるのです。現場の強さに対する驚きでした。義務教育の場とは、もっとも違うところでした。子どもの障害がよく見えているから、指導員と子どもの信頼関係が濃厚なのかもしれません。

言葉のない方でも、障害の重い子どもたちでも、信頼関係があれば何ら問題ないということを実証しているかのようです。

## 発達には細かいステップがある

与那嶺　彼は元来やんちゃで、いたずらで、人をおちょくる面がある子です。チョロチョロしたイタズラ小僧というか、やんちゃ坊主です。

丹羽　そうそう、イタズラ小僧ね。ユーモアがあります。

与那嶺　アンテナを張り巡らしていて、よいことも、悪いことも、面白おかしく演出し、しゃべり

上●ボクの宝もの
1982.冬　2歳

下●運動会（岸小4年）
1989.10.24

ディズニーランドにて　1999.6　19歳

まくっています。「ちょっとたまらないな」と思うことばかりです。
丹羽　愉快ですね。
与那嶺　言葉を持てて、彼にとって本当によかったと思います。
丹羽　そうですよ。どんなに自由でいられるか――。言葉が使えるということは、大きい賜物ですね。健康で、平和で、仲のいい家庭で、本当にお幸せでしょう。あなたが初めてここにお出でになったのは、57年の6月28日でした。
与那嶺　はい。2歳4ヵ月でした。
丹羽　ここの廊下に二人で座ってらして、あなたが大輔君に話しかけていたのをよく覚えています。「あら、この子は言葉が出ている」――という印象を強くもちました。
　身長90センチ弱、体重13キロ、かまってあげるとキリがない。「シーシーでた」「イタイ、イテェ」の言葉。階段はてすりを使って自分で昇り降りする。合併症なし。大変元気で、明るく愛らしい――とあります。これ、大輔君の発達記録です。
与那嶺　先生のところへ「プレイセラピー」で伺った覚えはあります。
丹羽　プレイに入る前に、ここで行動発達の観察をしましたね。8月9日でした。
　書きなぐりを喜んでする。鉛筆の持ち方もよい。指示に従って○△□の型はめはできない。立方体を箱に入れる作業は、そばで一個一個手渡すと完成。長方形の箱に子ネコを入れてフタをする作業は、こちらの言葉による指示で完成――。
与那嶺　私が思いますのに、長女が何でもソツなくこなすタイプの子だったので、1、2回やり方を教えるとすぐにマスターする子でした。ところが、彼に関してはそれが通用しないことを思い知らされました。障害児ということは頭の中に入っているのに、「こんなにもできない」ということを、「これも、あれもできない」ということを、いらだちをもって捉えていました。
丹羽　なるほど。それが生後間もなく告知されて、それから間もなくここに来られたお母さんたちは、どんなに時間がかかって一つの行動が獲得されるかということや、あることができるようになるまでにたくさんのステップがあることをご一緒に見守りながら、赤ちゃん自身から学び取ってこられました。

そうして、できないことよりも、それをクリアしたときの喜びがお母さんを励ましました。そうこうするうちに、だんだんと障害自体を受け入れる姿勢ができてきたように思います。

お母さんが、お姉ちゃんの生活年齢でできたことを、噛んでふくめるように教えても、それができなかったとおっしゃる。無理もないと思いますよ。

乳児の精神発達を専門にしてきた私でも、障害児の場合には「より細かい」ステップで進めていかなければならないことを学びました。このお子さんたちは、発達に時間がかかるということは、こういうことだと納得したようなわけです。それには、赤ちゃんの関心を引く発達介入用のオモチャを選択しなくてはなりません。そこで私どもの標準化したMCCベビーテスト※を3歳頃までに使うことにしたのです。

**与那嶺**　そうですね。指先の機能一つにも、すごい道具だと感動したことがあります。食べ物一つをつまむにしても、食べたくてもつまめないですもの。

**丹羽**　赤ちゃんの行動には、身体の動き、表情、しぐさをふくめて、みんな意味があるんだということ。どんな意味があるのか、何を訴えているのかが、お母さんと1年なり、1年半なりの間、一緒に見ているうちに、そしてその場で話し合って行くうちに、お母さんに分かってもらえるようになります。

こうして、子どもの行動にお母さんがうまく吸

※MCCベビーテスト　古賀行義先生指導により、MCCベビーテストの全国的標準化の大掛かりな研究に参加、MCCベビーテスト・日本版が完成（1964年）。後に花クリニックでダウン症児の発達診断に全面的に役立つことになった。

い込まれるようになると、我が子の障害を嘆く気持ちが薄らいで、表情も明るくなってきます。言葉の出る前の援助の意味は、そんなところにあるといえましょう。

**与那嶺**　私も子どもの発達には細かいステップがあって、チェックも細かくしなければならないということが分かりました。障害児に接すると、こんなにも重い障害の中でも、「人間は生きて、伸びていけるんだ」ということを発見します。そして、人の尊厳というか、存在の意義に感動します。

私は母親なのに、そうした人の痛みが分からない人間だったので、一つずつ、ベールがはがされる思いでした。

娘に対しても、健常者はそういうことを公教育の中で、ていねいに教えられることがないと思うので、「大輔を通して学ぶいいチャンスだと思ってね」と話しました。

**丹羽**　なるほどね。

## さみしさに耐えた姉

**与那嶺**　子ども心にも、ハンディのある人に対するまなざしは違うかな、と思います。それでも、娘が思春期の頃は、とても難しい時期でした。

**丹羽**　そうでしたか。そうでしょうね。お母さんのまなざしが、どうしても障害のある弟に向くために、自分が置き忘れられたような、それでいて精いっぱい寂しさに耐えてきた日々の思いが、「思春期」という特別に感じやすい時期に噴き出したのでしょうか。いくつ違いでしたか。

**与那嶺**　3歳半で、学年は3学年です。入学、卒業が同時ですから、どうしても大輔のほうが優先されて、かわいそうでした。私としては、よくぞ間違った方向へ行かず、成人してくれたと思います。

**丹羽**　本当にそうですね。

**与那嶺**　私も大輔にかまってきた18年の中で、娘にとって「済まない」と思うことは、本当に必要だったときに、心理的なケアをしてあげられずに放っておいたのかと思うと悲しいです。いずれ、彼女が自分の子どもを持ったとき、それがどんなふうに影響するのか、懸念します。

**丹羽**　大丈夫。というのはね、お宅の場合、お姉ちゃんはそうしたさみしいというか、やるせなさに耐えてきた自分に、自信ができてきていると思うのです。その自信のもとは、何といってもお母さんの愛情です。お姉ちゃんにはきちんとそれが分かっていますよ。

つまり、4、5歳の時代に感じた心の体験が、思春期の激しい感情の「揺れ」の中で再現したように見えるだけで、時の流れとともに自分に対して、新しい自信がよみがえってきているのではないでしょうか。

思春期の反抗期を乗り越えさせてくれた原動力は、大輔君が生まれる前の生後3年間に、お母さんとの間に交わされた愛情体験が、無意識の中で、彼女の中に「動かぬ信頼関係」の素地を作り上げていたと思います。これなくしては、闘えない。言ってみれば、大輔君の誕生は、お姉ちゃんの心の成長にいちだんと磨きをかけることになった。たくましくなられたのではないでしょうか。

**与那嶺**　娘は今度大学4年生で、就職活動が始まりまして、自己アピールは「忍耐強く、体力もあるいい人材です」と、臆面もなく書いてあるのでビックリするやら、面白いやらです。

**丹羽**　今の時代は、辛抱、忍耐強さ、というのが一番大事です。待つこと、じっと我慢することが育ってないでしょう。我慢することも、待てばきっと答えが得られるという、信頼感の上に成り立つものです。

**与那嶺**　まさにそうです。大輔を育てていて、いつ死線をさ迷うか分からないことの繰り返しで、娘を母に預けたりしました。「ああ、大ちゃんがたいへんだから」と、子ども心に耐えてきたと思います。何が起こるか分からない突発的な物ごとに対して、彼女なりに耐えて考えて、「大ちゃんがまた復活したね」――とよく言いました。ほかの家族と比べると危機管理が重大なわけで、「いのち」にかかわる危機にも強くなったと思います。

**丹羽**　大事なことは、それをしのげる、幼心にそれが我慢できる――。それは何かというと、「家族の結びつき」です。耐えさせてくれたものは、愛情ですよね。言葉で説明できない信頼とか、愛情とかが、お嬢さんを耐えさせたのです。幼いのに、「今、危機なのだ」という現実検討の能力が、しっかりと身についていると思います。

## 健康に恵まれた日々

**丹羽**　ダウン症の子どもが生まれたときに、「ダウン症」と言われたときのショックの程度があると思います。その時に、どのくらいお母さんが、そのことに対して知っておられたか、またどんな先入観を持っておられたかが、その後の立ち直りにかなり関係するように思うのです。また、どのように告知され、専門家（小児科医）がどのようなアドバイスをしてくれたか、またそれはなかったか。出産、誕生から告知まで、とても大切な時期ですからね。あなたの場合どうでしたか？

**与那嶺**　大輔は長女と同じ病院で出産しました。新生児黄疸がひどく、出産後、ずっと保育器に入って光線療法をしていました。娘の時と違って、私は非常に不安で仕方ありませんでした。

初めて顔を見て抱いたとき、筋肉がダランとして、弛緩した状態で、重たいゼリーのようで、異様で、泣く力もなくて、顔を見て言いようのない違和感を覚えました。そのときはダウン症の知識はありませんでした。

2週間後に子どもを引き取りに行き、母子で採血されました。そのとき、小児科医に娘の時と違って、何か違和感がある旨を告げられました。1ヵ月検診で、「ダウン症」と告知されました。「21トリソミー」ということで、ダウン症の概略を伺いました。その後、3ヵ月あまり、主人や両親とどんなやり取りがあったか、ほとんど覚えていません。

次に3ヵ月検診で、小児科の医師がアメリカから帰ったばかりの先生で、「アメリカでは、障害児の早期療育が盛んで効果があるので、その方向でケアを進めましょう」ということでした。

大きく産まれましたので、「筋肉トレーニングをすぐ始めましょう」と、整形外科医に紹介されました。「ボイダー法」を、生後6ヵ月くらいまで行ないました。

この時の二人の医師は、慈悲にあふれていて、希望を持てるように励ましてくださり、今でも本当に感謝しています。

その後、自宅近くの病院でトレーニングを定期的に行なったほうがよいということで、紹介状を書いていただきました。それが都立北療育園※です。

※都立北療育園の名称は1985年7月1日に「都立北療育医療センター」と改称されたが、業務内容、所在地はそのままである

そこへ1歳2ヵ月で通園を始めました。

ここへは毎月1回、機能訓練に通い、PT（作業療法士）にトレーニングを受け、自宅でも実行しました。このほかに、年に4回、小児科の定期検診と発達心理面のカウンセリングを受けました。

北療育園に通園して半年目に、大輔は歩き始めました。誕生から1年7ヵ月です。その後も、小学低学年まで春、夏、冬休みに小児科の定期検診のみを受けました。現在に至るまで、健康に恵まれた日々かと思われます。

丹羽　いいお話を伺いました。どうもありがとうございました。

与那嶺大輔くんへ
自分がいなければ、皆が困るからと4年間仕事場を無欠勤の青年大輔君。それまでは外国旅行や、家族旅行を楽しまれたと聞いていますが、すばらしい自負心と責任感で、思わず「でかした！　偉

い！」と声をかけたいような気持ちです。言葉でのコミュニケーションが苦手なダウン症の友だちの中で、あなたは際立って言葉に恵まれていました。立派に英語でスチュワーデスにご挨拶して、お別れの握手をもらったとか。

# 「この子も大事な一人の子ども」

渡辺宣子（わたなべ　のぶこ）さん
渡辺信一（わたなべ　しんいち）さん

## ものごとには「頃合い」がある

渡辺　私は上の娘の育ち具合や、その友だちの様子などを見ていて、「これは好ましくない」とか、「これはもっときちんと言っておかなければいけない」など、気がつくことは言いますが、やはり子どもの育ちというか性格というか、その時期にあまりうるさく言ってもダメな場合もあるし、「こうあってほしい」と思っても、全然関心がない時もありました。

年齢や時期的にみて、「このくらいのことは、もう覚えてもいい、してもいい」頃なのに、子どもが関心を示さなかったり、言っても上の空という感じで何も残らないこともあります。後になってから「言っても仕方ない」と思ったり、やはり「頃合い」というものがあるのかなと思います。

丹羽　旧約聖書の「伝道の書」（『コヘレトの言葉』新共同訳）の中に、「何事にも時があり、天の下の出来事にはすべて定められた時がある」とありますが、本当にそう思いますね。

渡辺　「もう動いていていい。もうやってもいいのに」と思う時などは、私の中にいらだちのような焦りがどうしてもあって、ついほかのお子さんを見てしまいましたね。心障学級や養護学級へ行っていると、いろいろなハンディを持った子どもさんがいて、「うちの子はまだだ」「遅い」「まだ分かっていない」と思って、よけいイライラもやもやしてしまうわけです。

同じことでも10歳で分かる子どもと、20歳くらいで分かる子どもといろいろだと思うと、けっこう長い目で見ていかなければいけないのだと思います。息子はまだ18年間ですが、そういうことを感じます。

だから「焦ってはいけない」と、「私は先に死んでもいいから、この子に時が来ていないないならば、まわりの方にも待ってください」――と、お願いしてから死のうと思いました。いつ自分がどういうことで病気になり、死ぬか分かりませんが、そういうことを友だちには常日頃言っておいたほうがいいと思います。

プールや和太鼓のグループの中で、ご自分の子と同じように信一のことをよく知っている方がいらっしゃいますから、「あなた若いんだから、あと、頼んだわよ」と言います。すると、「うちの子だけでも大変なのに、取り替えてくれるんなら、信ちゃん引き受けるけど」なんて言う方もいますが、私にもこういうことが言い合える友だちがいると、気持ちが落ち着きます。

うちでもいろいろなことができるようになるといいと、毎日台所で手伝ってもらいます。和太鼓を始めて10年なので、力がついてきて重い物を持ち上げたり、ビンのフタを「お母さん手が痛いから」と言いますと、「まかせて」なんて言ってやってくれます。雪が降り積もった日、「滑るとこわいから、家の前の雪かきして」とお願いすると、多くはできませんが、「分かった」と言って、何度もしてくれました。

「あなたは、一番若くて元気だし、あとみんな年寄りだから頼むね」と言うと、「分かったよ。まかせて」と言って、やってくれました。

この間の養護学校の卒業式のことです。「高校3年生で、学校最後の姿なんだから、背中丸くしたり、声が小さかったり、ふざけたりしたらダメよ」と言っておきましたら、まあピッとしていい声でしたから、帰ってきて「素晴らしかったわよ。いつもあんな声だったら素晴らしいわね」とほめますと、ニヤニヤしていました。自分でも意識していたと思います。一人ひとり卒業証書を校長先生からもらって、一人ずつあいさつをしました。「お母さんを幸せにします」「一所懸命働いて、好きなレコードを買います」「健康に気をつけます」とか……。信一は、「卒業してから○○○作業所で頑張ります」と言いました。そこの作業所の所長さんが来ていて喜んでいました（卒業式の写真を見ながら）。

## 「信ちゃんの笑顔は素晴らしい」

**丹羽**　まあ、すっかり大人になって…。

**渡辺**　ニキビが花盛りで、出たり引っ込んだりしています。相変わらず背中は丸いのですが、この写真、ちょっと見てください。いい顔しているでしょう。みんなも、「信ちゃんの笑顔が素晴らしい」って…。

**丹羽**　お友だちのお嬢さんと一緒のこの写真はいいですね。（333頁参照）ニコニコして楽しそうだこと。いい家庭で大事に育てられて…。

**渡辺**　最近は息子に注意されます。私と夫が言い合っていると、「やめろ」と言って注意します。親が仲裁されています。いつも私の見方をして、「お父さん、もう止めて。お母さんとは親子だから、ぼくと話そう」と言って。

丹羽　お父さんも、お子さん思いですからね。本当に何倍も報いられますね。

渡辺　息子のお陰で、争う気持ちを恥ずかしいと思いますし、つまらないことで子どもの前で言い合うべきでなかったと思います。

子どもは朝起きると、「お母さん、おはよう」と、自分から笑顔を見せます。私の具合が悪かったり、くたびれていてあまりさわやかでない時、「おはよう」だけ言いますと、「お母さん、ニコッとして」と要求します。夕食の時あくびをすると、「お母さん寝るなよな」と言います。

「ぼくが『お母さん』と言ったら『はあー』はやめて。『なあーに』と言って」と言います。のばすのだそうです。「なに」ではなく、「なあーに」とのばしてやさしく言うのだそうです。まるで、言語指導を受けているようです。「なあーに」と言うと、もううれしくて安心するのです。この人には、いつも心おだやかに、明るい気持ちでニコニコしていなければいけないと思っています。息子はいつもニコニコしていますから、私も救われます。

丹羽　お話し伺っていて、本当に胸がいっぱいになります。

渡辺　「ダウン症協会」へ5年くらいお手伝いに行っていましたが、私の仕事が忙しくて、抜けましたが、小さいお子さんとか、生まれて間もない赤ちゃんのお母さんから必死なお電話を受けました。自分もそうだったし、今までいろんなことがあったけど、18歳になってもうすぐ高等部の卒業が近づいた時、これまでの子どもの成長、育ち具合を見ていて「お母さん、あんまり焦っちゃだめ」と言えます。こういう時間がかかる子どもには、親も時間をかけなければだめだと……。

心の隅では「そんなの無理よ」と思いながらも、将来が何も描けない。生まれて間もない方の親心って大変だと思いながら……。でも、時間がかかっても、腹をくってそういうふうに自分を変えていかないと……。今でも私、そう言いつつも、息子には「なに、グズグズしているの」と言いますが、「でも、あまり無理なことはさせられないな。この子を追い込むようなことはできないな」と、思うのです。
　うちの子は少し穏やかな環境の中でほめると、やるタイプだなと思います。ほめると「いい気」になって手を抜くとか、お調子もののようになったり、集中力や持続力がなくて、まじめにやらないという場合もありますが……。ほめるだけではなく、ちょっと距離をおいて、「言われたことをやっているかな。自分で言ってるほど分かっているかな」と、周囲の大人が見るということも大切だと思います。

丹羽　それは、とても大事なところですね。

## 就職の準備教育——二つの実習

渡辺　仕事につく場合は、その辺が難しいなと思います。一般企業へ就労することを考えていましたが、アメリカのようにコーチ制度（ジョブコーチ）がしっかりしていて、自分のやるべきことを覚えるまでの期間、そばにいて指導する人がいなければ、会社でもお店でも「この人に、ここは任せられる」というところまではいかないだろうと思います。
　しっかりやれるお子さんもたくさんいますが、誰かがちゃんと自分を見ているという安心感があって、分からなければその人に指導してもらえる。注意されることは大事ですが、怒られて萎縮してしまうと逆効果ですから……。
　養護学校ではいろんなタイプの子どもがいて、お母さんたちも「社会は温室のようなところばかりではないから、不愉快であったりプレッシャーがかかったりも経験させないと、強くならない」と言いますが、それは何とも言えませんね。

丹羽　そうですね。一概に言えないことですね。

渡辺　一般企業の現場実習は、2年生から始まります。考えてみましたが、「なかなか難しいな」

と思い、二種類の福祉作業所へ出していただきました。一つは力がついたら外へ出すという福祉作業所で、そこは正味7時間勤務で、時には残業はあるし、割り合い厳しい所です。息子がそこへ実習に行って、指導員がいない時に手を抜いたことを注意され、素直に「はい」と言わなかったようで、いい加減さを指摘されて、終わり頃には挨拶など仕事以前のことでも注意があったのです。それで、3年生の時に「もう一回そこへ実習に行けば」と言われましたが、「僕もういいです」と断ってしまいました。いろいろ注意されることが楽しくなかったのだと思います。

二ヵ所目に実習に行った先には先輩もいるし、話の合う方もいて、そこですっかり調子が出たらしく、指導員の方にも「いろんなことをよくやります」と言われることが多くなり、そちらのほうがずっと居心地よくて、3年の2学期にまたそこへ行って、「卒業後はここ」と、自分で決めました。

## 「もう、この人だめかな」

**丹羽**　高校時代の実習や就職の準備教育などについて、実際がよく分かりました。高校卒業から実社会に出る、実習から就労にという移行期の事情も、その間の信一君の様子もよく分かりました。信一君の生まれた時の話は、まだ伺っていませんね。

以前、こういう子どもについては「どこへ相談に行っていいか分からなかった」とおっしゃっていましたね。あれは信ちゃんが26ヵ月の時でしたね。

**渡辺**　2歳で歩いていましたかしら。「ひよこ教室」に2歳から4歳まで行きましたから、その頃でしたかしら……。ゆっくり歩く、ちょっと歩いてしゃがむという具合でした。1歳7ヵ月くらいから少しずつ歩き始めましたが、1歳半の時、肺炎で40日間入院し、またその半年後に肺炎になって、その時は1ヵ月病院生活でした。1歳半から3歳まで4回入院しました。生まれた時は350グラムで、大きかったので元気で丈夫でしたのに、本当によく病気しました。

丹羽　信一君は、どこの病院で生まれましたか？

渡辺　家から歩いて20分くらいのところの杉並区にある個人医院でした。往復歩いたほうが私の健康にもいいと思い、また電車やバスに乗るのは嫌でしたから……。生まれた時は大きくて元気でしたが、ちょっとカゼをひいて、大人でいえばこじらせたようになったり、薬をもらいにお医者様にはしょっちゅう行っていました。

丹羽　いつかここで座談会の時に、40度の熱が出ていたのにいらしてくださって恐縮しました。

渡辺　それが始まりでした。グズグズして熱があり、食欲がなくて、ゼコゼコいってレントゲンを撮っていましたが、結局ラチがあかなくて……。お友だちに「3日で症状がよくならない時は、小児科は変えなきゃだめよ。グズグズしていてはダメ」と言われて、大きな病院へ連れて行きました。その時、すでに2週間経っていました。薬も飲ませていましたが、もう肺は真っ白で、即入院。その時は私も気が動転して、娘がまだ小学校1、2年で小さかったので、お友だちが一緒に行ってくれました。それが40日間入院と一番長かったです。

その後、「1年間は気をつけるように」と言われました。大人でも再発しやすいので気をつけていたのに、6月に退院して、また12月におかしくなり、すぐ大きな病院へ行きました。また、ハシカから肺炎にかかり、手足をしばりつけられて、「ヒー」とも「ハー」とも言えないほど弱っていた時もありました。胸膜炎という、肺に水がたまる珍しい病気にもなって、「もう、この人だめかな」と思う時もありましたが、その後よくなってきたので退院しました。

ところが、両手の指の皮膚がボロボロ剥けてきて、おかしいからまた医者に行きましたら、「体力の落ちている時に起こる『溶連菌』のせいだろう」ということで、検査してみたら反応が出ました。今なら「院内感染」という言葉がありますが、その頃は「どこでどうなったんだろう」と思いました。胸のほうはゼコゼコいっているところに、指のほうはボロボロで、その薬も飲ませなくてはいけませんし、「退院といっても、よくなって退院するんじゃない」と思いました。よくなるまでずっと通院しました。でも、3歳になったら不思議なほどに大きな病気から離れました。

丹羽　「3歳まで」とよく言われますが、本当に3歳という年齢は心身ともに一つの「まとまり」ができる移行期と言えますね。

渡辺　信一のオムツがとれたのは3歳半で、その次の日からおねしょも、おもらしも全然しませんでした。娘の時はそうではなかったのに、やはりそれが「時を得る」ということでしょうか。おむつがとれた後は、おねしょやおもらしの苦労をしないですみました。

小学校へ行くようになって、カゼで数日休むことはありましたが、5年生くらいからは、ちょっとしたカゼでも薬を飲みながら通いました。あとは、中学の時はバスに乗って、そのあと歩いて15分くらいのところへ通いました。トータルで10日くらい休んだかしら……。高等部は家から歩いて25分くらいで、18日くらいしか休んでいません。小さい時、あんなに繰り返し大病をしたのに、ウソのようですね。

## あるがままの姿を受け入れる

丹羽　あなたは信ちゃんを育てるにあたって、この子がダウン症だということでがっかりしたり、そのことに非常にとらわれるということはありませんでしたか?

渡辺　ありました。ずっとありました。何しろ知らないことでしたから、聞いたこともないことでしたから……。

丹羽　いつ、どのように言われましたか？

渡辺　1ヵ月検診で、産院の先生から「ちょっと脳の発達が遅い」と言われました。私に「小児科の先生を紹介するから、行ってごらんなさい」と言われました。翌日、ドキドキしながら飛んで行きました。「脳の発達が遅い」というのは青天の霹靂《へきれき》ですから、「何で」と思って……。生まれた時は大きかったし、泣くし、飲みっぷりはグングンではなかったけれどまあ飲んだし、あまり問題もなかったのです。ほかのお子さんのケースで、咀嚼《そしゃく》が悪いとか、舌の動かし方が悪いとか、ちょっぴり飲んですぐ寝てしまうということを聞きましたが、そんなことはありませんでした。

　そこの院長先生が、「もしかして、ダウン症を疑ってるのかな」などと言いながら、子どもの体を動かすわけです。「体がやわらかいな」と言っていましたが、私は「赤ちゃんだからやわらかいのだろう」と思いました。「ダウン症って何ですか？」と聞きましたら、「以前は『蒙古症』と言いました」と言われて、ハッとしました。

　私はかつて重度の障害者施設を見学したことがありましたから、「蒙古症」は知っていました。そこはサリドマイドの赤ちゃんや、知的に遅れている方たちの施設でした。そのとき会った蒙古症の方を思い出したら、もう目の前が真っ暗でした。その施設でしゃべらず、表情もない一人の女性がレース編みだけをしていて、施設の方の話によると、「それは天才もの」だそうですが、日がな一日レース編みをしていても言葉がないのです。考えられない、話さない、読めないという、ないないづくしが頭の中に残っていましたから……。

　息子がダウン症と分かったのは、生まれて4ヵ月目でした。「まだ赤ちゃんでかわいそうなので、3ヵ月ほどしたら血液検査をしましょう」と言われました。息子は4月生まれですから、8月の終わりに分かりました。「やはり、お宅の赤ちゃんはダウン症で、ダウン症というのは…」と言って染色体の絵を見せられましたが、その時はボーッ

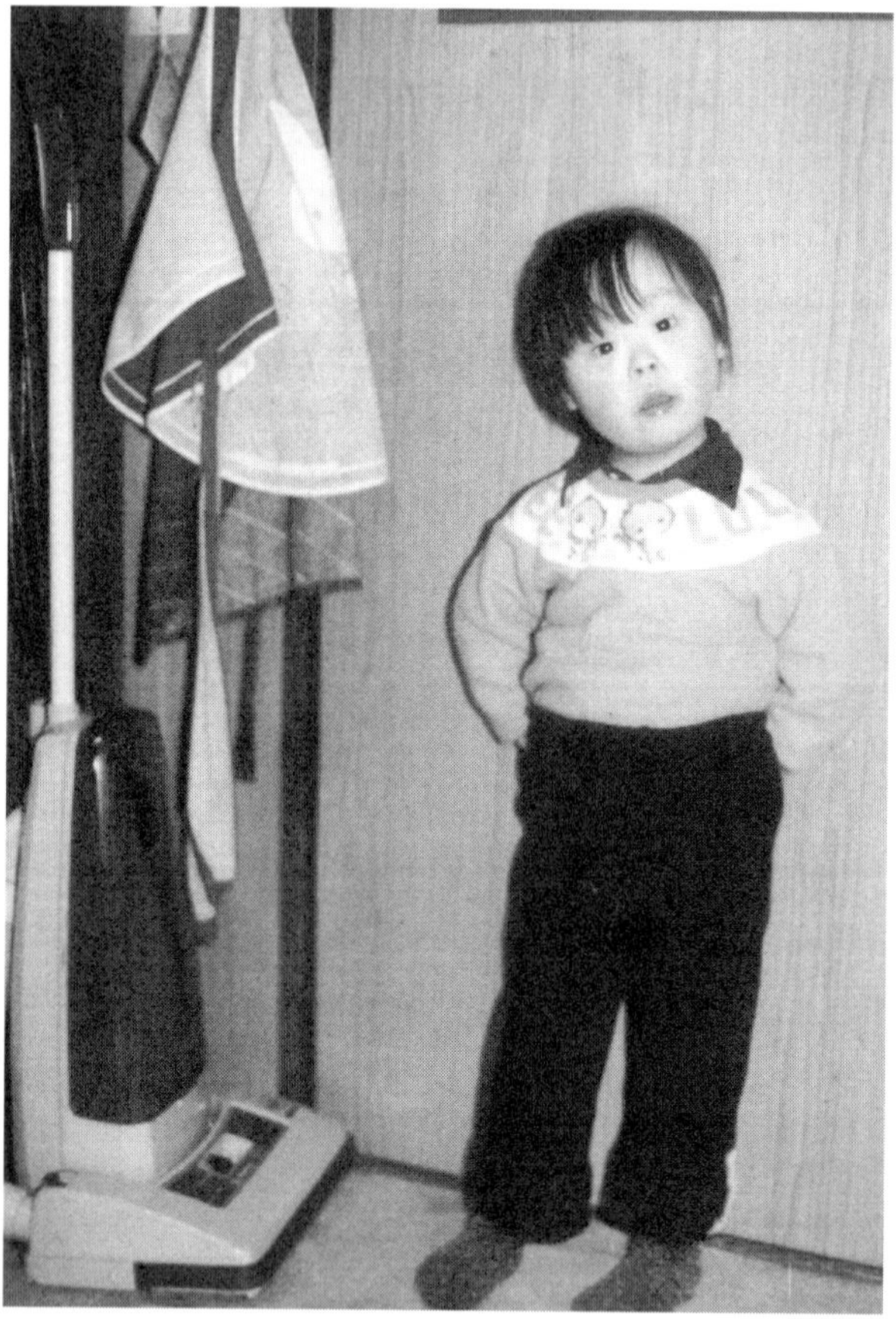

ブルーの上着で　1982　3歳

水泳記録会に向かう車中で仲良しの栄子ちゃんと　1998.7　19歳

としていて、何が何やら分からなくて。

6ヵ月検診で近くの保健所へ行った時、黙っていましたら、医者も看護婦も保健婦も、特に何も言わないのです。「実は、ダウン症といわれました」と言いますと、「えー、本当？　そう見えないわね」なんて言うのです。それで、何に気をつけたらいいかなどを聞きました。それから、保健婦さんが巡回で来てくれました。夫の兄が小児科医なので、息子がダウン症と分かった時点で話しましたら、「千葉県の国立市川病院の栗田先生がダウン症の研究では古いので、行ってごらん」と言われました。診察室のとなりの部屋に、「こばと会」の方がいて、そこでいろんな本を買って読みましたから、多少の知識はありました。

ある時、保健婦さんが来て、「ダウン症というのは、身体的な面、知的な面、いろんな面でダウン、つまり低い、劣っているということ」だと言いました。

冗談じゃない——。ものの本には、医者の名前をつけて「ダウン症候群」というのだと書いてあったので、この保健婦は何を言っているのかと思い、「もう来てくれなくて結構」と言いました。いったい何を勉強していたのかと思いました。

そんなことがあってから1年半で息子は肺炎になり、入院する羽目になったりして、顔で笑って、人知れず泣いていました。そのうち、あるがままの姿を受け入れ、「神様がよしと思って授けてくださった命だから、親のほうでこんな子でなきゃよかったとか、ああだこうだと文句を言ってはいけない」と、少しずつ悟るような、あきらめるような気持ちになりました。クリスチャンとして、謙虚な受け取り方ではなかったと思いますが、それだけつらかったのです。

でも、ご近所の友だちや娘の友だちなどが、「かわいい赤ちゃんじゃない。子どものために一所懸命がんばらなきゃ。私たちも手伝うから」と言ってくれました。病院へ行く時、娘をみていただいたりして、1年くらい経って、信一について本を読んで理解したことを話したものです。
丹羽　ここで座談会をした時、あなたが「涙を流さないで、この子のことを人様に話せるようになるまで、1年かかった」とおっしゃったの。本当にそのことをよく覚えていて、いろいろなところで、それを引用させていただきました。

## 「この子には、この子の人生がある」

渡辺　最近のお母さんたちはもっと早いですよ。私のように、1年もメソメソする人なんて少なくなりましたね。情報がそれだけ多いのです。生まれて1週間で電話がかかってきて、この情報の早さとキャッチの仕方はもう比較になりませんね。
丹羽　昭和の時代のお母さんと平成の時代のお母さんの違いかしら。
渡辺　本当にそういう意味で、ダウン症協会の活動は着実に伝わっていると思います。お医者さまの中には、いまだに間違った情報や偏った情報を親や妊婦さんに言う人もいますが、「それは違う」と訂正する機関があるわけです。「とんでもない医者だ」と片づけて、「なるほどそうか」という正しい情報をキャッチできますから、そういう意味では割り切り方が早いです。やはり、情報がない時の母親の不安定さ、どうしていいか分からない、人の目が気になるという時代とは、違うと思います。
丹羽　私のところへ来られた方がたはみんな、「この子をどう育てたらいいか分からない」という訴えが一番多かったですね。
渡辺　いまは、この子はほかの兄弟と比較しない。この子にはこの子のスタイルというか、特徴、育ち方があるから、親には試練であるかもしれないけれど、また勉強にもなるわけです。例えば、3人の子どもがいれば、いろんなタイプがあるわけです。「この子も大事な一人の子ども」という気持ちで育てることが、まず最初は大事だと思います。ほかの兄弟と比較すると、「なぜこの子は遅いんだろう」と思うし、また一人っ子の場合は比較するところもないので、どうすればいいかという面ではより情報がほしいと思うのです。

　やはり、早いところ割り切って、「この子には、この子の人生がある」という受け止め方をすれば、親も子も幸せになれると思います。「こうでないとだめ」という枠を作ると、両方とも不幸だと思いますし、どちらも育たないことになりますね。これも時間が教えてくれたことで、子どもがこういう育ちをするという経験がないと、説得力がないと自分のことを通して思いました。

**丹羽**　なるほど。

**渡辺**　自分が生まれ育ってきた中で出来上がっている「人を見る目」というのは、かなり固定化しています。我が子として受け入れる時に、五体満足ではなく、マイナスイメージを持っているということがどんなに不愉快であり、恥ずかしくもあり、腹立たしいか、情けないか――そういった感じは誰でも持ちますね。「なぜ、うちにこの子が生まれなければならないの」と。でもそれは、「どこの家庭に、どの親に生まれてもおかしくはない」のです。それだけ人間は、複雑で我がままなものだということが分かりました。

　医者や学者が体一つをいろいろと分析していますが、ほんのちょっとしたことで目が見えなくなったり、髪の色が違ったり、指が6本になったりと、普通と違ってくる。では、「普通って何？　普通と違うって何？」ということになります。

　いま、1年ちょっと前に新しくできた公園の中に、植栽事業といって知的障害を持った人たちと草花を植えています。今日もブルーデイジーというかわいい花を植えていて、同じブルーデイジーでもまだらがあったり、丈《たけ》も長いもの短いもの、葉っぱの形も少しずつ違っていたりして、それを「しゃれている」と見るか「不揃い」と見るかですが、人間の場合は「しゃれている」よりも「マイナス」と見ますから、「人間って気の毒だな」とその時思いました。

動物や植物は少し違っていても、名前は同じでよしとしますが、人間は違うことに価値を置かない。ですから障害を「これは当たり前のことよりちょっと違うタイプ」と捉えることはしない。人間の考え方は狭くて、枠にはめるのが好きなんだと思います。

丹羽　そういう解釈の仕方も、こういう子どもを育てたからつくづく感じさせられる考え方で、見方が広がってきたと思いませんか。そうでなかったら、なかなか気がつかないことですよ。見過ごしてしまったことかもしれませんね。

## 気づかなかった娘のチック症

渡辺　信一がダウン症でなかったら、たぶん勉強第一主義だったかもしれないし、不幸にさせていたかもしれません。娘が、カゼもひいてないのに咳払いをしたり、目がおかしくもないのにパチパチするので、「変なクセなので直しなさい」と言ったことがあります。今でも娘に言われますが、「私があの時ああなっていたのを、お母さんは『わがまま』だとか『直すまで壁に向かって30分とか1時間座っていなさい』と言ったけど、あれは間違っている」と。「だから、私はあなたに謝ったじゃない。あれもしつけと思ってしたけれども、後になってあれはチック症だと新聞で知った。そういう表し方があることを知らなかったから」と謝りました。でも、新聞でお医者様の名前からつけられた「チック症」と知った時には驚きました。

プレッシャーやストレス、環境の変化、大きなできごとの前などに、神経過敏な人、子どもは特にこういう症状が出ます。髪の毛をひっぱるとか、耳を掻く、遠足の前や運動会の前などどこかへ行く前、入園式の前、卒園式の前にはたいていやっていました。ですから私は、子どもがふだんしないことをやったり言ったりするのは、何かを発信しているのではないかということを、娘を通して学びました。

そうすると知らないお子さんでも、見ていて分かるようになりました。それで親御さんに、「何かあるんじゃないの。自分の子どもがそうだったから」と言いますと、「そうなの」と、言ってくださった方もありました。

同じように、息子がいろいろ発信したことを敏感に受け取れないとだめだなと思いました。そういう意味ではずいぶん教えられました。成長するにつれていろんな表し方をしますから……。

重圧感というのは、周囲からも友だちからも受けているのだなと思います。今はとても疲れやすい時代だと思いますから、信一でも怒ることがありますが、それだけにこちらがニコニコして「信ちゃん」と言ってやると、スーッと治っています。手玉に取りやすいタイプなので、私は本当に助かります。失敗しても「ごめん」と言いますと、「いいよ」と言います。

丹羽　そういうふうに変わられたのですね。でもあなたには、変わられる素地があったのですよ。それが信一君との関わりの中で、開花したのでしょうね。

渡辺　それは分かりませんけど。自分もいろいろな欠点を持ってますから、人のこと言えません。でも、息子からは「明るくしていなくてはいけないな」と教えられることがあります。難しいだけに、「いつも波立たせない状態でないといけない」と反省することがあります。これからもずっとそうでしょうが、あの子から教わるのです。

丹羽　人がこの世に生まれてきて、何らかの形で貢献しなければならない責任があると思います。孫の真理佐が生まれた時に、「いったいこの子に何ができるかしら。どういうふうに世の中のためになることができるだろうか」と考えたこともありました。でも、この子を見ていると、こちらが知らず知らずのうちに変わってくるのです。「あー、これだ」と思いました。

人の値打ちというのは「何ができるか、こういうことができるから尊い」のではなく、その子の存在が、いつの間にか相手を変えているのだと思えるようになりました。それが本当に尊いのだと、いつの間にか教えられました。

## 「バカ」って言わないで

渡辺　親は先を考えますが、彼はそれとはまったく違うスピードで生活しますから、私一人であくせくしていることが、バカらしく思えることがありります。よかれと思っていろいろしますが、それが信一にはあまりよくないこともありますし……。それと、自分の子どもだけからではなく、私はよそのお子さんから試されたり、工夫を強いられたりしたこともありました。

子どもは露骨で腹の立つこともありますが、それが子どもらしいともいえるわけで、本当に露骨に質問してくるわけです。「おばさん、どうしてこの子歩けないの」とか、「どうしてしゃべれないの」と、いろいろはっきりと聞くわけです。最初はショックでしたが、だんだん回数がかさなって、同じ質問を受ける時に、何と答えたらいいかを考えるようになりました。相手が5歳であれば、5歳の知恵で判断できる言葉や理屈で、あるいは小学校の生意気ざかりの子どもにはこんなふうにと、私も工夫して、障害といっても分からない、かといって「知恵遅れ」というレッテルを貼ったような言い方はしたくない。

「いろいろな違いがあるんだよ」という言い方で話してみると、年齢に応じて分かって返事してくれました。「ああそうか、分かった。だから歩けないのか」と言ったり、「赤ちゃんかと思っていたけど、もう○歳なの」と言ったりして……。

「早く歩ける子もいるけど、歩けない子もいる。箸を持って食べられる子もいるけど、手の力が弱くて箸を持てないでスプーンで食べる子もいるでしょう」と言うと、みんな違うことを分かってくれました。

「あなたの家のお兄ちゃんと、あなたと比べると違うでしょう。あなたとうちの子は違うでしょう。だからいろいろ教えてあげてね。あなたが先生よ」と言うと、分かってくれて、初めは子どもは露骨で難しいと思っていたのが、すごく受け入れがよくなってきました。

「『バカ』って言わないで。この子が最初に覚える言葉が『バカ』じゃ寂しいわね」と言いますと、初めそんなことを言っていた子が、ほかの子を牽制して「いい言葉を使え」って言っていました。「それがいいのよ。あなた先生になれるわ」と言ってほめると、その子たちもあまり悪い気がしない。

そういうことで、小学校6年間は普通学級にいましたが、あの子を取り巻く子どもの世界では、「バカ」という言葉はあまり言われなかったのです。いろいろなことで遅れて、クラス経営をされる先生方からすれば、クラスの中で足をひっぱったり手をひっぱったりしたかもしれませんが、大学とか専門学校に行く年齢の皆さんが、今でも「信ちゃん、元気にしている?」と聞いてくれます。小学校で一緒で、小さい時からずっと友だちだった人たちが、なつかしがって話しかけてくれます。

**丹羽**　いいお話を伺いました。このお子さんたちが普通学級の生活を楽しくやっていけるようにまわりで配慮するための、もう一つの有力な秘訣を教わったような気がします。このお子さんにとって、小学校6年間は対等に子ども仲間に受け入れられたことでしょうからね。お母さんの子どもたちとのやりとりは、憎らしいほど子どもの心をとらえている。信一君にとって、普通学級に入って過ごした6年間は、成功だったといえますね。最近の信一君の学校時代の友だちの言葉は、何よりの証明ではないでしょうか。

あなたのお話を伺いながら、普通学級に入ってひどく傷ついたケースを思い浮かべていました。そのお子さんは入学間もなく、5月半ばにお母さんに連れられて相談にこられました。小さい時からずっとお相手をしていたお子さんです。言葉の発達もかなりよく、遅れも軽く、心身ともに順調に育っていました。元気で明るい男の子でした。

その日、彼はプレイルームでぼんやりとオモチャ箱の前に立って、自分のことを「バカ」、「××ちゃんのバカ」と独り言をつぶやいていました。そのお子さんの場合は、いろいろの事情を考えて転校されることを薦めました。すっかり元気を失って、顔色が冴えない後ろ姿が痛々しかったです。

お母さんはどうしても普通学級に入れたいという希望が強く、決定したのは3月31日だったそうです。学校の受け入れ態勢も十分ではなかったと思います。そういう具合で入られたところで、子どもはひどく傷つき、自信を失ってしまったようです。

渡辺　やはり傷ついてしまったのでしょうね。

## 親と教師のコミュニケーション

丹羽　普通学級に行って傷ついた子どもを何人かここでプレイセラピーしています。心の傷はなかなか治りにくい。時間がかかります。そのほかにも、3年生か4年生になって不登校や心身症的な症状で苦しむお子さん方の治療にあたったことがあります。もちろん普通学級でうまくいった場合はいい面もたくさんあります。信一君の場合は、そのサクセスストーリーといえましょう。うまくいく時とうまくいかない時の違いは、いったい何だろうと思います。

渡辺　一番には担任ですね。担任の先生の人柄で、1年生の時つまずくと尾を引くのです。いろいろな方のお話しを聞いてきて、担任の先生の力量でもって、子どもがクラスの中に溶け込めるか溶け込めないか決まります。ですから、本当に責任は大きいと思います。また、担任まかせにしないで、親も子どものことをよく分かってもらうための方法を取らなくてはいけませんね。教師は一人で30人も40人も見るわけですから。

そういう意味では、一人ひとりの子どもをどれだけ把握するかは、大変なことだと思います。特に世話がやける、コミュニケーションのとりにくいハンディをもっている子どもに関しては、親がなるべく正しい姿を見ることができるように、親と教師はコミュニケーションを密にすることは大切だと思います。いろいろな先生がいらっしゃるから、1年生の時の先生がどれほど度量が広くて、子どものことを分かっているかということでは、私たち親子は幸せだったと思います。

それでも、子どもを取り巻く世界は子どもですから、どの子どもも我が子と同じように分け隔てなく受け入れて、遊ばせるということに関しては、家を開放していました。学校が終わってからドヤドヤと遊びに来ていました。私も一緒になって遊んでいました。信一はうるさいのが嫌いで、別の部屋で一人でテープを聞いたり、折り紙を折ったりしていて、男の子は4年生くらいまで、女の子は5年生くらいまで来て遊んでいました。かくれんぼや野球などは、私と信一は二人で一人前でした。兄弟も連れて来て遊んでいる子もいました。そういうことは気をつけてきました。

## 「和太鼓」で自信をつける

丹羽　学校以外でお子さんが息が抜けて、自分のよいところを見い出せるような何かが見つかるといいですね。そういえば太鼓をやっておられましたね。

渡辺　小2から始めました。最初は嫌だったと思いますが、だんだん曲らしいものが叩けるようになると、みんなで「継続は黄金なり」といって、初めは月1回でしたが、そのうち月2回になり、6年前から毎週土曜日に親も一緒になってやっています。曲を叩けるようになって、ちょっとどこかへ呼ばれて人の前で叩くことをやり出すと自信もつき、格好もついて、ほめられればうれしくもありです。

丹羽　それをずっと続けてやられてますか。いいですね。

渡辺　そうですね。水泳もやっています。あとご近所の方で、台所を開放して料理教室を開いてくださり、知的なハンディのある男女5人、16歳から25歳までの年齢差はありますが、食事のマナーを教えながら、作って食べて片づけるということを2年くらい教えてくださいました。その方はもうお年をとられてやめられましたが……。学校を卒業してからは、青年教室の料理を月1回、夜親子で行ってみようと思います。いろいろなところを利用して、いろいろな方たちと知り合い、子どもを取り巻く世界がタテにもヨコにも広がっていくことが大事じゃないかと思うのです。

子どもが低年齢で、親も若いうちは一緒の行動が多いと思いますが、大きくなるにつれて、親は輪の広がる配慮をしたり、陰でお膳立てをすることは必要だと思います。なるべく子どもを外へ押し出して行きたいと思っています。特にうちの子は非社交的というか、自分から外へ出て行くタイプではないので、外からの働きかけがないと、いくらでも自分の世界を狭めていってしまいそうなのです。

ついこの間、小学校で2年間だけ同じクラスだったお嬢さんが、信一の誕生日に花束を持って訪ねてくれたのです。私とおしゃべりしていて、○○女子大学に入ったこと、授業でダウン症のことを習ったという話になりました。ちょうどダウン症に関するリーフレットを持っていたので、あれこれ説明をしながら感慨深いものがありました。ニコニコしている息子の前で大人の会話ができるなんて、10年前には想像もしなかったことですから。

そのお嬢さんに、小学校の時、息子の障害をどう受け止めていたか聞いてみたのです。すると、特別に障害があるとかないとかいうより、そういう子だと理解していたこと、「自分より、よく分かって行動していたこともあった」と言うのです。それを聞いて、「もしかすると私は肩に力が入り、まわりに敏感になり過ぎていたのかな」と、ハッとしました。つまり、親のほうが、自分の子どもを無意識に差別していたのかなと思ったのです。「いいお友だちを持ったな」と、つくづく思いました。

丹羽　いいお話しをありがとうございました。

渡辺信一くんへ

あなたは「お母さんはやさしいネ」と、母の一番美しい表情をほめながら、その笑顔を要求するなかなか頭のいい青年になりました。あなたの作ったお味噌汁の「あさげ」をごちそうになりたいと思います。あなたは社会人として当然なこと、大事な務めの選挙に行かれたとか。ご両親の先導で立派に本番を成し遂げられたとか。感心！　大したものです。

最後に皆さんへ

人生は長い、今後もさまざまな経験を重ねられるでしょう。照る日、曇る日、嵐の日。きっとお天気のよい日ばかりは続かないでしょう。でも、人生はおもしろい、いい人生だったと言えるように生きてください。

これは皆さんに申します。90歳になる大おばあちゃんのニワ先生からのメッセージです。皆さんおめでとう。これからもすばらしい人生を歩んでください。

最後にあなた方一人一人に。お母さま、お父さま、家族の皆さまにありがとうと伝えてください。私は、人生で一番幸せな生きがいを感じる20年を、あなた方とご両親のお陰で過ごすことができました。たくさんの感謝の気持ちを込めて、心からありがとう。

ニワせんせいより

# 第三章

# すべてのお母さんたちへ

## ——子どもの「心」を育てるために

## ◈乳児期の意味

20年余りの「発達臨床」の仕事を通して、多くのダウン症のお子さんやお母さんたちと出会いました。その出会いを通じて、実に貴重な多くの発見があり、思いがけない洞察に導かれることが、少なからずありました。

この子たちの生存の初めから関わって、この子たちに「いま」一番大切なことは何かを、お母さんと一緒に探ってきました。そして、この子たちに大切なことは、同時にほかの障害児にも、障害のない子どもたちにも大切なことであると認識を深めています。

お子さんを中にして、お母さんとの三人の対話の間に、私はお子さんの動きの意味とそれに対する対応を、その時、その場でお母さんに指摘してきました。

どうしても赤ちゃんと折り合いがうまくつけられず、泣いてばかりいる赤ちゃんになすすべもなく、ほとんどノイローゼになりそうなお母さん――。それは障害をもたないお子さんの場合も同様です。そのような時、赤ちゃんのもの言わぬ「シグナル」を理解するコツ、どこに原因があるかなど、お母さんとともに語り合ったことは、個人ベースでなく、もっと広く発信する必要を感じました。

3歳まで定期的に見えた方たちは、その後の発達を報告してくださいました。そこで示唆されたことや、今後、障害をもった子どもの就学について考える貴重な意見も探索しながら、赤ちゃん時代以外にも触れました。

今まで「超早期教育」が宣伝された時代は、それに流行的に熱中し、しかしながらその結果について適切な調査研究を通じての評価がなされていません。「タライのなかの赤ん坊を、水とともに捨てる」の愚行を繰り返さないために、乳児期の対応の評価はしっかりしておかねばならないと思うのですが、この辺があいまいになりがちです。

そのため、この章では乳児期の意味について、改めて考えていただくために2、3のトピックスを挙げておきました。これも、障害のあるなしを越えて、皆様に広く考えていただきたい――。これが私からの問題提起の発信です。

# I　コミュニケーション能力を育てる

## 1「言葉」の芽生えにそなえて

### ●非言語のコミュニケーション――信号の時代

赤ちゃんは言葉を持たないで生まれてきます。しかし、誰かに自分の気持ちや要求を伝える術は持っているのです。赤ちゃんの要求は、「お腹がすいた」「食べたい」「のどが渇いた」「眠い」「からだのどこかが痛い」「からだが窮屈だ」、そして「かまってほしい」などです。これらはお母さんの胎内から生まれ出て、自分で生きていくうえで、最低限必要な要求だということが分かります。

赤ちゃんは、このような要求を伝えるためにどんな「術《すべ》」をもっているのでしょうか。それには、「泣く」とか「ぐずる」という信号を発信するのです。すると、そばにいる、あるいは泣き声に飛んできたお母さんは、「どうしたの」と声をかけます。そうしながら赤ちゃんからの信号を読み取ろうとして、あれこれと子どもの泣いた原因を探します。お母さんは、このように一所懸命に要求に応えようとし、赤ちゃんも要求をかなえられて満足し、穏やかな表情になってある時は眠りに落ちます。また、ある時は目覚めてまわりをキョロキョロと見まわします。お母さんもその様子を見て安心します。このようにして、二人の関係は結ばれていくのです。

非力にみえる生まれたばかりの赤ちゃんにも、このような緊張や要求を相手に知らせ、相手の反応を引き出す能力が備わっているのです。お母さんはこの訴えの「シグナル」（信号）をキャッチして、それに応えてあげる。キャッチボールのようなやりとりが、まず二人の間にいくども繰り返されるでしょう。

そのうち、赤ちゃんの「泣き声」や「声音」に微妙な変化が出てきます。お母さんはその信号の微妙な「ニュアンス」を、直ちに感じ取ることができるようになるでしょう。しかし、この段階で赤ちゃんの信号がうまくキャッチできず、あれこれ試みても、子どもの要求の元を探しきれないことがあります。いつまでも子どもが泣き止まないと、お母さんも当惑して自分も一緒に泣きたくなります。誰でも子育ての過程で、何度か経験することです。

2ヵ月あるいは3ヵ月と、時の経過とともに赤ちゃんの側にうれしい変化が見えてき

郵便はがき

料金受取人払

神田局承認

520

差出有効期間
平成17年5月
31日まで

101-8791

001

(受取人)
東京都千代田区
神田駿河台三の七

株式会社
人間と歴史社
行

| | | |
|---|---|---|
| ご住所 〒 | | |
| お電話番号 ( ) - | | |
| お名前 | 性別 男・女 | |
| | 年齢 歳 | |
| ご職業 | ご講読の新聞・雑誌名 | |
| お買上げ店名 市 町 店 | お買上げ月日 年 月 日 | |

■本書をお買い上げいただき、たいへんありがとうございました。皆さまのご意見を今後の企画に反映させていきたいと思いますので、お手数ですが下記にご記入の上ご投函下さい。(切手は不要です)

●お買い上げいただいた本の書名

◆本書に関するご意見・ご感想をお聞かせ下さい

| 書籍注文書 | | |
|---|---|---|
| 書名 | 数量 | 単価(税抜) |
| 1 | | |
| 2 | | |
| 3 | | |
| 4 | | |
| 5 | | |
| 小計 | | 円 |
| 1万円以上お買い上げの場合は、送料を小社負担とさせていただきます 合計(税込) | | 円+送料 |

ます。のぞき込むお母さんの顔を見て、「ニコッ」と微笑が浮かぶようになります。お母さんは、ほうびを貰ったような喜びで有頂天になるでしょう。二人のやり取りはいっそうスムースになり、母子の美しい睦み合いの場面が展開するのです。家族の皆ももちろん加わって、その人々とのやり取りもでき、自信をつけてくるでしょう。

「世の中まんざらでもない！　信じて裏切られることはない。少し待たされることはあっても、お母さんはきっと戻ってきてくれる」――。

赤ちゃんは、このような根強い信頼感を味わっていることでしょう。基本的信頼関係が築かれていく瞬間瞬間が、重なっていきます。非言語の時代の貴重な体験なのです。

言葉の発達と直接関係ないと思われるかもしれませんが、実はこの母子間の親密な関わり合いこそ、言葉の育つ土壌づくりの第一歩なのです。要求を満たして欲しいと信号を送って、それに応えられるキャッチボールのコツ――これこそ「会話」の原点なのです。このリズミカルな感覚的体験こそ、言葉によるコミュニケーションの育つ必要不可欠な条件なのです。

ダウン症の赤ちゃんは「ダウン症候群」――とくに合併症のために、言葉の発達の始まりも、発達のスピードにも遅れがあり、構音上にも問題がありがちであることは事実です。しかし、なかには全然遅れのない子どももいるのです。初めはさまざまな問題をもっていても、驚くほどの言語発達を見せてくれたお子さんもあります。

ですから、それはそれとして、今日、あなたの赤ちゃんの段階はどんなところか、この次どんな状態が見えてくるか、いまこの子にどう関わってあげたらよいかが分かると、遅れなど気にならなくなり、子育てを楽しんでもらえるのではないかと思うのです。

私が出会ったお母さんたちには、この時期が一つの力強い転機になりました。

これについては、私の著書『ダウン症児の家庭教育』（学苑社　1985）、『ダウン症児の心を育てる』（丹羽淑子・田中千穂子共著　こやぎの会〈こやぎ文庫No.3〉1991）にも述べてあります。

では、どのように信号の段階から言葉の段階に進んでいくのでしょうか。ダウン症であろうとなかろうと、私はこのあたりの事情が分かると、お母さんはもちろんのこと、赤ちゃんに関わる人々が、育児をずいぶん楽しめるようになると思うのです。楽しめるだけでなく、赤ちゃんの発達に一役も二役も買っていただけるようになるのです。ぜひ読んでください。私が常々願う、お母さんへのメッセージです。

## ●クーイング――言葉への第一歩

「クーイング（cooing）」とは「鳩がのどを鳴らす」ことをいいます。赤ちゃんが目覚めて機嫌のよい時はしきりに声を出し、それを自分自身で楽しんでいるような光景を見かけるようになります。

あまり口を広く開けないで、口の奥から発声する弱い「アー」＝［a:］または「ウ」＝［u:］などです。やがてはっきりと発音できるようになり、二重母音の「ウァ」＝［ua］、「エァ」＝［ea］などの発声が認められます。この単純な音声でも、その表現としての意味には変化があり、社会性や情緒の発達と密接に関連していることは、興味のあるところです。

初めは不明瞭で、無意図的な発声で始まり、自分で発声を楽しむかのように見えますが、その量が減少してくるにつれて、相手に対して何かと話しかけるという形で音声を出す――「応答」の形式に変わります。それが「あやすと笑うようになる」時点と一致しています。

ここでお母さんが赤ちゃんの名前を呼んであげると、お母さんの顔を見ながら「アー」「アー」と発声します。これはかなり早く、2ヵ月ぐらいから始まり、4ヵ月頃には対話的な発声がぐんと増えてきます。

ダウン症の赤ちゃんの場合に注目してみましょう。このような、誰に向けられたものでもない発声や最初の「ほほ笑み反応」は3ヵ月頃で、標準とほとんど変わりません。もっとも個人差の幅が2ヵ月から6ヵ月あります。社会性やクーイングは、ほかの発達と比べて一番個人差の少ないことに気づきます。

ダウン症の赤ちゃんには発声が全体的に少なく、音声が弱々しい場合が多いのに気づきます。音声器官である唇や舌など、筋緊張の弱さも一つの原因かと思われます。また、音声の発声機構の基本である呼吸作用そのものにも関係しているかもしれません。

いずれにしても、発声や微笑が出るようになる2ヵ月頃からは、とくに赤ちゃんに積極的に働きかけ、楽しい母と子のやり取りのなかで自然にほほ笑みを誘い出し、語りかけを通じて発声を促すことに努力しましょう。でも、やたらに話しかければいいわけではありません。「過ぎたるは及ばざるがごとし」です。興味深いことに、刺激が多すぎると赤ちゃんは視線を外して、横を向いてしまいます。

もっと大きくなって、話しかけが多すぎると、話していた子どもが話さなくなった例もあります。お母さんのセンスが求められるところです。

## 2 「三ヵ月の微笑」――対話の始まり

### ●「微笑」のおとずれ

ハンディを背負って生まれてきた子どもを持つお母さんにとって、初めの2ヵ月はさぞかしつらい、せつない日々と思います。せめてもの慰めは、「自分の腕の中にすべてをゆだねて、スヤスヤ眠っている我が子を見守る時だけ」――と訴えられたお母さんがありました。この時期は、目覚めていても、これという反応の見えない日々です。

しかし、2ヵ月が過ぎた頃、少しずつ事情が変わってきます。泣き声に違いが感じられるようになったとか、眠ってばかりいたのに、目覚めている時間が思いなしか長く感じられるようになった、おっぱいを飲んだあと口元に少し変化が見えた、といっては「先生見てください」と息をはずませて報告されます。それは赤ちゃんがゆったりとして、気持ちよさそうにしている時（「ホメオスタシス」という）、口もとに少し動きが見えます。

目を細めたり、口の両端を上部につり上げるような、一見、笑顔に見える（表情の）動きが、赤ちゃんの顔に現れるようになってきたのです。「反射的微笑」とか「自然発生的微笑」、あるいは「生理的微笑」と名づけて、学者たちは本当の微笑と区別しています。確かにそれは「微笑」の前ぶれといってよいでしょう。でも、お母さんたちの中には気づかない方もいます。そんな時は私の出番です。私もどんなに、この前ぶれを待っていたことでしょう。それを告げると、お母さんは「え？　本当ですか」と絶句されます。

「来月の予約が待ち遠しいですね。もうすぐ、すばらしい微笑のプレゼントが赤ちゃんから届きますよ」と、こんな会話がよく交わされるのです。次回の面接日には、赤ちゃんは「ニコッ」と、私の顔を見てもほほ笑んでくれるはずです。

ダウン症の赤ちゃんの場合、微笑の訪れは多少遅れることもあります。それが3ヵ月である場合も、4ヵ月まで待つこともあります。この訳をお母さんに話しておくと、お母さんは待たされただけ、喜びもひとしおです。ほとんどの方から「楽しみに待ちます」という答えが返ってきます。お母さんは、育てる意欲がいちだんと湧いてくるのではないでしょうか。

●対話の始まり

「三ヵ月の微笑[注1]」が出る頃、もう一つ嬉しい発見があります。おっぱいを飲んでいるシーンです。この頃になると新生児時代のような、ぶきっちょな飲み方ではありません。

うまく飲めるようになっています。ふくよかな乳房から規則正しくお乳を飲んでいます。ひとしきり飲むと、乳首を口から離してお母さんの顔を見上げます。そして唇を尖らせて母の顔を見上げながら、「オー」とも「アー」とも聞こえる声を出します。お母さんは、それに応じ、同じような発音で、同じ抑揚で答えます。

このやりとりでは、赤ちゃんが対話の主導権をとっています。日常目にする、何気なく交わされる赤ちゃんとお母さんの交歓の情景ですが、これがつい2、3ヵ月前に生まれたばかりの赤ちゃんだと思うと、発達のすごさに目を見張るものがあります。

お乳を吸う口唇と舌が発声の機能を果たし、同時に母の顔を見るという別の働きも加わって、それが滞りなく滑らかに働くようになってきたのです。それは同時に母親へのメッセージとなって、母親の行動を呼び起こしているのです。その意味で「三ヵ月の微笑」の時期は「対話の始まり」でもあるといえましょう。

3ヵ月の赤ちゃんの微笑は、お母さんだけに捧げられたものでなく、誰に対してでも惜しみなく現われます。微笑を浮かべながら、向かい合った人には微笑で応えています。

注1　「三ヵ月の微笑」——発達精神分析学者ルネ・スピッツ（René A. Spitz 1887～1974）の代表的実験研究に、乳児の微笑反応についての興味ある論文がある。その中で3ヵ月頃に、誰に向ってもほほ笑みかける乳児の魅惑的な微笑について、その発生のしくみと意味を社会関係の成立という視点で述べている。（『母と乳幼児のダイアローグ　ルネ・スピッツと乳幼児心理臨床の展開』丹羽淑子編著　山王出版　1993年　127頁に詳述）

ただし、横顔には微笑は消えます。微笑した正面からの顔が、一番反応を勝ち取ることができます。これを一番早く見つけ、育てる勇気を感じさせてもらえるのは、何といってもお母さんです。ここで、正面から向かい合うことの大切さが示唆されています。しかも笑顔で――。

これは、人間関係全般にいえることでしょう。これがやがて、次のもっと意味のある現象に育っていきます。それはお母さん、お父さんのイメージが子どもの心の中にくっきりと印が現われるのです。それが、次に登場する「人みしり」の現象です。これこそ母－子関係の形成を告げる、意味のあるできごとなのです。「微笑反応」の継続的追跡で行き着いた一つのゴールです。

## 3「人みしり」の現われる前に

### ●できるだけ声を出させる

「人みしり」の現われる前に、お薦めしたいことがあります。

この「三ヵ月の微笑」が現われる頃からおよそ3、4ヵ月間、赤ちゃんはとても積極的です。首もすわり、タテに抱かれても、しっかりと体を保っていることができるようになっています。見ることも積極的――人に対してだけでなく、まわりの物すべてがとても面白いらしいのです。中でも一番不思議でたまらないらしいのは、自分の手です。仰向けに寝て、片手を宙に上げてしげしげと見ています。表にしたり、裏側にしたり、指を動かしてみたりしています。

それからキラキラ光るもの、例えば天井に映る光のダンス――金魚鉢の水が太陽の光で曲折して、天井に反射している現象は、赤ちゃんにとって不思議で面白くてたまらないようなのです。また、電燈のヒモが風に揺らいでも、赤ちゃんの心は「何だろう、何だろう」と不思議で、面白くてたまらないのでしょう。

そこに、お母さんが現われて、「バアー」と言って声をかけようものなら、不思議の国から一足飛びにママの顔に視線が移り、大歓迎ムードです。赤ちゃんはとても社交的です。ほほ笑みで応待します。両手を振って大歓迎です。そして、お母さんとの楽しいさえずり合いが始まります。いつまでも、このやり取りは続くことでしょう。

4ヵ月の頃から首がすわり、抱っこされてしゃんと座っていられるようになったら、「高い、高い」や、くすぐりなど、体に刺激を加えると、声を出すようになるでしょう。ダウン症の赤ちゃんには、つとめて声を出させることを心がけてください。

こうして、親しく自分にかまってくれる人の顔をだんだんと覚えます。もちろん、お母さんだけでなく、よく相手をしてくれるお父さん、おばあちゃん、家族の人々の顔がこのやり取りから赤ちゃんの心に、「うれしい」という情緒とともに記銘されて（記憶されて）いくのです。

## ●「スマイル」から「笑い」へ

次いで、静かな微笑の段階から「哄笑」の段階に移っていきます。「スマイル」（ほほ笑み）から「ラフター」（笑い）へです。こうして、人好きのする性格、いつも明るく、人に対してにこやかな性格が作られていくのです。

私は、ダウン症のお子さんが愛らしい性格の持ち主であるという秘密は、こんなところにあるのだと思います。人と交わることは「こんなに楽しい」ことだという情緒的な経験が、ダウン症のお子さんたちの、明るい性格を作り上げているのだと思っています。

気質は先天的なものですが、性格はこうして作られていくのです。ダウン症の人の愛すべき性格はお母さんや、家族の方々の愛の関わりからできたのだ――という私の信念は、間違いでないと思うのです。

「愛された経験のない者は、信じて愛することを知らない」といった、エーリッヒ・フロームの言葉を思い出します。

## II 信頼感を育てる

### 4 人みしり——愛の対象を見分ける時

**●人に対する反応の変化**

生後1年の後半になると、赤ちゃんの「人に対する反応」に大きな変化が見えてきます。例えば、お母さんの友だちが久しぶりに訪ねてきて、「バァー」といって挨拶します。いままではニコニコして迎えてくれていたのに、どうしたというのでしょう。赤ちゃんはまず、まじまじと客人を見つめ、そのうち抱かれていたお母さんを振り返って見るではありませんか。2、3ヵ月前に訪れた時とはまったく様子が変わっています。「○○ちゃん、だっこ」と両手を出すと、「ワッ」と泣き出してお母さんにしがみつきます。お友だちが肩に手をかけると、いっそう強く泣くばかりです。お友だちはすっかり当惑してしまいました。

お母さんは、「ごめんなさい。この頃、この子こうなのよ」と馴れた手つきで赤ちゃんを抱きなおして、「よしよし」といいながらあやします。すると、赤ちゃんはすぐ泣きやみます。これは「人みしり」の始まった赤ちゃんと、見慣れぬ人との出会いでしばしば見受けられる風景です。

でも、これはどういうことなのでしょうか。これは大切な意味をもち、これから先の発達に大きな影響を与える「節目」ともいえる現象なので、改めて考えてみたいのです。

## ●「八ヵ月の不安」注2

先にあげた風景は、「人みしり」の始まった乳児と大人との間でしばしば見受ける日常的なできごとです。このような反応は個人により、また折々の状況で変化します。同じ乳児でも、ただ臆病そうに下を向くだけかもしれません。母親の背や膝に顔を隠すなど、比較的穏やかな反応から、激しく泣く、またあからさまな接触の拒否まで、その表れ方は実に多様です。見知らぬ人の出現に対する乳児のこのような「否定的情緒反応」を、日本人は日常的に「人みしり」と呼んでいます。ちなみに『大言海』を引いてみると、かなり古く、平安朝の古典にも「おもぎらい」といって、乳児の対人反応の一つとして記述されています（宇津保物語）。ここでは、人みしりをしない子がよいというようなニュアンスで書かれています。今でもそのように考える人たちがあるのです。

欧米においては、日本語のような日常語として「人みしり」に相当する言葉はないようです。というのは、私の師・スピッツと交わした通信や対話のなかで、「人みしり」に触れたとき、「ストレンジャー・アングザエティ」（Stranger anxiety——見知らぬ人に対する不安という専門用語）の日常語があることに強い興味を示し、日本人の心理的観察眼を高く評価されたことがありました。このことに関し、土居健郎博士も名著『甘えの構造』のなかで言及しておられます。

観察者たちは、この現象が現われる時期はおおむね一致して、生後1年の後半をあげています。

生後6ヵ月から8ヵ月頃の「乳児」に見られる「人みしり」の現象を、スピッツは「八ヵ月の不安」と名づけました。彼の言う「八ヵ月の不安」は、母親と見知らぬ人の顔が異なることを識別し、見知ることの結果生じるのだと述べています。スピッツによれば、顔が対人認知の発達の重要な決定因となっていることが分かります。

注2　ルネ・スピッツ「The First Year of Life」１９６６年　１５０頁より

## ●人みしりの謎解き

自分の友人に対して示した我が子の「人みしり」反応を一部始終見ていたお母さんは、そのときの主観をどのように語るでしょうか。

自分の大切なものを失いかけた我が子の不安の状態は、手に取るように理解できているはずです。

「あの人はママのお友だちだから、こわくはないのよ」――といっても、子どもに分かるはずはありません。お母さんもきっとハラハラして見ていたことでしょう。しかし、母の顔と違う友人をそれと認めて、自分に抱きついてきた我が子を抱きしめた感動は、生まれて初めて腕に渡され、抱き取った誕生の時の感動とも違う、日頃抱きなれた感覚とも違うのです。小さくて未熟ではあるが、我が子が自分から分離した一人の存在、一人の人格だということが確かなものに感じられるのです。その上で、

「この子は自分を選んでくれた」

「この子の目の中に、私の顔のイメージがきっとくっきりとインプリント（刻印付け）されているに違いない」

「この子の目の中の、私のイメージと友だちをくらべて『私を選んだ』のだ！」

言葉にすれば、こんな感動の体験があったのではないでしょうか。しかし、お母さん

の澄みきった感受性で、一瞬のうちにお母さんは直感ですべてを感じ取っている。私は「人みしりの謎」は、これで解けたと思いました。

つまり、子どもが我が母を見分ける、見つけようとして穴があくほど相手を見る。赤ちゃんに見つめられると、神様から拡大鏡で心の中を見すえられているように、時としてこちらが目を伏せてしまうのです。子どもにお母さんを見つけ出してもらえるなんて、何という幸せなことでしょう。

やっと見つけて、お母さんに抱きしめてもらった子ども、小さいながら自分で母親を見つけてくれて、母の腕の中で安らかにほほ笑む我が子、この胸の鼓動さえも一つになって打っている、響き合う二人――。

スピッツは「八ヵ月の不安」が、愛対象との関係の成立を告げる「しるし」だといいました。私はこの時、母と子が初めて個として互いに感じ合う体験を「共有」したのだと納得できたのです。

# 5 「母の不在」がもたらすもの

## ●「分離不安」

生後1年の後半の「人みしり」は、正常なのです。むしろ、ない場合に注意が必要です。もっとも、人みしりがないというお母さんの報告は、見慣れぬ人を見て泣いて困ったという場合のみを、「人みしり」と解されているようです。何をもって「人みしり」というかによって、有る無しが決まります。

泣く、泣かないより、子どもが緊張して、まじまじと相手を見ることから始まり、時には一目で識別することもありますが、いろいろな事情で、人みしりの現われには個人差があることを覚えておきましょう。

「三ヵ月の微笑」に代表されるような状態は、そういつまでも続くものではありませんが、人みしりはだいたい6ヵ月から8ヵ月に始まり、そしてその後、3、4ヵ月ほど続くでしょうか。人みしりを卒業した時点の確かな報告を知りません。

1960年代に行なった私の調査[注3]によると、乳児院のような施設では、とかく母親の顔の記銘が稀薄で、なかなか人みしりの反応が明らかに現われません。現われる時期も遅れ、11、12ヵ月頃までずれ込んだり、まったく現われないケースもあります。

「人みしり」の現われるこの時期は、子どもにとって、実に感じやすい、同時に傷つきやすい時期です。大切な母を「見失いはしないか」という不安です。この時期に母子分離の期間が長いと、子どもの心に修復しがたいダメージを与えかねません。「分離不安」といって注目されています。私は何人かのケースを扱いましたが、ここに最近直面した事例を紹介しましょう。

### 《Kちゃんのケース》

Kちゃんが生後10ヵ月の時のこと、私が7、8月は夏休みをとっていたので、Kちゃんと次の予約で会ったのは、9月の中頃でした。

彼女は生後2ヵ月から相談にのっており、理想的に育っていました。障害は浅く、「MCCベビーテスト」[注4]による発達状態は、DQ（発達指数）80台から90台で、順調な発達をみせていました。ところが、秋に再会した時は、人が変わったようにやつれ、発達も低下していました。[注5]

私は目を疑いました。あんなに意欲的だったのに、オモチャを力なくつかんではポト

注3　「施設乳幼児のdeprivationの1症例について」（1962年、日本精神分析学会）
注4　第二章317頁注参照
注5　心因性の問題のケースも乳幼児精神発達検査を行なって、診断資料の一つとします。（スピッツ博士の指導）

ッと床に落とし、母親がトイレに中座すると、悲痛な泣き声を上げて診察用ベッドの端まで這って追いかけていくのです。私にはよく慣れていたのですが、その時はまったく役に立ちませんでした。お母さんに事情を聞きました。すると、

「この子のために自動車の運転を習いに行くことにして、子どもを預かってくれる用意がある所なので、そこに通いました。先生には相談しないで決めてしまったけれど、少し気にはなっていたのですが、これほど影響するとは気づかなかったです」

と、お母さんも驚いていました。

直ちに自動車の教習所には土・日だけ行くことにし、子どもは父親に預けることにしました。回復までに4ヵ月間を要しました。なお、運転練習の時間や、子どもを預かる所の事情は不明ですが、ごく少数の係の人が複数の子どもを世話するものと察せられます。

Kちゃんはまだ移動はできません。彼女はその間、どんなに悲痛な時を過ごしたか想像に難くありませんが、お母さんにはそれほど痛切には感じられていなかったのでしょう。決して愛情の薄い方ではありません。むしろ、二人の間は濃密な母子関係であったと思います。それだけにKちゃんにとっては「母の不在」は痛手でした。

お母さんは直ちに気づいてくださいました。発達テストの結果は、Kちゃんの状態が

すっかり好転してから話しました。お母さんは涙をこぼされました。

適切な処置を早く取れば回復します。それにしても、すっかり回復するまでに4ヵ月を要しました。私は2ヵ月の自分の留守を悔やみました。しかしご両親にとって、大変よい学びの機会となりました。彼女は再び意欲的な明るい状態に戻り、今は小学校5、6年生になっているはずです。

修復できない状態で連れてこられるケースも、何人かありました。これは別の相談室でのことでした。ただ、単に母子分離が悪いというわけではなく、「時」が重要な意味をもつことを強調しておきます。発達過程で、このような「時」への配慮が重視されなければならない例の一つです。おおむね発達段階の移行期、その前後が要注意です。

# Ⅲ　ポジティブな情緒を育てる

## 6 「情緒」はすべての発達の導き手である

お母さんを見知らぬ人たちの中から見分けることができるようになって、続く2ヵ月のうちに、目立って「認知能力の発達」が見られるようになります。たとえばオモチャの見分けができるようになります。それ以前は、自分に一番近いオモチャを手に取っていましたが、人みしりの現象が現われてからは、多くのオモチャの中から、自分の取りたい玩具を間違いなく選んで、手に取るようになるのです。

ベルにヒモをつけて、そのヒモを赤ちゃんの側に置いておくと、そのヒモを引っ張ることで、ベルを手に入れることができるようになります。道具の使用ができるようになったのです。

このように人みしりの現われる頃、愛の対象、お母さん、親しい人の見分けが可能になるばかりでなく、認知能力や問題解決が開花するのです。これは子どもの、物の世界への開眼の始まりです。

この頃から心がけておく大事なこと、子どもの生涯を通じて資産になるようなメッセージは何かを考えてみました。そこで浮かんだのが、頭書に掲げた「ポジティブな情緒を育てる」ということでした。

最近の乳幼児精神医学の領域では、心理学があまり取り上げてこなかった乳幼児期の情緒の研究が盛んに行なわれ、注目されてきています。

では、ポジティブな情緒とはどういうことでしょう。最近の情緒の研究によれば、「喜び」「楽しみ」「興味」など、「ポジティブ」（肯定的、積極的）な情緒が、発達に大切な役割を果たしていることが分かってきました。

ポジティブに対して、「ネガティブ」（否定的、消極的）な情緒とは、「怒り」や「不安」や「いらだち」などで、別個の流れで発達するということもだんだん明らかにされてきました。

「乳児の発達がうまくいっている時には、母子は双方とも和やかで、機嫌がよく、生き生きとして楽しそうで、安心してくつろいだ様子をしている」というのです。

そして、「ポジティブな情緒には、それ自体が乳児の社交性や探索心や学習意欲を促進する作用のある」ことが知られてきています。

## ●「喜び」「楽しみ」の効用

それなら、今こそ、その時ではありませんか。まず、お母さんがほっとしています。いろいろな想いで悩まれたこの1年の重荷が、急にどこかにいったかと思うほど、肩の重みが軽くなっています。この子が取り去ってくれたようです。

お母さんは思い出しています。

「この子がやっと自分の胸からお乳を飲めるようになって――。

「あの時のことが忘れられない！――急に口から乳首を離して、〝お語り〟を始めたことを……。私もつられて赤ちゃんの真似をして、まるで小鳥のさえずり合いのようだった。

「楽しかったなあ――。お父さんに「高い、高い」をしてもらって、アクロバットの冒険に歓声を上げたものだ。

「そうかと思うと、一人でいい子にしている。そっとのぞいて見ると、真剣に何かを見ている。ひものスイング、揺らぐカーテン、つい抱き上げて頬ずりしてやりたかった。

お母さんの追想は限りなく続きます。

お母さんが振り向けば、一緒に振り向く――。一緒の感覚[注6]というのでしょうか。その頃は知らなかったけれど、あれが「ポジティブな情緒」といわれるものだったのか。お母さんには思い当たることがいくつもおありでしょう。

誕生を過ぎる頃から、このように楽しい間柄の母子が、家庭で出会うポジティブな情緒を育てていくチャンスはいくらでもありそうです。その主たるものは、発見する喜び、探索の興味、真似、お遊び――そんなものが驚くほど出てくるのです。[注7]

## 7 人の心を察する力

「人みしり」の現われを契機として、さまざまな能力が一気に開花します。まず、「表情」が読めるようになります。お母さんや、お母さんに代わる親しい人の表情を、驚くほど正確に見抜きます。

この頃（8ヵ月から18ヵ月）の子どもは、見馴れない対象を「ジイーッ」と目をすえて見ています。穴が開くほど見つめられると、見られる側は緊張します。

注6　渡辺久子「乳幼児精神医学という抒情詩」（『母と乳幼児のダイアローグ―ルネ・スピッツと乳幼児心理臨床の展開』丹羽淑子編著334～335頁参照）
注7　「パプセク夫妻（Papousek）はこれを『本能的養育行動』と呼んでいる」（R. Emde）。

子どもは、お母さん、お父さんの情緒の状態に敏感です。お母さんが明るく、楽しそうであれば、赤ちゃんもこの上なくご機嫌です。反対に、お母さんの機嫌が悪く、憂鬱でイライラしている時は、子どもはピーンときます。そんなときは、理由もなくむずかります。私には、このことに関連して忘れ得ぬある日のできごとがあります。

## ●母の悲嘆を慰める《T君のケース》

その予約日に、T君（生後7ヵ月）はお父さんに抱っこされ、お母さんと3人で訪れました。お父さんは北欧の人で、東京のある銀行で働いています。見るからに穏やかで、ニコニコしている好紳士です。赤ちゃんの世話が見事で、いつも見とれてしまいます。

T君は合併症もなく、元気に育っていました。2ヵ月目の初診でしたが、少し首のすわりの遅れと、それに伴うからだの機能の発達の遅れが目立っていました。しかし、ダウン症としては着々と発達は進んでいて、私は「少しも案ずることはない」と、その成長を楽しみにお母さんを励ましてきました。

その日、T君は発達診断を終えて、お父さんに寝台の上で持参のおむつに替えてもらっていました。ここから少し状況が変わってきました。

お母さんが、この1ヵ月間の胸にたまった想いを、堰《せき》を切ったように話し出しました。

どうしてもすっきりしない、知的障害についてのこだわりと、そのつらさが語られました。お母さんは、最後に「ほーっ」と長いため息をつかれました。狭い私の診察室の雰囲気が「シーン」と静まり返りました。その時です。急にT君が泣き出したのです。

びっくりしました。お父さんはT君を抱き上げ、声をかけ、立ち上がって揺すり、懸命になだめました。でも、泣き止みません。それは悲痛な泣き声でした。涙をいっぱいためて泣きじゃくり、悲しみが大波のように、後から後から押し寄せてくるようでした。

お父さんの抱擁から母のほうを見やっては、新しい嗚咽が始まるのです。私は、

「お母さんに抱っこしてもらいなさい。お母さん、笑って、笑って、ハイ、チーズ！」

とおどけました。お父さんもお母さんも、思わず笑い顔になりました。

「そうそう、お写真とりますよ。T君、さあ、いいお顔して！」

と、そばにあった木箱をカメラに見立てて、ポーズをとりました。お母さんは思わず笑顔になり、T君を抱きしめました。しゃくりあげながらも、T君は泣き止んでいました。

「お母さん、やっぱりお母さんだ。あなたは余人をもって替えがたい存在なのよ」

そして、お父さんに、

「パパ、ママはT君にとって、プライオリティ（優先順位）・ナンバーワンですネ」

と言うと、「そう、そう」と、私の英語に日本語でうれしそうに答えるのを聞いて、今

度はお母さんがうれし涙を流す番です。子どもを抱きしめて、そっと涙をぬぐっていました。

次の予約の時、お母さんはバギーにT君を乗せて一人で訪れました。前回のことが話題にのぼり、お母さんは、

「子どもの鋭い感性に驚きました。すぐ、私が抱きとってやればよかった。この子に教えられました。いつまでもダウンにこだわっている自分を反省しました。この子、ちっとも遅れてなんかいない！」

「そうですとも。T君はすごいですよ。とっさの場合だったから介入してしまったけれど、T君のメッセージはお母さんによく受け止めてもらえたようで、よかった。お母さんの表情を読み取って、泣いて、泣いてお母さんを慰めてたんですよネ。いつもはお母さんやお父さんに見守られている。でも、今回はT君が見守ってくれたのよ。本当にすごいことですよ」

お母さんは、T君を膝の上に立たせて、ぴょんぴょんと動かしました。T君もうれしそうに、それに合わせて声を上げていました。

### ●ポジティブな情緒の火をともす《夏ちゃんのケース》

もう一つ、夏ちゃんの体験をご紹介しましょう。夏ちゃんのお母さんは漆器の工房をもち、すてきな漆器の器を製作し、販売しています。

ある日のこと、店頭に4人の客がドヤドヤと入ってきました。その中に2人の茶髪の、見るからに人相の尋常でない青年が入っていました。店の者も、お母さんも「ハッ」とし、店中に緊張が走りました。凄みを利かせたその客は、「ジロッ」と店内、陳列台の高価な商品を一瞥しました。2人はドカッと両脚を広げて座りました。

その時です。奥から夏ちゃんが、トコトコとその場に入って来ました。そしてその客を見て、「エヘッヘッ」と笑いました。ちっちゃなダウン症の女の子が声をあげて、笑みをいっぱい浮かべて〝お兄ちゃんたち〟を迎えたのです。緊張した空気が、一度に音をたてて破れた感じです。茶髪の〝お兄ちゃん〟が、真先に「エヘッヘッ」と応答しました。彼の笑いの発声で、ほかの客もお母さんも店の人も、皆が「エヘッヘッ」の大合唱です。

いったい夏ちゃんの目には、茶髪のお兄さんはどう映ったのでしょう。彼らは、あっけに取られるほど何もせず、何も言わず、「じゃあっ」と手を夏ちゃんに挙げて立ち去りました。夏ちゃんの「エヘッヘッ」が彼らを救い、居合わせた皆を救いました。どうしても私一人の胸にしまっておけないエピソードです。

その報告をしてくださったお母さんは、夏ちゃんを膝の上に腰掛けさせて、いつものように、1ヵ月間の夏ちゃんの行動の報告をなさいました。ハイハイができ、ヨチヨチ歩きができるようになった夏ちゃんの様子を、楽しくてたまらないように、しかし要点をしっかりつかんで話してくださるのでした。かつて人みしりの頃、私は夏ちゃんの凝視を拡大鏡で見すえられたと感じたものです。

私たちの笑いを、彼女はお母さんの膝で、ブラブラ足を動かしながら黙って見ていました。「何がそんなに面白いの？」——と。しかし、自分のことが話題に上っていて悪くはない、という感じでした。

ポジティブな情緒を育てる——日常のダウン症の子どもと、お母さんとの付き合いで思うことです。この子たちは、そこに出会う大人たちの心に、ポジティブな情緒の火をともしていってくれているのだ。おかげでこちらの心が明るくなり、きれいに洗われる——。そういつも感じるのです。感情は照らし合うもの、響き合うもの、互いに育てられ合うものではないでしょうか。

# Ⅳ 意欲・好奇心を育てる

## 8 手の発見――好奇心の芽生え

### ●無生物への関心

赤ちゃんが目がよく見えるようになって、外界を眺めるようになるのは3ヵ月頃でしょう。人を見てニコニコ笑い返すようになるのも、3ヵ月頃です。3ヵ月になると人に対して肯定的な反応を示すだけでなく、生命のない「物」に対しても関心を示し始めます。

おっぱいを十分もらって、おしめも替えてもらい、眠くなる前のひととき、赤ちゃんはまわりをキョロキョロと見回して、けっこう一人を楽しんでいます。何か動くものを見つけると、飽きもせず、その動きを追っています。モビールが大好きです。

時々、のどの奥から声を出して（クーイング）、物の動きや固定したものを見つめている様子は、周囲の人の目を引きます。この頃の赤ちゃんは、「愛らしい」の一語に尽きます。思わず声をかけて、頬ずりしたい衝動にかられます。

赤ちゃんは、お母さんと楽しいやり取りを通じて「感覚的遊び」の経験を積みながら、自分のパートナーとの関係を、より確かなものに育てていくのです。赤ちゃんにとって、人は自分に働きかけてくれる存在です。赤ちゃんにとって、お母さんやお父さんは、人を代表する存在です。信じて裏切られることはありません。

人は間違いなく反応的で、応答的です。ですから、赤ちゃんは人が大好きです。物はどうでしょうか――。物はこちらから働きかけなければいつまでも動かず、そのままです。人のような反応は、望むべくもありません。お母さんのように、ワクワクする対象ではありません。しかし、赤ちゃんには、物もまんざらではないようです。

2ヵ月から6ヵ月くらいの間に、子どもは一人でも楽しみを見いだしているようです。その月齢の頃、私は子ども自身が、自分で心ひかれる物を見つけて、一人で楽しむ一面があることを発見しました。その中の一つが、自分の手をじっと見つめる行為です。

## ●そっと見守る《K君のケース》

K君は6ヵ月でした。彼はベッドの上で静かにしていました。右手を上にかかげて、しげしげと見入っているのです。私は急いでカメラに収めました。

その写真は自分ながらよく撮れていて、彼がいかに手に集中しているかがよく窺われます。これこそ私が求めていたもので、感動がこみ上げてきました。

この月齢の頃の体験は貴重です。これは人とのやりとりの喜び、興奮とは違う、むしろ落ち着いた、永続的な体験とでもいえるものなのです。子どもの目はキラキラ輝き、その好奇心の様をよく伝えています。意識の上では忘れてしまうことでしょう。

しかし、K君が成長して、物事に好奇心をもって臨むことのできる青年になり、自分を投入していけるものを見つけることができたら、どうでしょう。

私は、赤ちゃんの2、3歳までの体験を人格の形成の基礎造りとして、大切にしたいと考える者です。1日の生活の1コマに、このような体験を重ねていってもらいたいと願うのです。このような体験が蓄積されて、知ることの喜び、何かひらめくものに集中していける――そんな期待を抱くのです。

けれど、ここで誰かが声をかけると、どうでしょう。さっと注目は手から離れて人に視線を移し、体を動かして歓迎のサインを送ることでしょう。K君はとても社交的な赤ちゃんでもあるのです。でも例外なく、赤ちゃんはみな物より人が好きです。人との心地よいやりとりが十分あって、初めて物に注目でき、物を楽しむことができるのです。

生命のない物（手は生きていますが、この場合「物」と考えられます）に向けられる関心は、静かで穏やかな楽しみを伴うでしょう。子どもはワクワクするような興奮を伴う、人との心地よい感触と同時に、自分で見つけ、自分から心の疑問を解くために、対象に働きかけなければ応答してくれない物との関わりと、その両方とも必要なのです。

子どもが物に熱中している時は、しばらくそっと見守っていてあげましょう。声をかけて気を散らさないように――。やがて反応のない無生の事物には飽きて、視線が離れ、キョロキョロと周囲を見回し始めます。ちょうどその時、お母さんの顔があれば「いうことなし」です。

この時期は後年、子どもの行動パターンを左右するような強い影響力をもつことを、私は幾多の実例で知っています。愛情表現は多すぎても、少なすぎてもよくありません。「ほどほど」という言葉の意味を、改めて考えさせられるところです。

## 9　歩ける前の大事な仕事①「ハイハイ」のすすめ

### ●「直立歩行」ができるまで

赤ちゃんを抱いて発達相談に訪れるお母さん方の一番気になること――。それは、

「この子歩けるようになるかしら。いったいいつ頃、歩けるようになるだろうか」ということのようです。

お母さんは、生まれた時から気がかりでした。ダウン症と告知されて、いっそうその不安は強くなりました。フニャフニャして、抱いてもずり落ちそうな、頼りない我が子です。このような状態は、ダウン症の子どもに比較的共通して見られる「筋肉の低緊張」[注8]によるものです。お母さんは、「ずっとこのままの状態で、大きくなるのではないか」と心配でなりません。

「それは大丈夫です。ゆっくりとですが、成長していくにつれ、筋力もついてきますよ。もちろん歩けるようになります」と、私は即座に答えます。

歩けるか歩けないかという心配は、もう取り除かれましたね。あなたのお子さんはきっと歩けるようになります。ですから、あなたのお子さんが歩けるようになるまで、しっかりとその間にしてあげなければならないことを知ること、私はお母さんがそうしてあげられるように、いつもよくお子さんを見てお力にならねばなりません。そんな想いで、私の考えをまとめてみました。

注8　低緊張――ダウン症児の新生児期に見られる主な臨床症状。ダウン症児の80%を占める(Smith, D.W. 1976)。

実は寝たきりの赤ちゃんが、自分の意志で身体を自由に動かせるまでには長い発達の過程があり、歩行を完成するのに1年余りの時間がかかります。この発達過程には「姿勢が整う」ための過程と、「移動ができるまで」の過程があり、この両方はいつも重なって、お互いに影響し合いながら成長していくのです。

「姿勢」の面では、首が座り、お座りができるようにならなければなりません。お座りの期間はかなり長くかかります。その間、ハイハイができるようになり、這って移動し、目的のところで立ち上がることができるようになると、物につかまって歩き、やがて一人で立って歩けるようになる。あの感動的な「処女歩行」が実現するのです。

ダウン症の赤ちゃんは腕の力が弱く、うつぶせの姿勢で寝返りをするのに、両腕で上手に支えることがむずかしいようです。股関節は筋緊張低下症も影響して軟らかく、這うこと、立つこと、歩くことが容易ではありません。

ダウン症候群のもつさまざまな問題に留意しながら、積極的に無理のない「乳児体操」や体の「機能訓練」に励みたいものです。これは今は、常識になっているのではないでしょうか。歩けるようになるまでに、からだの面で心がけなくてはならない課題が山積しています。でも、その中で、特に注目したいのが「ハイハイ」の奨励です。

私の親しいダウン症候群の専門医は、直立歩行が少々遅れても気にしないで、その間ハイハイの訓練をしっかり行うように勧めています。これは耳よりな話です。

## ●歩ける前にハイハイをしっかり

いったいハイハイは、どのような効果があるのでしょうか。ハイハイを十分に行なうことによって筋肉が強化されるばかりでなく、交互運動の訓練にもなり、しかもその交互運動は左右の脳の発達を促して言語学習の基礎ともなるという、たいへん重要な点が指摘されています。

ダウン症の赤ちゃんをもったお母さんにとって、見逃せないメッセージです。ハイハイの訓練で発達を促してあげることが、目下の急務でしょう。昨今では、早期療育の一環として、早期の機能訓練が盛んなようです。その訓練の目的と意味が明らかにされて、いっそうお母さんの励みになることでしょう。ハイハイの前、つまり首の座る頃から機能訓練を始め、ハイハイを十分にさせて、手足の伸筋群をよく動かすチャンスを継続して与えることが奨励されているのです。

## 10　歩ける前の大事な仕事②　お座りの時期

首が座った赤ちゃんは、だんだんと上体を支えて自分で座ることができるようになります。この「お座り」の段階は、認知能力の発達する大切な時でもあるのです。そして、このお座りの時期は、子どもの「見る」働きに「手の機能」が加わって、外界の理解をいっそう助けることになるのです。これは手先が器用になるだけでなく、赤ちゃんが物に興味をもち、物をいじったり、もてあそんだりすることの面白さを経験する最良の時なのです。

### ●手指操作の発達

仰向けに寝ている赤ちゃんが機嫌よい時、片手を上げて自分の手をじっと見ている姿を、注意深いお母さんは気づいているでしょう。これは赤ちゃんの心の発達過程で記念すべきできごとなのです。この子どもの手の発見は、やがて手が物をうまく扱うようになる「前ぶれ」なのです。続いて両手の指をからませて、飽きることなくそれに見入っている光景を目にされることでしょう。

手の操作は、物を目でとらえることに始まり、見た物を取ろうとして「手を伸ばす」、そして「物を把握する」という順序で発達が進みます。

物を把握するには、目と手の協応が成立していなければなりません。続いて手に取った物を口に入れるようになります。つまり、その段階では「口」が認識の器官となるのです。

続いて手に取ったものをいじる、握る、叩きつける、そしてもてあそぶようになります。すると、口に持っていくことは減少し、再び目が物を調べ、吟味する役割を担うようになります。

把握の発達(赤ちゃんの物の持ち方)にも、3つのステップがあります。

(a)掌でつかむ――まず掌で、物をバタンと上から抑え、4本の指で、熊手で物をかき集めるように取る段階です。この把握には、親指は使いません。

(b)ハサミ状の把握――親指と人差し指と中指の3本で、中には親指と中指でハサミで切るような形で取ります。

(c)ピンセット型把握――親指と人差し指を向かいあわせて、指先でつまみ上げることができるようになります。この段階では、つまもうとする物に合わせて指を操作することを会得することができるようになっています。

続いて片手だけでなく、両手でも持っていることができるようになります。興味深いことには、その前ぶれがあるのです。まだ「ねんね」の状態で、一方の手に持つガラガラを自分一人で片方の手に持ち替えができるようになっていました。ダウン症の子どもの場合、ゆっくりと時間がかかりますが、見事に順を追って進みます。

赤ちゃんに示すものによって、多少の遅い速いがあります。片手の場合、例えばスプーンや立方体と比べて、ビタミンの錠剤のような小さいものは、普通児で1ヵ月、ダウン症の子どもはおよそ4ヵ月くらい遅れますが、いずれはうまくできるようになります。

この段階での握る、叩く、鳴らす、つまむ、もてあそぶといった経験を十分に持たせてください。子どもの手に無造作に渡さないで、渡す前によく見せてから、手を伸ばして取るように仕向けたいものです。「○○ちゃん、ほーら、これ見て。可愛いでしょう」などと、言葉も添えましょう。

## ●認知能力の発達

自分の前に差し出された物に手を伸ばして取ることができるようになって、手にした物（オモチャ）を握ったり、叩きつけたりしたあげく、初めのうちは口に持っていってなめたり、噛んだりして試していますが、やがて手にした物を目の前に持ち上げて、しげしげと見つめるようになります。もはや口ではなく、目が認知の為の器官として登場したのです。

それ以後、「見ること」が認知の働きに決定的な役割を果たすことになるのです。いろいろの形や、穴のようなくぼみも気づくようになるでしょう。さまざまな種類の物を、オモチャとして子どもに見せてあげてください。

## ●《すみえちゃんのパフォーマンスに思う》

この頃の赤ちゃんの心の中には何が起こっているのでしょうか。私にとって感動的な体験をお伝えしましょう。

私どもの使う発達診断の用具に、木製の柄のついた金属製の「ベル」があります。振ると「チリンチリン」と音がします。振って音を出し、音を楽しむのです。このベルを子どもの前に置くと、子どもはさっと手を伸ばして手に取ります。子どもはベルを振って、音を楽しむ様子です。

次にベルのカップを子どもに見える位置に置きます。全然関心を持たない子のほうが多いのですが、内側のベルの「舌」に気づいて、自分の指で触れてみる子どももいます。

初めてそうしたのが、「すみえちゃん」でした。私は感動してカメラに収めました。その写真は、いつ見ても感動的です。ダウン症の子どもの可能性を、私に最初に示してくれた実例です。そのパフォーマンスを言葉で述べ、その意味を解説することにしましょう。

彼女はテーブルの上のベルを手に取り、まず何度も振って鳴らします。頃合いを見て、ベルのカップの内側を彼女の方に向けて置きますと、彼女はベルを手に取って鳴らしてみます。その後、彼女はよく見えるように自分の目の高さに持ち上げ、ベルの内部にぶら下がっている「舌」を見つけると、小さな指で触って見ているのです。

次に、彼女はもう一度、ベルを振ります。チリンチリンと鳴ります。そして前回と同じように、ベルのカップの内側をのぞき込んで、舌に指を触れているのです。

このような行為は何を物語っているのでしょうか。ベルを振る、音がする、ベルの内側の舌を発見し、それに触ってみる。そこから音が出ると思っているのか、もう一度ベルを振って、もう一度舌を探し触れてみる。この小さい子どもに、この因果関係が分かるのか、それとも何か関係がありそうだといぶかっているのでしょうか。驚きながら、私はこうも思うのです。

「ちっとも不思議ではない。音楽が鳴り始めると、テレビの方向を見るではないの。靴音がすればパパだと思って玄関のほうに目を向けるではないの？」――。ベルの音と舌との関係性に気づいたすみえちゃんに、「すごい」と感心せずにはいられないのです。

## ●「学習」の喜び

お座りの段階は、誰でも落ち着いて子どもの動き、仕草、表情などを見ることができます。その時、その場との関連で眺めると、思いがけない発見があるものです。この時期にはさまざまな種類の物を「もてあそぶ」ために、子どもに見せてあげて欲しいのです。それをどのように扱うか、じっくり見守ってあげてください。

お座りの段階でのこのような子どもの体験は、実は手先が器用になること以上に貴重な心の糧となっているのです。子どもは自分でいじる物に興味をもち、もてあそぶことの面白さを体験しているのです。この経験が、やがて「学習」の喜びにつながっていくでしょう。そして、「もっとやってみたい」という気持ちをそそることでしょう。これこそ「やる気を育てる」第一歩であると、私は申し上げたいのです。

私がダウン症のお子さんに持ってもらいたいこと、それは「内発的な動機づけ」――つまり「何かをやろうとする意気込み」です。そして、それを「楽しい」と感じることなのです。それが芽生え育つ時が、まさにこのお座りの段階といえるのです。この時期が大切だという理由は、もう一つあります。

子どもが動き回るようになると、お座りして物を操作するチャンスを与えることは非常に難しくなります。この時までに物を操作し、物との遊びの面白さを経験していれば、自分で移動が可能になった時、探索意欲を駆り立てられ、子ども自身のイニシアティブで、物の操作が一段と高いレベルでできるようになるでしょう。

もし、その時までに物をいじる楽しみを経験していなかったとすれば、手先の不器用さも加わって、ただ何となく動き回り、物に手を触れるだけで、それは大して興味を呼び起こさず、子どもにとって物の世界は無縁に近い存在となってしまうでしょう。お座りの時代は、このような認知のすばらしい発達を実現するための「またとない」希望の時代なのです。

子どもの動きや仕草の意味が分かると、次にどんなことが待ち受けているか期待がわき、今の状態を静観できるのではないでしょうか。そして、今してあげることを間違いなく「してあげる」ことのできるお母さんに、きっとなられるでしょう。

# V　モラル感覚を育てる

## 11　ヨチヨチ歩きのころ――自我の目覚め

### ●「歩ける」ことは「誇り」である

生まれたばかりの赤ちゃんは、確かに非力な存在でした。誰かの援助なしには、生命の維持すらおぼつかない有り様でした。赤ちゃんにできることは、与えられたものをひたすら取り込むことでした。

しかし、言葉をもたない赤ちゃんでも、自分の要求を知らせる「シグナル」を送り出すことはできました。その赤ちゃんからのシグナルを汲み取るすばらしいお母さんの「感性」に導かれて、二人の間に「非言語の対話」が見事に成功し、最初の誕生を迎えることができたのです。お母さんは子どもの心の中に、かけがえのない大切な存在として位置づけられることになりました。

このようにして、おおよそ2歳までの間に、赤ちゃんは両足で立ち上がり、自由になった両手で依存対象であるお母さんに自分で抱きつき、自分の手で食物を口に運び、物をいじり、空間を自分の意志で征服する第一歩を踏み出すことができるようになったのです。そして、相手の表情を読み取ることも、親しい人の仕草を真似ることもできるようになりました。

私は歩けるようになった時の（1歳から3歳頃まで）子どもの感じた成功感、自信とともに家族のみんなにともに喜んでもらった、あの満ちたりた幸せな雰囲気は、子どもの主観に大きなインパクトを与えたに違いないと思います。それは一歩歩くごとに、一人一人に微笑みかけた子どもの視線が物語っています。これは愛されているという感覚、家族みんなという感覚、ともに喜び合うという「ポジティブな情緒」を育てるために、この上ない価値ある経験であると言えましょう。

もちろん、自分の中に確かに感じる「歩ける」という自信は、子どもにとって強烈な「誇り」の感覚であるに違いありません。

私たち大人は、この幼い子どもの感応する能力に気づいていたでしょうか。実はこの積極的な情緒体験が（ポジティブな情緒）、次に子どもたちの出会う「モラル感覚」をうまく育てる、栄養たっぷりな土壌の役割を果たしてくれることになるのです。

ダウン症の赤ちゃんを持たれたお母さんは、初めて歩み出した子どもの姿を見て、これまでの苦労が消えうせたかのように感じられることでしょう。確かに、処女歩行の感動は、このように強いインパクトを持っているようです。

やがて、歩行を始めます。始めから、さっさと歩けるわけはありません。筋緊張の弱い傾向のあるダウン症の子どもはいっそう心もとなく、転ぶことも再三です。しかし、彼らは歩きます。歩きたいという衝動にかられているかに見えます。転んでは起き上がり、尻もちをつきながらでも歩こうとします。この姿は感動的ですらあります。

やがて歩行に余裕が見られるようになった頃、子どもにまわりの物が見えてきます。彼の行くところ、どこも「アレッ」と心をとらえるものばかりです。いまや彼は、目で捉えた獲物に向かって突進します。それを手にして彼は得意満面、さらに自信にあふれ、怖いもの知らずです。彼は「宝探し」に夢中です。しかし、彼の行く手には危険がいっぱいといえます。

お母さんの対応に微妙な変化が見えてきました。一方で、歩けるようになった我が子に満足と喜びで目を細めながら、他方で限られた生活空間の中での子どもの目まぐるしい動きに、ハラハラせずにはいられないのです。「あぶない!」「待って!」「それダメ!」の連発です。

## ●子どもの個性化

満1歳を過ぎる頃には、個性の違いが見えてきます。もっとも、「個性」は子どもにもよります。おっとりとした子、静かで動きの少ない子もあれば、寸時もじっとしていない活発で動きの激しい子もいるでしょう。注9 性差も見えてきます。

活発な動きの激しい子には、お母さんも周囲の人々も絶えず緊張して見守り、時として「ダメッ！」と禁止令を連発しなくてはならないこともあるでしょう。しかし、どの子もそれぞれに個性的で魅力的であることは確かです。子どもの個性によって、付き合う側のお母さんの気分もずいぶん左右されることでしょう。

子どものほうでも、お母さんの「表情」をよく注意して見るようになっています。その頃、「身振り模倣」が盛んに見られるようになり、楽しい模倣遊びに興じます。

子どもの世界が広がっていくと、親の立場からすれば禁止することが増えてきます。いきおい親も子も、「フラストレーション」を感じるようになるわけです。そのような状態の中で、子どもは親の感情や身振りをいつの間にか取り入れています（同一視）。お母さんの「ダメ！」「それはダメ！」「そっち行っちゃ、だめ！」という時に示す表情や身振りは、子どもにとって印象深いらしく、一度で刻印づけられるようです。

そして、頭を横に振る「ノー」のジェスチャーは、直ちに取り入れられてしまいます。

そして彼自身の否定のジェスチャーとして、実にタイミングよく使いこなすことができるようになります。

「はい」とうなずく「イエス」のジェスチャーはどうかと思われるでしょう。首をタテに動かす「イエス」のジェスチャーも、ものにします。「そうです」「いいわ」「はい」のジェスチャーは、面白いことに「ノー」のジェスチャーより後で現れるのです。「いや」というより、「はい」という肯定のジェスチャーが後で現れることは、非常に意味深いことと思われませんか。[注10]

## ●自我の目覚め

もう一つ、注意しなくてはならないことがあります。ヨチヨチ歩きの頃は、「自我」の目覚める時でもあるのです。そして、「自己主張」がかなり目立つようになります。18ヵ月から30ヵ月頃までは、大なり小なり、子育てで手を焼く季節であることを覚悟していていただきたいものです。

注9　ブラゼルトン著『赤ちゃんの個性と育児――発達の遅れ方のちがい』（"Infants and Mothers" T. Berry Brazelton, M.D.）平井信義監訳　1983　医歯薬出版株式会社

注10　スピッツ著『ノー・アンド・イエス――母子通じ合いの発生』（"'No and Yes' On the Genesis of Human Communication"）古賀行義訳　1967　同文書院

それは「イヤイヤの時期」ともいわれ、お母さんはがぜん言うことを聞かなくなった我が子を理解しがたく、不安にもなりがちです。それにダウン症の子は頑固だと皆言っていますが、いよいよその時期が到来したようです。この調子だと、どうしようと不安になりがちです。

ここで一言——。この「ダウン症児は頑固だ」と決めつけることに、異議を唱えておきたいのです。ダウン症児の頑固と見える行動は、私もよく経験しています。しかし、こちらにも彼を頑固にさせている側面、彼の心情を理解できていないことを反省させられることがしばしばあります。彼らの思いや願望が正しく伝わらない、伝えられないもどかしさを分かってあげられない。

子どもは実に敏感に、この辺りの事情に気づくのです。ですからテコでも動かない。頑固はダウン症のせいにすれば、一時こちらの気はおさまるかもしれません。こんなことが繰り返されるのです。「ダウン症児は頑固だ」と信じて子どもを見れば、彼は安心して頑固にもなれるわけでしょう。投げやりになってしまう。

この時代のこの子たちと付き合う方法を考えるのは、私たちの大きなチャレンジです。歩けるようになると、私どもは子どもとお母さんとをプレイルームに誘います。そこで一緒に子どもの動きを見て、子どもの心の理解に務めます。

この「イヤイヤの時期」は、たいていどの子どもにも襲いかかる嵐のようなものです。嵐の過ぎ去るのを待たなければならないのです。しかし、徐々に子どもの心の中に、「ノー」とか「だめ！」と禁止されることだけではなく、首をタテに動かす「いいよ」の「イエス」のサインの意味が飲み込めるようになります。子どももいつの間にか、「イエス」のジェスチャーを身につけるようになるのです。

このチャンスを逃さないように！　たまにお母さんの言うことを聞いた時、うんとほめてあげましょう。本気で喜びを表してください。抱きしめて、お母さんの喜びを伝えてあげること――。これがキーワードです。子どもはこのお母さんの喜びを、からだで感じ取ってくれるでしょう。

「お母さんの言うことを聞くと、こんなにほめてくれる。私いいことしたみたい！」――誇らかな感情が胸を充たします。これです。これが、ポジティブな感情なのです。

（370頁参照）

# 12 「マターナル・レファレンシング」(母親参照)

## ●「モラル感覚」とは

ところで、「モラル感覚ってなに?」——あなたはこう尋ねられて、どんなことを思い浮かべますか。「何でもいい、話してみてください」——こう言われると、私にはすぐ思い浮かぶことがあります。それは、ルネ・スピッツ博士の『生後1年』(The First Year of Life)[注11]に載っていた二葉の写真なのです。

その一枚は、スピッツ博士と一人の男の子の写真です。男の子は「人見知りが終わって数週間後」と説明がついていますが、明らかにヨチヨチ歩きの頃と見受けられます。彼は博士の上着のポケットからのぞいているエンピツに手を伸ばしているところで、向かい合って座っている博士は人差し指で、それは「ダメ」というサインを示しています。説明は、「ノーノーと言いながら」とあります。

二枚目の写真には「男の子の反応」と説明がついていて、エンピツを取ろうとして伸ばしていた手をひっこめ、下に降ろし、視線を下げて、伏目で立っている場面です。「これが1歳半の坊やの表情であろうか」と目を疑うばかりの、ヨチヨチ歩きの坊やとは思えない、口をしっかり閉じて、緊張した表情なのです。そのからだ全体の表情が物語るもの——それは、彼の感じた「感覚」そのものであろうと想像できます。スピッツ博士は、これをモラル感覚とは記していません。単に「反応」とだけ記しています。しかし私は、これこそ、彼の初めて感じた「モラル感覚」といってよいだろうと受け止めました。

この幼児は、なぜあのような表情をしたのでしょう。私には、「畏れの感覚」「○○してはいけないのだ」という、ドキッとするような、そんな感覚ではなかろうかと、そして覚えていないまでも、意識の底深くに沈んで、大きくなって、何かこんな場面に直面した時、きっと内側から湧き起こってくるものではなかろうか。まだ言葉をもたない乳幼児後期のこの体験こそ、モラル感覚の「ルーツ」ではないだろうかと考えました。

同時に私は、ヨチヨチ歩きの頃から、親の頭をかすめる「そろそろ『しつけ』のことを考えなければ……」という思いと併せて、障害のあるなしにかかわらず、「子どもの心にモラル感覚が育つ経路は？」と考えてみました。

注11　Runé A. Spitz, "The First Year of Life", A Psycho Analytic Study of Normal and Deviant Development of Object Relations, 1963. International University Press. 1966. 博士の代表作。175頁。

## ●「まなざし」で問いかける

T君が歩き始めて、どのくらい時がたったでしょうか。その日のお母さんは、これまでになく明るく、落ち着いた表情が印象的でした。プレイルームで遊んでいる我が子を見守りながら、お母さんは次のような報告をしてくださいました。

「歩けるようになってから目が離せなくなり、あれしてはダメ、それ危ない！ と気持ちが休まることはなかったのです。この子ちっともじっとしていないでしょう。ここだとほっとしますけど……。でもこのところ、あの子少し落ち着いたのでしょうか。いつものように何かを見つけて、それに飛びつく前に私の顔をまず先に見るようになりました。私に何か問いかけているようなのですよ」——。

その報告を聞いて、私は直ちにエムディ[注12]の提唱する「マターナル・レファレンシング」（母親参照）に思い至りました。そして、お母さんの子どもを見る目の冴えに、まず驚きの声を上げたのです。

そしてお母さんに急いで私が驚いた訳を説明しました。これはとても嬉しいニュースで、大切な意味を含んでいると——。続いてT君の「気持ち」を言葉にしてお母さんに話しました。T君は自分が今、とてもしたいと感じていることをお母さんはどう思っているか、お母さんの反応を先に確かめたいと気づいたのでしょう。「してもいい？ だめ？」とお母さんの反応をまなざしで問いかけています。

言葉をまだ話せない2歳児のT君が、自分から母に問いかける。それもまなざしで……。言葉を持たないからこそ、こんなすてきな通じ合いができるのでしょうか。このような仕草の背景に、日頃のT君とお母さんの緊密な情緒交流の風景が思い浮かぶのです。これは、これまで親子の間で培われた信頼関係が、T君の中でゆるぎないものに成長している証拠であることを付け加えました。

こんな言葉も話せない2歳くらいの子どもが、自分から始めた行為です。やりたいことをお母さんがどう思っているか、それを母にまなざしで問いかけるなんて、すてきなことではありませんか。

## ●確認のための拠りどころ

「母親参照」とは、「乳幼児が状況判断や自分自身の体験しつつあることとの確認のため、その場面に居合わせる母がその時発信しているものを拠りどころとして用いる心の働

注12　エムディ・R（Emde, R.）、1935年生まれ。コロラド大学健康科学センター精神医学教授。世界乳幼児精神保健学会会長。乳幼児精神保健の代表的指導者。ルネ・スピッツの直弟子で、後継者として精神分析的な発達と情動の研究の推進者。人物、業績とも文字通りの乳幼児精神医学の世界的リーダーである。引用文献・渡辺久子「乳幼児精神医学という抒情詩――スピッツからエムディへ」（丹羽淑子編著『母と乳幼児のダイアローグ』315〜338頁に掲載）

き」（『精神分析学事典』）と定義されています。私はこの用語には、エムディ自身からも、また論文でも親しんでいたのですが、今回のケースで初めて身近にそれを体験でき、改めてその意味を味わうことができました。

それまで母親の指令に従う受身的な存在であった幼子《おさなご》が一変して、子ども自身で母親の反応を読み取り、それを手がかりとして活用し、ますます能動的、主体的に変容していく、たくましい成長の一過程に立ち会えたことに感動を覚えたのです。

何気なく見過ごしている幼子の行為に、こんな深い意味があることに感銘を受けました。大人——特に母親と子ども、そして子ども同士の間でも、また子どもたちの動きを互いの関係の視点で見てみると、まだまだ気づかずにいる大事な「意味」を発見するかもしれません。

## ●行為の意味

ダウン症の子どものゆったりとした発達のおかげで、私は貴重な発見を多くすることができました。障害のあるなしにかかわらず、子どもの行為の気になる点に気づいた時には、子どもを囲む周囲の状況も注意して見ておくことが大切だと思います。

ダウン症の子どものお母さんたちは、「この子に学ぶことが多い。得をしたのは自分だ」とよく述懐されます。問題のない上の子どもでは当たり前のこととして、気にも留めなかった行為が「こんなに心を打つ意味があるなんて！」とT君のお母さんは、大変満足してくださいました。

子どもの行為の意味を分かるということは、乳幼児期の子育て、特に私どもの関心事であるモラル感覚を育てるうえで、とても大切な意味をもっていることを身にしみて感じました。

今までとかく受身的であった我が子が、自分から進んでイニシアティブを取った行為です。誰かが教えたわけではないのです。できるだけこのような経験をふくらませる機会を大切にしたいものです。

そして、どうぞお母さんも、T君の信頼に応えて、「イエスとノーのジェスチャーをはっきり知らせてあげてください。忘れてならないことは、T君がそれに従ったら『こここそ』とばかりほめてあげてください。ノーの場合は、はっきりと、ゆっくりと、その時はいっそうやさしく抱いてあげて、『よく我慢したネ！　えらいネ！』と言ってあげてください。ほめ言葉は必ず通じますよ」と申しました。

お母さんはうなずきながら、約束してくださいました。このお母さんは大丈夫です。言わずもがなのアドバイスだったかと、ちょっと反省しました。その日のお母さんの晴れやかな表情は、十分に理解の行き届いていることを証明していましたから……。

お母さんのさわやかな喜びの表情は、T君に伝わらないはずはありません。生き生きと、その日の遊びは創造的で、明るいムードとリズミカルな展開で終わりました。終わりの時間もまずまず無事に守られ、親子とセラピストともに楽しい一日で終わったことは言うまでもありません。

## 13 「禁止令」と「ほめ言葉」——モラル感覚を育てる二つの経路

### ●「葛藤」がキーワード

エムディは、まだ言葉の話せない乳幼児（0〜3歳）に「モラル感覚」を育てるには、単にしてはいけないことを「ダメと禁止令を出す」だけでなく、「よいこと、人に認められること、理想的なこと、なかでも自分がしてもらってよかったと感じることを、人にも進んでしようという気持ちになること」で、むしろこれが主軸なのだと述べています。ようやく、納得のいく正解にたどりついたという感じです。

さらにエムディは、モラル感覚の発達を促がす「二つの経路」をあげています。その一が、葛藤を伴いながら葛藤を越えて発達する経路で、その二は葛藤を伴わないで発達するというものです。

　その一の、葛藤を伴ないながら葛藤を越えて発達するモラル感覚の経路とはどのように展開するのでしょうか。

　子どもは、やりたいことをお母さんに「ダメ」と止められると、当然大なり小なり「抵抗感」を持つでしょう。その抵抗感は、子どもと母親とのその時の関係で、それぞれ反応は異なることと思います。

　例えば、すぐに1、2回の禁止令でその行為を思いとどまる子どももいれば、欲求の強さと気質によっては、素直に思いとどまれない子もいるのです。お母さんも、終いにはイライラしてゆっくり待っていられない気持ちになる場合もあるでしょう。こうして葛藤状態が二人の間に生まれます。

　事と次第によっては、親も譲れない場合だってあるでしょう。終いには二人とも疲れ果て、和解できないまま、子どもは泣きじゃくりながら、泣き寝入りしてしまうことだって珍しくはありません。子どもの気持ちを推しはかり、うまく子どもの抵抗と折り合いをつけるコツを見い出していただくことができれば最高です。この時、「タイミング」が意味を持つことはいうまでもありません。

　そこで仮にある状況を設定して、その中でどのようにうまく解決の糸口を探し当てることができるか、ここに一つの場面を想定してドラマ化してみました。「ふちの欠けた象牙のハンコ」と題しましたので、読んでみてください。（次頁参照）

第二の、葛藤を伴わないで発達する経路とは、どんなことでしょうか。

例えば、子どもが初めて歩けるようになった時の感激（『「歩ける」ことは「誇り」である』393頁参照）とか、お父さんお母さん、家族の皆でうれしさを共有できた時のあの誇らしさ、病気で苦しい時にやさしく慰められたこと、頑張ってほめられたこと——これらはお母さんの数多くのやさしい言葉、表情、身振り、仕草から、その気持ちが伝わってくるのです。言葉は分かりませんが、子どもははっきりと感じ取っているのです。

うまくいくと、「もっとほめてもらえる」だろう。そして「お母さんのうれしそうな顔って、僕も私も大好きだもんネ」——。こうしていっそう努力しようとする気持ちが湧き起こるに違いありません。時に、「私、イヤ。こうしたいの」と言いたい時も、お母さんの「信じているよ。○○ちゃんはお利口だからできるわネ」と笑顔で、まなざしで、ウィンクででも語りかけてもらうと、「ウン」とうなずかずにはいられない。大好きなお父さん、お母さんの喜ぶ顔が道しるべになって、ますますよい子になる——。こんな状態ではないでしょうか。

## ●初めてのモラル感覚――「ふちの欠けた象牙のハンコ」

ここでは、2歳頃の男の子T君と、母親・父親との対話の形式をとりました。子どもは「いや、いや」程度の言葉しか話せません。子どものとった行動を、言葉で代弁しました。

### 《初めての抵抗》

どこでどう見つけたのか、母親の大事なハンコを机の上の新聞紙に力いっぱいぶつけているのです。母親は驚いて、「やめて、Tちゃん。それママの大事なハンコ。オモチャではありません」

T「・・・・・」（黙って、自分の見つけた仕事に熱中している。新聞紙にかすかに朱肉のあとがついている）

母「ねえ、やめて。それママにちょうだい。ママの大事な、大事なもの」

T「いや、いや」（と首を振り、ハンコを握りしめ、両手で胸元に抱くようにして、母の顔をまっすぐに見すえる。「大事」と言われると、いっそうすばらしい宝物に見えてくるらしい。「ボクのものだ、渡してなるものか」とばかり、しっかりと両

脚を踏みしめて、母の顔を見すえる。母親は実力行使に出る）
母「ちょうだい！」
T「イヤッ！」
母「だめです」
T「いやだ、いやだ」（やるものかと、さらに手にしっかりと握りしめている。象牙のハンコは彼の手の中に入るほど小さい。真っ赤な顔をして、母に対して初めて示した抵抗である）
母「ちょっと待って、もっといいもの上げるからね」（と言って、立ち上がってその場を離れる。別のハンコを持って戻ってくる）
母「ほーらネ。このほうがいいでしょ。大きいよ」
（T君はまだハンコを固く握ったまま立っている。上目で母のすることを見ている）
母「はい、これ上げるよ。このほうが新しい。いいでしょ」（と言いながら、子どもを自分の膝に抱き上げ、座らせる。母は子どもを後ろから抱きかかえ、緩やかに揺すりだす。しばらく無言が続く）
こうして、どのくらい時がたったであろうか。緊張でコチコチだった子どものからだが、少しずつやわらかく感じられるようになる。ハンコを握っていた指の力が少し緩んだようだ。母は一本一本子どもの指を開いて、ハンコを取り出す。子どもは黙って、母のなすがままにさせている。

母「Tちゃん、ありがとうネ」（と言いながら、すばやくケースにしまう。別のハンコを示して）

母「これいらないの？」

T「いや」（と首を振る。新しいハンコは取ろうとしない）

母「いい子だ、いい子だ。ありがとう。Tちゃん」

T君は自分で向きを変えて、母の胸に顔をくっつけてくる。

母「いい子だ。えらかった。ママの大事なもの、返してくれたんだよね。ありがとう」

T君は、母の胸に顔を押しつけたままうなずく。母は、抱いた腕に子どもの緊張が解けていくのが感じられる。強く抱きしめる。その時、父が部屋に入ってくる。母は一部始終を夫に告げる。

父「T、えらかったネ。ママから聞いたよ。ハンコが欲しかったんだってネ。それをママに返したんだって！　えらい！　それ、パパにも大事なんだヨ。パパからもありがとうを言うよ。ほめてあげるよ」

T君、「パパー」と言って母から離れ、父親の両腕に抱きつく。T君は急に泣きたくなる。胸がいっぱいになる。なぜだろう。自分が急に大きくなったような気がする。何となく誇らしい気分。母も涙ぐんで、微笑みながらうなずいている。後で分かったことだが、ハンコのふちが2ヵ所こわれていた。

**《解説》**

このエピソードをもとに、T君とお母さん（お父さん）の初めての葛藤場面で、二人の衝突、T君の強い抵抗、お母さんの反応、T君の興奮から鎮静に至るプロセス、父親の結びの効果、最後のT君の気持ちなどについて、少し「解説」を加えておきたいと思います。

およそ18ヵ月から30ヵ月頃までは、親子の葛藤の日々が続くことでしょう。子どもの側で、心の発達の過程で直面しなければならない、いわば試練の時といえましょう。いきおい親子で出会う最初の嵐の季節なのです。過ぎてしまえば笑い話の種でも、もろに直面しなければならないお母さんには受難の経験です。

今まで庇護の対象であった小さい相手が、急にこちらの言うことを聞いてくれなくなる。言い出したらテコでも動かない。「いや、いや」の連発です。子どもの側に思い当たる理由は確かにあります。まず、歩けるようになって自信が芽生えました。何でも自分の思う通りになるという確信がついたようです。しかも、その時期は自我意識の芽生える時と重なります。「こうしたい、ああしたい」という欲求が、内部から吹き上げてくるようです。もちろんブラゼルトン[注13]が指摘したように、その強さの現れには個人差があります。自我意識の現れも、同様のことが予想されます。

もう一つ忘れてならないのは、相手になるお母さん、お父さんの対応にも関係します。一番身近なお母さんが、例えば忙しすぎる、心配しすぎる、不安で心が揺れている。反対に、のんびりしていて、気にしない性質という方もあるでしょう。その時、折悪しく、心配事が重なってイライラしている時などもあるでしょう。そのようなさまざまな事情で、子どもの「いやいや行動」が扱いにくくもなるものだと思います。

ここに挙げた例のT君は、とても意志強固で自我意識も強く、動きの激しい、活発な、通常は明るく、愛らしい坊やなのでしょう。相当個性的な性格が伺われます。

しかし、生まれてから2歳くらいまでの、お母さんやお父さんとの関係は、うまく結

注13 『赤ちゃんの個性と育児――発達の現れ方のちがい』T・B・ブラゼルトン著 平井信義監訳 1983 医歯薬出版株式会社発行

ばれているようです。

この場面でお母さんは「大事なもの」と言って、自分がその行為を止める理由を子どもに話し、行為の中止を迫っています。正直言って、皆そうするのですが、逆効果でした。お母さんが「大事、大事」と言えば、ますます子どものほうは、そんなに価値あるものならなおさら渡せないと思うようです。

ハンコの使い方をどこで見ていたのでしょうか。新聞の上にトントンと力いっぱいぶつけています。新聞紙に朱肉がかすかについているのです。子どもはよく見ているものです。驚いてしまいます。手を振り上げて、力一杯ぶつける行為には、彼の攻撃性の発散さえ思わせるものがあります。

お母さんが「代替」を思いついたのは、一つの解決法かもしれません。しかし、代替でも功を奏さなかったのですが、その目的のために、その時座を立たれた（離れた）ことが局面打開の一助となったようです。ちょっとの間ですが、お母さんにも坊やにも小休止となりました。

そのうえ、お母さんはその後、子どもを膝に抱き上げました。これが決定打でした。落ち着きの戻ったお母さんは、我が子のかすかな「変化」を間違いなく見届けていました。お母さんの膝の上でかすかに揺すられるリズミカルな動きが、子どものからだに伝わっていくようです。こうして平和に、獲物はお母さんによって、彼の握りしめた指から出てきました。

T君はお母さんのすることをじっと見ていました。そして、それが終わると、からだの向きを変えて、お母さんの胸に自分から抱きついていきました。

お母さんからお褒めの言葉と、「ありがとう」とお礼が与えられました。それに、お父さんがうまく締めてくださいました。これは大変重要で、意味のあることでした。自分の欲望をおさえて、お母さんに獲物を返したという行為が認められ、ご褒美が与えられたのです。この体験は、子どもの心の奥深くで、その後ずっと生き続けることでしょう。

後味のよい、さわやかな感覚だったに違いありません。これが2歳のT君の「初めて覚えたモラル感覚」につながる誇りの感覚です。

いうまでもなく、このような場合に何の報酬もなかったらどうでしょう。やり場のない不満が子どもの心に残ってしまうのではないでしょうか。人の行為に対しても、無頓着な性格が作られるのではないでしょうか。

## 14　3歳児は小さな大人——約束を守ること

これまで人の子が、3歳になるまでを述べてきました。一人で立ち上がって歩けるようになり、望むところに移動し、両手を自由にし、手で食物を口に運び、オモチャで遊ぶ楽しみを知るまでに、およそ2年がかかりました。こうして、人としての資格をかなり備えてきました。それでもまだ、言葉を使ってうまく人と通じ合うことはできません。

しかし通じ合いのために、お母さんとは言葉以外のすべての利器を使って——例えば、まなざしや、身振り、手指を使って意志を伝えようとします。時には言葉にならない音声や片言も出現します。お母さんは一所懸命分かろうとしてくれます。お母さんのレシーバーは驚くほど感度がいいのです。

歩行を獲得した子どもの関心は、ひたすら外に向かって際限なくはばたくのです。あれもしたい、これも面白そうだ。お母さんの「ダメ、ダメ」が連発されることも珍しくありません。確かに、泣いて抵抗したこともあります。しかし、あとでお母さんのやさしい抱擁がありました。そのつど温かい胸で泣きじゃくりながらも、さっきの要求は忘れて幸せな気分に浸ったこと、それは覚えているような、いないような、たぶん無意識のうちに心のどこかにひっそりと隠れていたのでしょう。そうして心が養われてきました。

さて、3歳の声を聞き、お母さんの言葉が理解され、簡単な言葉が話せるようになります。言葉とはなんと便利な道具でしょう。人々が生きていく上で、確かになくてならないものです。それを3歳児はものにすることができてきたのです。

言葉は「心の歩行」といわれます。その言葉を獲得して、これで一応人としての条件が整いました。「3歳児は小さな大人」といわれるゆえんです。これからは人社会への仲間入りです。そこでは皆でうまく生きていくために、さまざまなことを学んでいかなければなりません。いよいよ本物の大人になるために……。

### ●3歳児――この魅力的存在

「小さな大人」といわれる3歳児とは、どんな子どもなのでしょうか。「特徴」として、ここに注目したいところを5項目にまとめてみました。

**1**「言葉」が話せるようになること。言葉で人と通じ合える。これは最大のメリット。

**2**「その子らしさ」が見えてくる。「個性」といってもよい。同時に「自己意識」が見え始める。これをもとに、この世に二人とないユニークな人格が作られていく。

**3** 子どものすることに「まとまり」が認められるようになる。あれもしたい、これもしたいという無意味な断片的な行為でなく、子どもの動きに意図が読み取れるということ。

**4**「約束」が守れるようになる。

**5** 自分の名前を呼ばれて「ハーイ」と手を上げて答える。これが自分自身。はな子さん「ハーイ」、太郎くん「ハーイ」と手を上げる。これこそ「アイデンティティー」（私自身）の感覚の初体験。

以上が「小さな大人」――3歳児に認められた特徴です。知的障害の有る無しによらず、これは2歳児の段階で見られなかった大きな「進歩」です。「ダウン症」の子どもは、言葉の出は多少遅れるかもしれませんが、彼らの動きでどんなことを考え、もくろんでいるかが分かるのです。だんだん面白くなってきます。

以上にあげた特徴の中の、1、2について簡単に解説を試みてみましょう。

### 《「まとまり」が認められる》

子どもの姿、子どものすることに「まとまり」が認められるとはどういうことでしょうか。私はこの20年あまり、ダウン症のお子さんと付き合うようになり、歩けるようになってからは、もっぱらプレイルームに導き、ここで子どもの自由な動きを観察することにしていました。赤ちゃんの時から継続して見てきましたので、その発達の変化がよく分かります。

3歳児と2歳児との違いは、プレイルームに入った瞬間から明らかです。プレイルームにはさまざまな目を引く遊び道具があります。

2歳児はまず、腰かけているお母さんの膝に寄りかかっています。ある時は促されて遊びに入ります。遊びも断片的で、すぐお母さんのところに戻ってきます。または、遊具をお母さんに見せに来ます。

3歳児は、「一人遊び」ができます。そばで見ていて、子どもの遊びの「つもり」が分かるのです。さほどお母さんのところには来ようとしません。

以上の遊びの状態の中に、行動の「まとまり」が見えるといえるでしょう。一人遊びができるようになると、遊びの道具を自分でまとめるようになります。「まとめる」という行為は知的行動です。ある遊びに入るとき、しゃがむとか、立ち上がるとか、背伸びするとか、その遊びに必要な姿勢を整えます。ほとんど無意識です。ちゃんと脳は指令を出し、からだの末端はそれに従って動く体勢をとっています。「これをして遊ぼう」と心を引き付ける対象ができます。手と目でうまく協応し（働き合い）ながら楽しみます。「こうしよう」「ああしよう」と次々に到達目標が変わり、その目的のためにからだの各部を動かして進みます。

「一人遊び」は、子どもが自分自身に語りかけ、想像の翼をひろげ、物語を創作する。「まとまり」が見えるといったのは、そのような働きが子どもの心の中を駆け巡り、からだはそれを表現しているのです。私たちが、3歳児に大きな未来を夢見ることができる、すばらしい存在に大きくなりました。

### 《「約束」を守ること》

3歳児は「約束」が守れる――。約束を守るチャンスを与えること、これを始める適時です。私たちはプレイルームでは思う存分、自分の好きなことをやらせるようにします。しかし、危ないことと人を傷つけることはダメです。

子どもはプレイルームの中を自由に動きまわりますが、積極的に遊びの誘導はしません。プレイルームの空間と遊びの素材（オモチャ、運動具）、砂場などを子どもは自由に選び、それで遊ぶ。ここでは、子どもが主人公ですから、何をしてもよい。ただし、時間を守ること。遊びが面白くなるとなかなか止められないからです。それで、終りに近づくと、あの手、この手で時間を守らせる努力をします。

このように、子どものモラル感覚の発達を、「約束を守る」ことから始めるのです。約束をした人と心のつながりを保つことを実感させようというわけです。人を信じ、信じられるための大事な仕事、これを遊びの中に導入して無理なく実行する。時にはそれがいやなときも、守ることの大切さを体験させます。「意識してやらせる」——これは3歳児の発達課題なのです。

「お母さんが留守番の私に、『これにはさわってはダメッ』て言ったから、『私たち』(we)もさわらないほうがいいと思うよ」——。

ロバート・エムディは、3歳の幼児の心に「私たちという他者と連帯した自己の意識がすでに芽生えている」ということを明らかにしています。

「約束を守る」ということは、他者との「つながり」を意識する、優れてモラル感覚を育てることになるのです。

### ●「ダウン症」の3歳児——Y君の遊戯観察

Y君はダウン症、21トリソミー、合併症はありません。生後3ヵ月から福祉事務所の措置でA保育園に入園が許可されたのです。両親が大学教員であったので、子育ての援助が必要でした。夫婦役割分担しあって、子育てと仕事の両立を許ろうとしました。さいわい生活圏内にある障害児保育に対して並々ならぬ熱意をもち、小学校入学まで6年間預かってもらえたA保育園のおかげで、両親の目的が達成されました。

「花クリニック」へは、生後5ヵ月から保育園の推薦で通院。毎月1回、両親とY君の担当保母が発達相談を受け、4歳まで継続されました。

合併症はなく、健康管理にはさして問題はなく育ちました。Y君の可能性を信じ、深い愛情を注ぎ続けられた担当保母に支えられ、恵まれた育児環境で成長しました。ちなみに養護学校の担任の先生が「愛され上手のY君」と呼んで、それまで愛情豊かに安定して育てられたためだろうと言われたそうです。

◇ある日のプレイルームでの行動観察

Y君の3歳半の時の、忘れられない相談風景を紹介してみましょう。

その日はお父さんと二人で来院しました。いつもは担当の保母さん、ご両親と4人でみえていましたが、きっと都合がつかなかったのでしょう。Y君は初めから機嫌が悪く、荒れ模様でした。プレイルームに入るといきなり、ままごとのオモチャの入ったカゴをひっくり返しました。ままごと遊びのオモチャが、「バーッ」と床の上に散乱しました。

お父さんは驚いて、急いで止めに立ち上がりました。

私は「そのままに」と目と手でお父さんを制し、「しばらく思う通りにさせてあげましょう」と、小声で言いました。次はパトカー、ミニカーなどの乗り物、人形類、楽器類のカゴまでが、次々と放り出されました。

それは惨憺たる有り様でした。かなり広いプレイルームが足の踏み場もない状況でした。こうなるとおかしくなるもので、お父さんと私は目を見合わせて「クスッ」と笑いました。Y君はお構いなしです。

次に彼はオモチャの海に寝転んで、のたうち回る始末です。ゴロゴロ転がり回ります。お父さんはまた、たまりかねて椅子から立ち上がりました。私は「もう少し見ていましょう、どうなるか」と微笑みながらお父さんの不安を和らげようとしました。

実は、私はY君の無心ともいえる動きから、時の経過とともに、時々私どものほうに視線が向くことに気づいていました。目が合うと、私はうなずいて目をしっかり閉じて「ウィンク」と「微笑み」を返しました。心の中で、「思うまま、気の済むまでおやり」と言っていました。

ケガをしない範囲で、このプレイルーム空間はY君の城で、いまは彼が主人公です。何でも思うようにさせたい。お家や保育園ではそうはいかないでしょうが……。ここは

「遊び治療」の場です。

だんだんとY君の行動がゆるやかになってきました。熱中して疲れたのでしょうか、寝転んだままダランとからだの力を抜いて、ぼんやり天井を見ていました。ふと、手にふれたオモチャを目の上まで持ち上げて眺めています。

それは彼の好きなミニカーだったのです。すると彼は起き上がって、ほかのミニカーを探し始めました。オモチャの海の中で、ミニカー2、3台を並べて動かすために、散らばったオモチャを片寄せ始めました。

それはオモチャの散乱する荒野の中から、生命の双葉が芽生え始めたかのように、ミニカーの色彩が精彩を放ちました。大げさなようですが、私の偽らぬ実感でした。Y君が意味のある遊びを創り出そうとしているのです。

一部始終をじっと、大いに我慢して見ておられたお父さんは大きくため息をつかれ、私と目を合わせて、二人ともほっとして、微笑み合ったことです。

そろそろ終りの時間が近づきました。私はY君に声をかけながら、からっぽのカゴを手にして彼のそばに近寄りました。カゴの中にミニカー1個を入れると、彼は私の顔を見て「ニコッ」として自分も持っているミニカーを入れました。表情は、あの初めの引きつった顔ではありません。静かで落ち着いた、実にいい顔つきに変わっていました。

「Y君、お時間だよ。お片づけの時間よネ」「お片づけを手伝っていい？」と聞きました。「うん」というサインが出ました。「お父さんも？」、また「うん」と大きくお許しが出ました。お父さんも加わって3人で仲良く片づけが進み、今度はY君からほっとため息が出ました。すべてを片づけるのに少し時間がかかりましたが、大人の大活躍でプレイルームはきちんと元の静けさに戻りました。

お父さんはまだ納得がいかない様子でした。

「家ではなかなかああは行きません。難しいですね」

と本当に「難しい」という想いがいっぱいのようでした。お父さんは、私に問いかけられました。

「先生はなぜ片づけを手伝ってやるのに『お手伝いしてもいい？』と聞かれたのですか」

「それは、ここは彼のお城、そこを片づけるのはお城の持ち主のご意向を聞かなければネ」

とおどけて答えました。お城とも何とも本人は思っていないでしょう。お城といったのは、プレイセラピーの場だから、そのようにドラマティックに言ったまでです。

「彼のプライドを保つためですか」

とお父さんは問いかけられたので、

「そうです。彼の気持ちを大切にしたかったのです」

と答えました。私は、

「言葉がまだ出ないので、Y君としても、ストレスがいっぱいたまっているのでしょう。できるだけ早いうちにほぐして上げることを考えましょう。こちらの言葉は分かるようになっているから、『これか、あれか?』の問いかけをするようにして、『何がして欲しいの?』とは聞かないように」――。

お父さんはここでまた、質問されました。

「それどういう意味ですか」

「『何がして欲しいか?』という問いかけは、子どもが言葉がまだ不十分な時は『して欲しいこと』が何かは分かっていても、言葉でそれを言えないでしょう。だから『して欲しい』のは、『AかBか』と砕いて問い代えると、答えやすいのではないでしょうか。『イエスかノー』で答えられますから」

「なるほど」

お父さんは納得してくださったようです。

「彼の気持ちを大切に、プライドを傷つけないように。今日のように思いっきりやらせることは、遊戯治療の場だからできたことで、お家ではなかなか難しいでしょうね。休日に、思い切りストレス発散の機会を皆さんで計画して上げては？　それでもうまくいかない時は、予約の電話を入れてくださいね」――。

ダウン症の子どもは知恵遅れで、何もかも遅れていると思い込む人が多いのですが、まったく違うのです。一人一人皆違うこと、個性の違いと考えて欲しいこと、知的な働きが遅れることはあっても、彼らの感受性はすばらしいのです。それを言葉や行動で分かるように表現できないところを、こちらで理解してあげてほしいのです。

彼らの「感受性」の鋭さは想像以上で、それが他者に理解されないことへのいらだち、言葉で言えぬもどかしさがあるのです。それだけに、人の自分に向ける視線や態度に敏感です。

でも、やがて時が解決することが多いので、時間をかけましょう。「きっと今に」――と、どっしりと構えていれば言葉も出ます。何とか自分の意志を通じさせる方法を、自身で見い出すでしょう。それを可能にするのは、もっぱらお母さん、お父さん、そして保育園などの先生のような、子どもにとって大事な人の包み込むような、あたたかいまなざしと微笑み、差し出された両手――これが何よりの「心の癒し」であることを強調しておきます。

これがY君の3歳半の時の、私の忘れ得ぬ感動の心象風景です。その子の可能性を信じて、場と時間を与えれば、自分自身で混乱した気持ちを整理することができるということを示してくれました。私はこのような幕引きで終わるとは想像だにしなかったのですが、彼は思いがけない、素晴らしい「小さな大人」の演技を見せてくれました。

## むすびに　働くお母さんたちへ　共同体の中での子育て

ここで、今日的な課題として、「社会の中での子育て」について、そのメリットを述べて、お母さんたちへのメッセージを締めくくりたいと思います。「母子の関係」が私の中心テーマではありますが、ここではこれからの女性の姿、「仕事を持った母親」のことを考えてみたいと思います。

花クリニックを訪れるお母さんたちの多くは、告知を受けて間もない人たちです。「この子をどう育てたらいいでしょうか」と、はじめの問いかけは、ほとんどこの質問に尽きます。「障害を持って生まれたこの子を置いて、仕事を続けるわけにはいかないでしょうね……」と、言葉の終わりはほとんど自問自答の表現となります。

わが子がダウン症であると診断され、そのショックは言葉に言い尽くせぬくらい大きなものであったでしょう。さまざまな想いが心中を駆け巡っているに違いありません。なかでも、有職の母親にとって、障害を持った子どもを抱えて仕事と両立することはほとんど不可能ではないかと、その想いにとらわれるのは当然です。その仕事がその人にとって重要なものであればあるほど、その悩みは強いものでしょう。

私は、自分の仕事をもっている方には、周囲のサポートを得られるかぎり、仕事を続けることを勧めてきました。私自身、数十年前のことですが、育児と仕事を両立させてきました。もっとも胸を張って言えるほど立派なものではなく、余裕のある生き方でもなく、時に、やぶれかぶれの奮闘の日々でもあったのです。それだけにわが子と過ごす時は、この上なく貴重に思えたものです。時として仕事と育児のはざまに悩むこともありましたが、仕事をもつ充実感、緊張感に、力づけられた日々であったことも事実です。以上のような私自身の体験から、髪振り乱して奮闘しておられるお母さんの姿にもすがすがしさを感じます。ですから、皆さんにできるだけ仕事は続けられるように勧めることにしてまいりました。

これからは、母親も働いて自己を広げていく時代です。「母親だから、子どものめんどうを見なくてはならない」「障害児の母親は影のように子どもに付き添っていなくてはならない」というような、母親を閉じ込めるような先入観はときほぐしたいと思います。

私は「子どもと母親」というタテの関係――親密な母子関係を保ちながらも、できるだけ自由な、ヨコの関係の中で、同じ年頃の子ども仲間と一緒に過ごすことが、子どもにとって、望ましい発達を促すことになるということを、強調しておきたいと思います。

たしかに0歳から2歳頃までは濃密な母子関係が肝要であることは、これまで述べてきたとおりです。「甘やかされた1歳児などというものは考えられない」とは、有名な発達心理学者バートン・ホワイト[注]の言葉です。この時期、自分がどんなに愛され、大切にされているかを感じていることが、子どもの心の発達に大きな意味を持つのです。

しかし、子どもの成長に伴い、母子は少しずつ距離をとっていく必要があります。乳児期の手厚い扱いがきちっときまっていれば、子どもが大きくなるにつれ、親子関係の問題で心が揺らぐことなく、自立に向かっていくでしょう。むしろ、母子密着に起因する問題が起こらないためにも、3歳頃からは一定の時間保育園にまかせるというプログラムを考えていただきたいと思います。これは働くお母さんにとっても福音と言えましょう。

21世紀のお母さんたちの中には、仕事と育児の両立をみごとにやっておられる方がたくさんいらっしゃいます。日本の福祉行政もここ10年来進んできました。ダウン症に対する一般の認識も変わってきました。障害児保育も加えた「統合保育」が実にうまく運営されている実例を知るに及んで、希望を抱くようになりました。

統合保育のメリットは、保育園に通うお友だち、その父母、保育者の方々にも及びます。障害をもった子どもと共に過すことで、障害に対する偏見が自然に消え去っていくのです。

子どもは子ども同士、遊びを真似したり、けんかをしたりと互いに揉まれながら成長します。こうして広く開かれた環境で過ごすことは、子どもの心に社会性を育むと同時に、互いの個性を個性として認め合っていく、素晴らしいチャンスとなるのです。障害のあるなしにこだわらず、ありのままを受け入れる社会をめざすためにも、「開かれた育児」を推奨します。

そうです、子どもは社会のもの、社会で育てていくものです。「障害のある子どもに健常児が影響を受け、世界が美しくさわやかになる」とは、統合保育を実践しておられる先生がおっしゃっていたことばです。

「母親」というアイデンティティを持って地域や職場という社会に生きること——それ

注〈前頁〉 バートン・L．ホワイト著『ホワイト博士の育児書—— 3歳までに親がすべきこと決定版』吉岡晶子訳 くもん出版 1997

ホワイト博士は、長年にわたる乳幼児教育や発達心理学についての研究や観察、そして自らの教育の実践から、「人生の最初の3年間」は、人間の一生を支配するほどの重要な時期だという結論にいたります。

本書は、20年以上ものあいだ育児書のベストセラーとして世界各国で読まれつづけてきた名著の最新版です。新たな研究成果と最新データにもとづいて、さらに充実した内容となっています。

第1部　三歳までの七つの発達段階（誕生から八か月まで／第一期—誕生から一か月半まで／第二期—一か月半から三か月半まで／第三期—三か月半から五か月半まで／第四期—五か月半から八か月まで／第五期—八か月から一歳二か月まで／第六期—一歳二か月から二歳まで／第七期—二歳から三歳まで／三歳までの学習につながる発達のまとめ）

第2部　三歳までの育児について

は、お母さんご自身にとっても、お子にとっても、社会にとっても良いことなのです。
あなたのお子さんは、社会の宝なのですから。

# 感謝とよろこびの人生——執筆を終えて

まず最初に、この本の出版というありがたいお申し出をいただいたことを、「人間と歴史社」の佐々木久夫社長に感謝申し上げます。

真理佐というダウン症の孫の誕生を契機に、花クリニックの矢花芙美子院長との思いがけなくも不思議な出会いがあり、カウンセラーとして母子に直接触れ合い、ひたすら訴えに耳を傾け、幼い子どもの成長する状態を見守り続けて一番幸せな生きがいを感じる25年間を過ごしました。矢花先生の温かいまなざしと心強いサポートをいただいたお陰で、ダウン症児の母子発達相談に、心ゆくまでこの身を捧げることができました。とても充実した四半世紀を過ごすことができました。心からの感謝を捧げます。

「恵みと慈しみとは後から追ってくる」（旧約聖書・詩篇23篇）ことを実感しつつ、今執筆を終えようとしています。幸せを感じつつこの仕事に支えられて毎日紙に向かってきた6年間でしたが、ここで「すべてのことに時がある」（旧約聖書）との言葉をつよく胸に感じながら、皆さまへの感謝の言葉で終えたいと思います。

私の膨大な量の原稿をきれいに整理し、編集し、本に仕上げてくださった編集の妹尾浩也氏、最初から最後まで細やかな心配りをしつつ、労を惜しまずに助けてくださった優秀な編集者、弓削悦子さんにはなんとお礼を言ったらよいか、言葉が見つかりません。本当にありがとうございました。

本書は過去二十有余年間に出会った多くのお母さま方を思い起こし、その方々に向かい合ってお話しするつもりで執筆いたしました。特に、第二章に登場していただいた13人のお母さまたちの熱心なご協力に感謝いたします。インタビューの後、途中何度も、お子さまたちの様子を伺い、写真やお手紙をいただき、アンケートに答えていただきました。やっとお手元にお届けできます。そして、長くお待たせしたことに対して、お詫びを申します。掲載された写真をご覧になりながら、どうぞお子さまと一緒に目を通して、それぞれの幼い頃の姿に思いを馳せながら、親子で語ってください。楽しいひときになりますようにと願っております。

13人のお母さま方のインタビューのテープ起こしをしながら何度も涙したと告白してくださった木口敬子さん。お母さまたちの声を聞き取り、正確にタイプしてくださったおかげで、先駆者である「ダウン症児の母」としての子育ての貴重なメッセージをこの本から発信し、多くの読者に届けることができることでしょう。読みながらまた新たな感動に浸る私です。

平井光さんには資料収集の過程で、インタビューのテープ起こしなどをしばしばお願いいたしました。心をこめてのお力添えをありがとうございました。

私は相変わらず原稿用紙の桝目をペンで埋める作業から脱皮できないでいます。その大正人間の私を文明の利器を使いこなして終始私を助けてくださっている、私の教え子大江祐子さんに捧げる適切な言葉を見出せません。彼女の愛と献身なくしては、私の志を成就することはできなかったことでしょう。祐子さんのみならずご家族あげてのご援助を今日に至るまで6年間いただきました。ここに記して、心からの感謝を申し上げます。

大野愛子先生には原稿の段階でいく度か目を通していただき、貴重なご意見や感想を述べていただき、大いに力付けられました。先生の変わらぬ友情に感謝いたします。

岩本聖子さん・繁喜さん母子に心から感謝を申し上げます。しげちゃんこと繁喜君を、私は花クリニックで生後4ヵ月から6年間見守ってきました。「となりのしげちゃん」（小学館1997年）という感動的なすばらしい写真絵本を聖子さんから贈っていただきました。添えられた長い手記「丹羽先生に支えられた6年間」に、研究と仕事を続けながら、幼い繁喜君を無認可の保育園に、やがて地域の許可保育園から小学校入学時まで統合保育の場に預けて育ててこられたこと、また繁喜君とご自身それぞれにとって保育園に行かせて良かった点について詳しく、同時に共同体の中の多くの人々にとっても得がたい経験であったことをお書きになっています。それは貴重な体験を通しての証言であり、私が推奨する統合保育に対して力強い根拠を与えていただいたことになりました。お2人との出会いは私にとって賜物です。

尊敬する渡辺久子先生の本の中に「健やかな自立の背後には、必ず健やかな依存がある」とあります。大きな仕事をひとまず終えて、息子と妻のジェーンのアドバイスに従い、しばらく息子の家で夏を過ごすことにします。アメリカ東北部ニューイングランドにある、ダリエンという上品で静かな町です。久しぶりに真理佐を訪ねて、彼女が幸せに暮らしていることを確かめて参りたいと願っています。

最後に「お前さんの仕事はエンドレスだ」と嘆きながら傍らで私の身を案じ続けてくれた今は亡き夫、寿人の写真に手を合わせています。写真の中のやさしい眸が「やっとできたネ！　おめでとう」と言ってくれているかのように、私に向かって微笑みかけています。得がたい伴侶を与えられた身の幸せを神に感謝します。彼なくして私の今日はないのです。

2000年6月から移り住んだ、廿日市のケアハウスの窓から瀬戸内海の島々にさえぎられた海と夕陽の茜色の空が海面に映し出されているのを見ながら、私の心は穏やかで、今、この平安をありがとうと心に繰り返しています。

2004年7月10日

丹羽淑子

■財団法人　日本ダウン症協会

162-0051 東京都新宿区西早稲田 2-2-8

（社福）全国心身障害児福祉財団内

TEL　03-5287-6418

FAX　03-5287-4735

URL　http://www16.ocn.ne.jp~jds2004/

E-mail　jds2004@wine.ocn.ne.jp

**日本ダウン症協会の活動内容**（「この子とともに強く明るく」より）

日本ダウン症協会では、会員の皆さまがダウン症候群およびその他の染色体異常（以下ダウン症をもつ人等という）のお子さんを育てていく上で、少しでもお役に立つことができればと考えて、理事会を中心にさまざまなことを企画し、活動をつづけています。日本ダウン症協会の活動は、大きく分けて次の5つです。

1 ダウン症をもつ人等に関する子育て、医療、療育、教育、育児、福祉など、さまざまな分野の情報の収集と提供。

2 主にダウン症をもつ人等ならびにその家族で構成する全国各地の親の会の設立促進および活動の支援。

3 ダウン症をもつ人等に関する社会的な啓発活動。

4 さまざまな相談活動。

5 ダウン症をもつ人等の各種問題について、国や広域行政、関係機関への働きかけ。

■花クリニック

東京都渋谷区代々木 1-38-11

TEL　03-3375-1161

FAX　03-3375-6035

URL　http://homepage2.nifty.com/hana-clinic/

●著者紹介

**丹羽　淑子**（にわ　よしこ）

1913年 広島県福山市に生まれる。1933年 広島女学院専門学校　英文科卒業。1952年 アメリカGeorge Peabody College for Teachers卒業、BA（英語・英米文学）、MA（心理学）。1957年 日本大学大学院文学研究科　博士課程修了。1970年 文学博士（日本大学　560号）。1973年 コロラド大学医学センター精神科にて研究員としてルネ・スピッツに師事。1952～54年 広島女学院大学英文学科・専任講師。1954～79年 東洋英和女学院短期大学英文科専任教授（1957～75年 同大学学生部長・18年間）。1983～86年 埼玉純真女子短期大学教授。1977年～ 花クリニック児童精神科ダウン症母子発達相談カウンセラー就任。2000年1月 上記を辞任。

主な著書として、『母と乳幼児のダイアローグ－ルネ・スピッツと乳幼児心理臨床の展開』（編著・山王出版　1993)、『MCCベビーテスト』（分担執筆・同文書院　1967)、『ダウン症児の家庭教育』（編著・学苑社　1985)、『ダウン症児の心を育てる』（共著・こやぎの会出版部　1990）がある。


## あなたたちは「希望《きぼう》」である――ダウン症と生きる

発行日　初版第二刷　2005年6月10日

著者――――丹羽淑子

発行者――――佐々木久夫

発行所――――株式会社 人間と歴史社

〒101-0062　東京都千代田区神田駿河台 3-7

電話　03-5282-7181（代表）

　　　03-5282-7331（編集部）

FAX　03-5282-7180

http://www.ningen-rekishi.co.jp

装幀・デザイン――妹尾浩也

印刷――――株式会社 シナノ





ISBN4-89007-153-9 C0036 Printed in Japan

音楽療法関連書籍

## 実践・発達障害児のための音楽療法

E・H・ボクシル◇著　林 庸二・稲田雅美◇訳

数多くの発達障害の人々と交流し、その芸術と科学の両側面にわたる、広範かつ密度の高い経験から引き出された実践書。理論的論証に裏打ちされたプロセス指向の方策と技法の適用例を示し、革新的にアプローチした書。

A5判上製　定価：3990円（税込）

## 障害児教育におけるグループ音楽療法

ノードフ&ロビンズ◇著　林 庸二◇監訳　望月 薫・岡崎香奈◇訳

グループによる音楽演奏は子どもの心を開き、子どもたちを社会化する。教育現場における歌唱、楽器演奏、音楽劇などの例を挙げ、指導の方法と心構えを詳細に述べる。

A5判上製　定価：3990円（税込）

## 魂から奏でる——心理療法としての音楽療法入門

ハンス＝ヘルムート・デッカー＝フォイクト◇著　加藤美知子◇訳

生物・心理学的研究と精神分析的心理療法を背景として発達・深化してきた現代音楽療法の内実としてのその機能、さらに治療的成功のプロセスを知る絶好のテキストブック。

四六判上製　定価：3675円（税込）

## 響きの器

多田・フォントゥビッケル・房代◇著

人間は響きをもつ器——。そのひとつひとつの音に耳を澄ませることから治療がはじまる。ドイツで音楽治療を学び実践する著者が、人生の諸場面で感じとった音を言葉にうつし、東洋と西洋の間、古と現代の間、医学と芸術の間に架けるものとして、「音楽」のもつ豊かな可能性を示唆する。

A5判変型上製　定価：2100円（税込）

## 音楽療法事典［新訂版］

ハンス＝ヘルムート・デッカー＝フォイクト◇編著　阪上正巳ほか◇訳

1996年ドイツで出版された世界初の音楽療法事典の邦訳。音楽療法の世界的な現況を展望する。さらに「芸術と心と身体」のかかわりに関する諸概念を列挙。執筆陣は、心理学、精神分析、教育、福祉、哲学、音楽美学など、広い分野から募られている。心理療法士のハンドブックとしても推薦。

四六判上製　定価：4200円（税込）

## 即興音楽療法の諸理論【上】

K・ブルーシア◇著　林 庸二ほか◇訳

音楽療法における〈即興〉の役割とは！ 25種以上におよぶ「治療モデル」を綿密な調査に基づいて分析・比較・統合し、臨床における即興利用の実践的な原則を引き出す！

A5判上製　定価：4410円（税込）

## 原風景音旅行

丹野修一◇作曲　折山もと子◇編曲

自然と人間の交感をテーマに、医療と芸術の現場をとおして作曲された、心身にリアルに迫る待望のピアノ連弾楽譜集。CD解説付！

菊倍判変型並製　定価：1890円（税込）